머신러닝 딥러닝 바로가기

구글 클라우드 플랫폼을 활용한 실전 개발

머신러닝 딥러닝 바로가기

초판 1쇄 2018년 07월 24일

지은이 요시카와 하야토
옮긴이 윤인성
발행인 최홍석

발행처 (주)프리렉
출판신고 2000년 3월 7일 제 13-634호
주소 경기도 부천시 길주로 77번길 19 세진프라자 201호
전화 032-326-7282(代) **팩스** 032-326-5866
URL www.freelec.co.kr

편 집 강신원, 서선영
표지 디자인 이대범, 김혜정
내지 디자인 김혜정

ISBN 978-89-6540-223-7

구글 클라우드 플랫폼을
활용한 실전 개발

대신러닝 딥러닝 바로가기

요시카와 다이스케, 사토 지음

윤인성 옮김

프리렉

예전에 ≪파이썬을 이용한 머신러닝, 딥러닝 실전 개발 입문≫(위키북스, 2017)이라는 책을 번역하여 출간한 적 있습니다. 매우 활용도 높은 책으로 머신러닝과 딥러닝의 원리를 전혀 모르더라도, 여러 라이브러리를 사용해서 머신러닝, 딥러닝을 사용할 수 있도록 안내하는 책입니다. 원리를 몰라도 머신러닝과 딥러닝을 활용할 수 있다는 장점 때문에 많은 분들이 보셨습니다.

물론 머신러닝과 딥러닝의 원리를 모르고, 단순히 라이브러리를 활용하는 것만으로도 충분히 다양한 것들을 만들 수 있습니다. 활용과 내부 구조는 조금 별개의 영역으로 여길 수 있기 때문입니다. 자동차의 내부 구조를 몰라도 자동차를 잘 운전할 수 있으니까요.

하지만 논문으로 알게 된 새로운 인공 신경망을 모델링하고 싶다거나 라이브러리에서 제공하는 기능을 보다 잘 사용하려면, 인공 신경망이 어떤 원리를 바탕으로 하고 있고 내부적으로 어떻게 구현되는지 아는 것이 좋습니다. 그리고 그렇게 구현할 때 어떤 수학적 원리가 적용되는지도 아는 것이 좋습니다.

이 책은 머신러닝과 딥러닝을 '라이브러리를 사용하는 관점'으로만 다루던 분들이 '수학적인 이론적 관점'을 갖추는 데 좋은 연결 고리가 될 것입니다. 수학적으로 어려운 부분은 직접 코드를 작성하고 눈으로 보고 증명하는 과정을 거쳐 쉽게 이해할 수 있습니다.

쉽다고는 해도 머신러닝, 딥러닝 책이므로 환경 설정과 들어 있는 일부 수학적인 내용 등이 약간 어렵게 다가올 수 있습니다. 이 책의 이해를 돕기 위해 책과 관련된 무료 인터넷 강의를 제공합니다.

강의는 프리렉 홈페이지나 'https://www.youtube.com/c/윤인성'을 이용하기 바랍니다. 사실 책의 제목에 GCP(Google Cloud Platform)가 들어 있지만, GCP가 아닌 환경에서도 책의 내용을 진행할 수 있습니다. 개인적으로는 GCP 기본 설명 이후에 이어지는 머신러닝과 딥러닝 이론 설명이 매우 뛰어나다고 생각합니다. 강의도 기본적으로는 GCP를 생략하고 로컬 환경에서 내용을 설명한 뒤, GCP와 관련된 내용을 간단하게 살펴보는 형태로 진행할 예정입니다.

마지막으로 이 자리를 빌어, 책의 번역을 진행하면서 도움을 주신 모든 분들께 감사의 말씀을 전합니다.

2018년 7월

옮긴이 **윤인성**

서문

'머신러닝의 민주화'라는 말을 들어본 적이 있나요? 매우 다양한 해석이 있지만, 데이터 과학자라고 불리는 전문가들만 사용하던 '머신러닝'이라는 '학문'이 보통의 엔지니어 모두가 사용할 수 있는 '도구'로 변화하는 것을 '민주화'라고 말합니다.

하지만 머신러닝을 공부할 때에는 아직 '민주화'라는 말을 사용하기 어렵다고 생각합니다. "무엇을 공부해야 좋을지 모르겠다", "좋은 책이라고 소개하는 책을 읽어도, 수식이 너무 많아서 무슨 말인지 잘 모르겠다", "환경을 구축하다가 잘 모르겠어서 시작도 못하고 그만두었다"라는 말을 자주 들어 보았습니다. 이러한 생각을 하고 있는 엔지니어에게 'Google Cloud Platform을 사용한 환경 구축'과 '수식보다 코드와 그림을 사용해서 설명하는 것'이 이 책의 목표입니다.

Google Cloud Platform은 머신러닝과 관련된 기능을 API로 제공할 뿐만 아니라, 머신러닝을 실행하고 운용할 수 있는 풀 매니지드(Full-Managed) 환경도 제공하고 있습니다. 그리고 무엇보다 초보자에게 좋은 것은 '환경 구축이 필요 없다는 것'입니다. 이 책에서는 Google Cloud Platform에서 제공하는 인터랙티브 환경을 사용해서 독자의 PC 환경에 의존하지 않고 내용을 진행합니다. 그래서 머신러닝의 첫 번째 관문이라고 할 수 있는 환경 구축을 쉽게 통과할 수 있습니다.

Part 1에서는 Google Cloud Platform의 머신러닝 관련 API를 사용해서, 머신러닝의 힘을 한 번 경험해 봅니다. Google의 엔지니어들이 대규모의 컴퓨터 리소스를 사용해서 미리 만들어둔 모델을 살펴봅니다. 이를 활용하면 머신러닝과 관련된 지식이 없어도, 매우 높은 수준의 머신러닝 기능을 사용할 수 있습니다.

Part 2부터는 머신러닝의 원리에 대해서 알아봅니다. 원리라고 하면 어렵게 느껴질지도 모르겠지만, 수식은 거의 나오지 않습니다. 엔지니어가 가장 이해하기 쉬운 수단이라 할 수 있는 '코드', 그리고 이를 통해 그래프를 그려보며 머신러닝의 원리를 직접 이해해 봅시다.

대상 독자

이 책은 다음과 같은 독자를 대상으로 집필하였습니다.

- 머신러닝을 처음 시작하는 엔지니어
- 수학을 잘 못하는 사람
- 머신러닝의 원리를 이해하고 싶은 사람
- 실무에 머신러닝을 활용해 보고 싶은 사람

앞에 설명했던 것처럼 원리적인 부분에서 수식을 거의 사용하지 않습니다. 반대로 말하면, 수학적인 증명을 중요시하고, 이를 배우고 싶은 사람에게는 적합하지 않다는 것입니다. 또한, 원리가 너무 어려운 부분에서는 '일단 흐름만이라도 이해할 수 있게 하는 것'을 목적으로 자세한 이론은 생략했습니다. 이 책은 이처럼 머신러닝 초보자에게 초점을 맞춰서, 아주 어려운 부분은 제외하고 구성했습니다. 하지만 이 책을 읽고 나면, 다음 단계로 더욱 어려운(또는 수학적인) 머신러닝 이론으로 넘어갈 수 있을 것입니다.

감사의 말

이 책의 집필을 지원해 주신 모두와 출판사 관계자분들께 감사드립니다.

GCP와 머신러닝을 더 알리고 싶다는 열정을 출판으로 연결해 준 후지 제록스의 쿠로스 요시카즈 씨에게 다시 한번 감사드립니다. 또한, 제품 사양과 기술 해설에 도움을 주신 Google Cloud Japan의 오오야부 유우 씨, 사토오키 노리 씨, 나카이 에츠지 씨와 Google의 사토우 카즈노리 씨에게도 감사드립니다. 그리고 독자의 눈으로 책을 리뷰한 후지 제록스의 이와사키 료타 씨에게도 감사드립니다.

집필 기간 중에 딸도 태어났습니다. 그리고 지금까지 저를 지지해 준 아내 오레리와 원고를 함께 검토한 아들 소이치에게도 진심으로 감사를 전합니다.

2017년 11월

지은이 요시카와 하야토

이 책은 내용만 읽어도 어느 정도 학습할 수 있게 구성되어 있지만, 샘플 코드를 직접 실행하면서 읽으면 더욱 깊게 이해할 수 있습니다. 샘플 코드는 모두 Datalab 노트북 형식으로 되어 있으므로, 웹 브라우저에서 직접 코드를 실행해 볼 수 있습니다.

Datalab의 사용 방법과 샘플 코드 다운로드 방법은 2장 '1. Datalab 퀵투어'에서 자세하게 설명합니다. 참고로 로컬 PC에 환경을 구축할 필요는 없습니다. 필요한 것은 웹 브라우저밖에 없습니다. 웹 브라우저는 Google Chrome을 추천합니다. Chrome이 설치되어 있지 않다면, 다음 URL에서 내려받기 바랍니다.

URL https://www.google.com/chrome/browser/

인공지능, 머신러닝, 딥러닝이란?

본문에 들어가기 앞서 용어를 정리하겠습니다. 이 책은 딥러닝이란 영역을 포함해서, 머신러닝과 관련된 내용을 다루는 책입니다. 인공지능, 머신러닝 Machine Learning, ML, 딥러닝 Deep Learning, DL 은 최근에 거의 구별 없이 사용되지만, 구별해 본다면 그림i처럼 나타낼 수 있습니다.

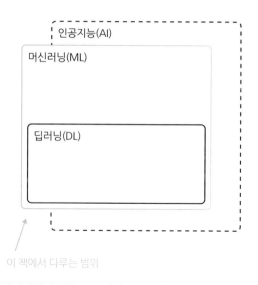

그림 i 인공지능, 머신러닝, 딥러닝

머신러닝이란 학습 전용 데이터에서 규칙성 등을 '학습'하고, 미지의 데이터를 판별할 수 있는 알고리즘입니다. 머신러닝에는 다양한 알고리즘(학습 모델이라고 부르는 경우가 많습니다)이 있으며, 이 중에서 신경망 Neural Network 이라는 방법을 중첩해서 더 많은 층 Layer 을 만든 알고리즘을 딥러닝이라고 부릅니다. 따라서 딥러닝은 머신러닝 알고리즘 중에 하나라고 할 수 있습니다. 머신러닝에는 딥러닝 이외에도 매우 많은 알고리즘이 있습니다. 머신러닝의 목적을 달성(미지의 데이터 판별)하기 위한 방법이 딥러닝만 있는 것이 아니라는 것을 꼭 기억하기 바랍니다.

그림에서 인공지능을 점선으로 표현한 데는 이유가 있습니다. 인공지능이라는 용어는 매우 애매하고 해석이 다양하므로, 사람에 따라 정의가 조금씩 다르기 때문입니다. 일부는 '지능을 갖고 움직이는 알고리즘 또는 애플리케이션'이라고 말하기도 합니다. 이렇게 SF 영화에서 볼 수 있는, 사람처럼 생각하고 무엇이든 할 수 있는 인공지능을 범용 인공지능이라고 부릅니다. 반면 '특정한 작업'만 할 수 있는 인공지능(예를 들어 자동 운전 등)은 특화형 인공지능이라고 부릅니다. 또한, 인공지능은 머신러닝을 사용하지 않는 경우도 있으므로, 점선으로 표현했습니다.

머신러닝이 어떤 것인지 조금 더 자세히 살펴봅시다. 머신러닝은 단순한 '함수'입니다. 이때 함수는 입력이 있을 때 무언가를 출력하는 수학적인 의미의 함수를 말합니다. 머신러닝이란 기존의 데이터를 미리 입력해서 함수 내부의 매개변수를 조정해 두고, 미지의 데이터를 입력할 때 그럴듯한 출력을 내는 함수입니다(그림 ii).

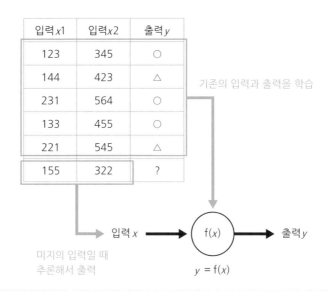

그림 ii 머신러닝을 함수로 표현한 그림

그림을 보면 기존의 데이터에 '정답'이 있습니다. 이와 같은 경우를 지도 학습이라고 부릅니다. 하지만 정답이 아예 없는 경우에도 기존의 데이터를 기반으로 학습하고, 미지의 데이터가 무엇인지 판별하는 알고리즘이 있습니다. 이를 비지도 학습이라고 부릅니다. 이 책에서는 지도 학습만을 다룹니다.

또한, 출력할 데이터의 종류에 따라서 머신러닝이 푸는 문제의 이름도 다릅니다. 무언가를 분류한 결과를 출력하고 싶은 경우(예를 들어 이미지를 보고 '강아지' 또는 '고양이'라고 분류하는 경우)를 식별이라고 부르며, 연속된 여러 개의 데이터를 출력하고 싶은 경우(예를 들어 과거의 기온을 기반으로 이후의 기온을 알고 싶은 경우)를 회귀라고 부릅니다. 이 책에서는 식별만을 다룹니다.

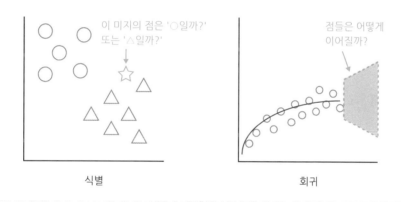

그림 iii 식별과 회귀

목차

Part 1

GCP와 머신러닝   19

Part 3

딥러닝 입문   251

1

GCP와
머신러닝

Part 1에서는 GCP를 시작하는 방법, 데이터 분석 환경 사용 방법, 머신러닝 API 등에 대해서 살펴봅니다.

1

GCP 사용해 보기

GCP(Google Cloud Platform)의 세계에 오신 것을 환영합니다! GCP는 Google이 제공하는 퍼블릭 클라우드 서비스입니다. 최근 머신러닝의 높은 인기로, 적극적으로 머신러닝 관련 사업에 투자하는 Google의 GCP에 대한 관심이 높아지고 있습니다.

1장에서는 GCP의 머신러닝 관련 서비스를 사용하기에 앞서, GCP의 기본적인 사용 방법을 살펴보겠습니다. 이미 GCP를 사용해 본 적이 있는 독자라면 이번 장을 건너뛰어도 상관없습니다.

1 GCP 개요

 이번 절의 키워드   GCP, GAE, BigQuery, Cloud ML Engine

GCP는 다른 퍼블릭 클라우드 서비스처럼 가상 머신 등의 컴퓨팅 리소스, 스토리지, 데이터베이스, 네트워크, 운용 관리 같은 다양한 서비스를 제공합니다.

GCP 서비스와 보안

GCP는 Google이 자사 서비스(Google 검색, YouTube, Gmail 등)에서 사용하고 있는 인프라를 공유해서 사용합니다. 예를 들어 로드밸런서를 사용한다고 생각해 봅시다. GCP의 로드밸런서는 Google 검색과 공유해서 사용하므로, 별도의 준비가 필요하지 않습니다. 따라서 고속 스케일 조정의 혜택을 받을 수 있습니다.

또한 GCP의 각 서비스는 별도의 GCP 사용자 조작 없이도, 자동으로 통신 데이터와 스토리지 데이터의 암호화가 이루어집니다. 이때 데이터 청크라고 부르는 단위로 여러 스토리지에 서로 다른 암호로 데이터가 분산 저장되므로, 다른 사용자가 암호 키를 알더라도 데이터의 일부만 볼 수 있습니다. 이러한 인프라 보안을 GCP가 자체적으로 제공하므로, GCP 사용자는 자신의 애플리케이션 개발에만 전념할 수 있습니다.

GCP가 제공하는 서비스를 카테고리별로 구분하면, 표 1-1처럼 정리할 수 있습니다.

표 1-1 GCP 서비스의 카테고리

카테고리	내용
컴퓨팅	머신 유형을 세부적으로 변경할 수 있는 VM Compute Engine(가상 머신 컴퓨팅 엔진)입니다. 빠른 속도로 스케일(규모 조정)할 수 있는 PaaS 환경으로 App Engine 등의 서비스가 여기에 해당합니다.
스토리지와 데이터베이스	객체 스토리지 Cloud Storage입니다. 수평 스케일이 가능합니다. RDB인 Cloud Spanner 등이 여기에 해당합니다.
네트워킹	별도의 준비 없이 스케일할 수 있는 Cloud Load Balancing, Google 글로벌 네트워크로 콘텐츠를 전달할 수 있는 Cloud CDN 등이 여기에 해당합니다.
빅데이터	빅데이터 분석 전용 데이터 웨어하우스 BigQuery, 배치(Batch)/스트리밍 데이터 처리 환경 Cloud Dataflow 등이 여기에 해당합니다.
IoT	일정 수준 이상의 보안을 유지한 상태로 장치들을 관리할 수 있는 Cloud IoT Core 등이 여기에 해당합니다.
머신러닝	풀 매니지드(Full-Managed) TensorFlow 실행 환경인 Cloud ML Engine, 다양한 머신러닝 API가 여기에 해당합니다.
보안	사용자 단위, 서비스 계정 단위로 설정하는 Cloud IAM, 암호 키를 관리하는 Cloud Key Management Serivce 등이 여기에 해당합니다.
관리 도구	GCP뿐만 아니라, AWS를 활용할 때도 사용할 수 있는 Stackdriver 등이 여기에 해당합니다.
개발자 도구	다양한 SDK와 프라이빗 Git 리포지터리 등이 여기에 해당합니다.

이 책에서 다루는 GCP 서비스

이 책에서는 머신러닝과 관련된 서비스를 주로 다룹니다. 이와 관련된 서비스를 간단하게 살펴보면 다음과 같습니다.

표 1-2 이 책에서 다루는 GCP 서비스 목록

서비스	개요
Cloud Datalab	인터랙티브 데이터 분석, 머신러닝 실행 환경
Compute Engine	가상 머신 서비스
Cloud Storage	객체 스토리지 서비스

서비스	개요
BigQuery	빅데이터 분석 전용 데이터 소프트웨어
Cloud Vision API	이미지 식별 API
Cloud Translation API	언어 번역 API
Cloud Natural Language API	자연 언어 해석 API
Cloud Machine Learning Engine	머신러닝 프레임워크 TensorFlow를 지원하는 서비스

GCP의 특징

GCP는 2008년 Google App Engine^{GAE}의 베타 버전이 공개되면서 시작되었습니다. Google App Engine은 굉장히 빠른 속도로 발전하는 PaaS^{Platform as a Service}입니다. 최근에 널리 사용되고 있는 컨테이너 기술도 굉장히 빠르게 지원하고 있습니다. 몇 줄의 코드만 작성하면 순식간에 수백만 접근을 처리할 수 있게 시스템을 스케일아웃(확장)할 수 있습니다.

필자는 GAE를 포함한 GCP 서비스는 엔지니어가 아이디어에만 전념할 수 있게 하는 것을 목표로 한다고 생각합니다. 몇 줄의 코드만으로 빠르게 스케일아웃할 수 있는 GAE, 테라바이트 단위의 데이터도 몇 초 만에 쿼리를 실행할 수 있는 BigQuery, 간단한 머신러닝 분석 처리와 호스팅까지 지원해 주는 Cloud ML Engine 등, 이들은 엔지니어가 아이디어만 있으면 이외의 부분을 모두 지원해 주는 것들입니다. 이 책에서 모든 서비스를 다루지는 않지만, 흥미가 있다면 다른 서비스도 활용해 보기 바랍니다.

2 계정과 프로젝트 만들기

 **이번 절의 키워드** Google 계정, 무료로 사용해 보기, 프로젝트

> GCP를 사용하려면, 일단 계정을 등록하고 프로젝트를 만들어야 합니다. 이번 절에서는 이렇게 시작하는 방법에 대해서 알아보겠습니다.

계정 등록

계정을 등록하려면 Google 계정과 신용 카드 또는 체크 카드가 필요합니다.

Google 계정이란 Gmail 이메일 계정 또는 G Suite로 등록되어 있는 기업 도메인 계정을 의미합니다. Android, YouTube 등의 다양한 Google 서비스에도 사용되고 있습니다. 이러한 계정을 이미 가지고 있다면, 따로 만들지 않아도 됩니다. 만약 계정을 가지고 있지 않다면, 다음 URL에서 새로 만들기 바랍니다.

URL https://accounts.google.com/SignUp

지불 방법으로 신용 카드와 체크 카드를 등록해야 하지만, 다음에 설명하는 '무료로 사용해 보기'에서는 따로 과금이 발생하지 않습니다.

STEP1 무료로 사용해 보기

GCP에 사용 등록하려면, 일단 다음 URL에 들어갑니다.

URL https://cloud.google.com

화면에 있는 [무료로 사용해 보기] 버튼을 클릭해 주세요.

그림 1-1 [무료로 사용해 보기] 버튼 클릭하기

<u>STEP2</u>　**국가 선택하기**

국가 선택, 무료로 사용해 보기 서비스 약관[1]에 동의를 요구하는 라디오 버튼이 나옵니다. 국가를 선택하고 라디오 버튼을 [예]로 클릭하고, [동의 및 계속하기] 버튼을 클릭합니다.

<u>STEP3</u>　**계정 정보 입력하기**

이어서 계정 정보를 등록합니다. 다음과 같은 입력 항목이 나오므로, 각각 입력한 뒤 가장 마지막에 있는 [무료 평가판 시작하기] 버튼을 클릭해 주세요.

- 계정 유형(개인/사업자)
- 이름 및 주소
- 연락처(사업자의 경우)
- 결제 수단(신용카드/체크카드)

---

1 '무료로 사용해 보기'는 2018년 7월을 기준으로 GCP의 모든 서비스를 사용할 수 있는 300달러만큼의 크레딧을 제공해 주는 것입니다. 300달러를 모두 사용하거나, 등록일로부터 12개월이 경과하면, 무료 체험이 끝나게 됩니다. 무료 체험이 끝난다고 곧바로 과금이 되지는 않습니다. 일단 계정 사용이 중지되며, 계속 사용하고 싶을 때는 GCP Console(이후에 설명하는 관리 화면)에서 [업그레이드]를 선택해서, 계정을 다시 사용할 수 있습니다. 참고로 Google App Engine 또는 Google Compute Engine 등의 일부 서비스는 어느 정도 한도만큼은 무료로 사용할 수 있습니다. 이는 무료 체험이 종료되어도 계속 유지됩니다.

계정 등록을 완료했습니다. 완료하면 Cloud Console(URL: https://console.cloud.google. com/, 이하 Console이라고 간단하게 설명합니다)이라는 GCP 관리 화면으로 이동합니다.

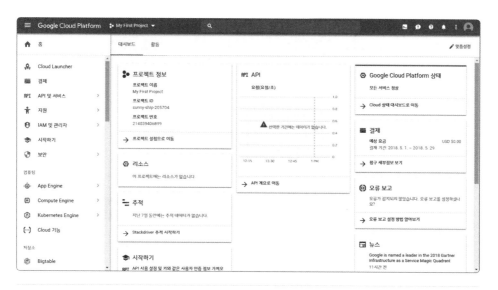

그림 1-2 클라우드 콘솔

프로젝트 만들기

GCP는 프로젝트별로 리소스와 API를 관리합니다. 이때 사용자와 과금 계정은 프로젝 트별로 자유롭게 설정할 수 있습니다. 예를 들어 프로젝트 A는 X 계정에서, 프로젝트 B 는 Y 계정에서 납부하게 만들 수도 있습니다. 또한, 사용자는 프로젝트를 자유롭게 새 로 만들 수 있습니다[2]. 프로젝트를 만드는 것만으로는 별도로 과금되지 않으므로, 관리 하기 쉽게 프로젝트를 만들고 구성하면 좋습니다.

---

2 프로젝트 생성 권한이 있는 사용자의 경우입니다. 자세한 내용은 다음 URL을 참고하세요.
https://cloud.google.com/iam/docs/understanding-roles

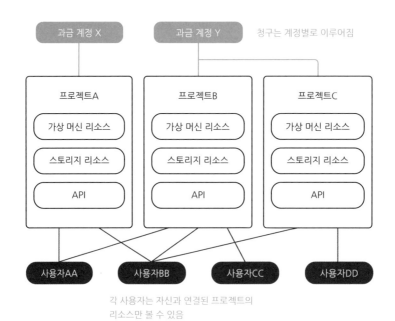

청구는 계정별로 이루어짐

각 사용자는 자신과 연결된 프로젝트의
리소스만 볼 수 있음

그림 1-3 GCP의 프로젝트와 과금 개념

프로젝트를 새로 만들려면, Console 화면 위에 있는 [프로젝트 선택]을 클릭하고, 팝업된 대화 상자 화면 오른쪽 위에 있는 [새 프로젝트] 버튼을 클릭합니다. 일반적으로 GCP에 계정을 등록하기만 한 상태라서 프로젝트가 따로 없다면, 그림 1-4처럼 프로젝트를 어서 만들어 보라는 대화 상자가 곧바로 나옵니다.

역주 상황에 따라서 처음 가입했을 때, 'My First Project'라는 프로젝트가 처음부터 있을 수 있습니다. 이러한 경우에는 그냥 진행하면 됩니다.

그림 1-4 프로젝트 새로 만들기 대화 상자

프로젝트 이름을 설정하면(그림 1-5), 프로젝트 생성이 완료됩니다. 프로젝트 ID는 기본적으로 프로젝트 이름을 기반으로 자동 생성됩니다. 하지만 프로젝트 ID는 각 서비스에서 프로젝트 식별자로 사용되므로, 이해하기 쉬운 명칭으로 변경하는 것을 추천합니다. 반면 프로젝트 이름은 레이블로 사용되는 것뿐이므로, 나중에 변경할 수 있습니다.[3] 이후에는 프로젝트 ID만 사용하게 됩니다.

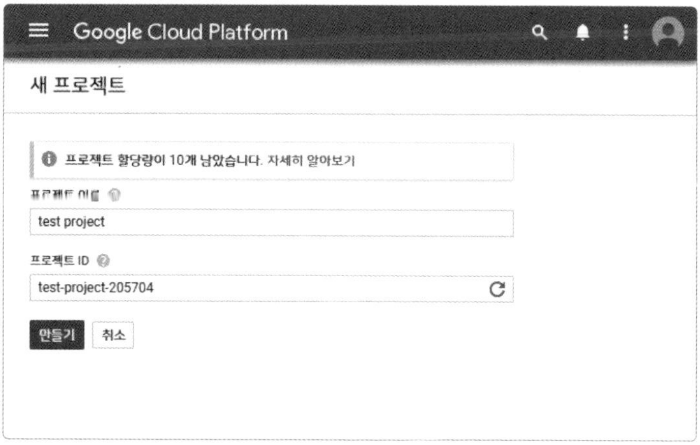

그림 1-5 프로젝트 새로 만들기 화면

---

3 Console 화면에서 왼쪽 상단의 메뉴 버튼을 눌러 [IAM 및 관리자] → [설정]에서 변경합니다.

3 **Cloud Shell**

 이번 절의 키워드) Cloud Shell, 웹 미리보기, Python

GCP 프로젝트를 만들었다면, 일단 Cloud Shell을 사용해 봅시다. Cloud Shell이란 GCP 가상 머신 위에서 동작하는 인터랙티브 셸 환경입니다. 일반적으로 GCP 프로젝트와 리소스를 관리 할 때는 Google Cloud SDK를 설치해서 Python 환경을 로컬 PC에 구축해야 하지만, Cloud Shell에는 기본적으로 설치되어 있습니다. 참고로 사용자 인증도 이미 되어 있는 상태이므로, 인증과 관련된 문제없이 쉽게 작업을 할 수 있습니다. 웹 브라우저만 있으면 사용할 수 있는 굉장히 편리한 서비스이므로, 초보자뿐만 아니라 상급자에게도 추천하는 서비스입니다.

Cloud Shell의 기능

Cloud Shell은 다음 절에서 소개할 Google Compute Engine의 가상 머신으로, Debian 기반의 Linux 운영체제입니다. 따라서 Linux에서 사용할 수 있는 것은 대부분 사용할 수 있습니다(참고로 머신 스펙은 가장 낮은 f1-micro입니다). 이외의 특징을 정리하면, 다음과 같습니다(표 1-3).

표 1-3 Cloud Shell 기능[4]

기능	설명
웹 접근	브라우저에서 가상 머신 환경에 접근할 수 있습니다. 명령줄 입력도 할 수 있습니다.
5GB의 영속 디스크 용량	$HOME 디렉터리에 디스크가 마운트되어 있습니다. 사용자별로 할당되며, 시간 초과(time-out)로 파일이 사라지거나 하지 않습니다.

---

4 Cloud Shell은 이외에도 이 책에서 다루지 않는 Google App Engine(PaaS 환경) 개발 서버를 실행할 때도 사용합니다.

기능	설명
Google Cloud SDK 이외의 도구	vim, nano 등의 텍스트 에디터, pip와 git 등이 설치되어 있습니다.
개발 언어	Java, Go, Python, Node.js, PHP, Ruby
웹 미리보기	가상 머신 위에서 웹 애플리케이션을 실행하는 경우, 브라우저에서 허가된 포트로 접근하는 것을 허용하는 기능입니다.
GCP 리소스 접근 인증	GCP의 프로젝트, 리소스, 명령줄에서 접근할 경우 자동으로 인증이 되어 있는 상태입니다.

* 장기간 접근하지 않는 경우, 별도의 통지 없이 사라질 수 있습니다.

Cloud Shell 세션은 1시간 사용하지 않으면 자동으로 종료됩니다. 또한, Cloud Shell은 별도로 과금되지 않으므로, 무료로 사용할 수 있습니다.

Cloud Shell 실행하기

Cloud Shell을 실행할 때는 Console 위에 있는 아이콘 [Google Cloud Shell 활성화]를 클릭합니다.

그림 1-6 Cloud Shell 실행하기

클릭하면 Console 화면 아래에 Cloud Shell 화면이 추가되며, 명령줄 프롬프트가 출력됩니다. 일반적으로 셸 세션 초기화에 몇 초에서 몇십 초 정도 걸립니다.

참고로 그대로 화면 아래에 두고 사용해도 큰 문제는 없지만, 새로운 화면으로 분리해서 사용하는 것을 추천합니다. Cloud Shell을 새로운 창으로 띄우고 싶을 경우, Cloud Shell 화면 오른쪽 위의 아이콘을 클릭합니다.

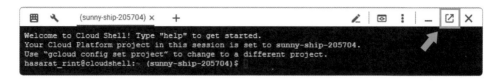

그림 1-7 새로운 창에서 Cloud Shell 열기

웹 미리보기

웹 미리보기는 포트 8080부터 8084까지 5개의 포트를 사용해서 Cloud Shell에서 실행한 웹 애플리케이션에 브라우저로 접근할 수 있게 하는 기능입니다. 이 책에서도 Datalab(2장)과 TensorBoard(7장)에서 사용합니다.

웹 미리보기 기능을 간단하게 테스트할 수 있게, Python으로 HTTP 서버를 실행해 봅시다. Python은 HTTP 서버 기능을 가진 모듈을 기본으로 제공하므로, 따로 코드를 작성하지 않아도 곧바로 서버를 실행할 수 있습니다.

STEP1 Cloud Shell 실행하기

일단 Cloud Shell을 실행합니다. 이미 실행되어 있다면, 다시 새롭게 실행하지 않아도 괜찮습니다.

STEP2 index.html 파일 만들기

Cloud Shell의 명령줄에 다음과 같은 명령어를 입력합니다.

```
$ echo 'Hello Cloud Shell!' > index.html
```

이렇게 하면 현재 디렉터리에 index.html 파일이 만들어집니다.

STEP3 HTTP 서버 실행하기

이어서 Python으로 HTTP 서버를 실행하겠습니다. 다음 명령어를 입력합니다. python을 -m 옵션으로 실행하면, 지정한 모듈을 곧바로 실행합니다. 다음 명령어는 SimpleHTTPServer라는 모듈을 8080포트에서 실행하라는 의미입니다.

```
$ python -m SimpleHTTPServer 8080
```

실행하면 다음과 같이 출력되며, HTTP 서버가 실행됩니다.

```
Serving HTTP on 0.0.0.0 port 8080 ...
```

STEP4 웹 미리보기 실행하기

이어서 Cloud Shell의 화면 오른쪽 위의 [웹 미리보기]라는 아이콘을 클릭하고, [포트에서 미리보기 8080]을 클릭합니다(그림 1-8). 클릭하면, 웹 브라우저에서 다음과 같은 URL이 열리게 됩니다.

```
https://8080-dot-<숫자>-dot-devshell.appspot.com/
```

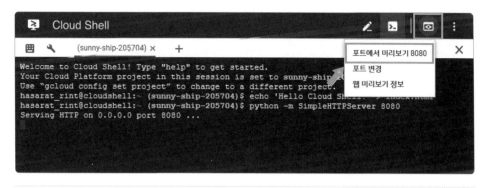

그림 1-8 웹 미리보기

웹 브라우저가 열리면, 이전에 작성한 index.html의 내용("Hello Cloud Shell!")이 출력됩니다. 이 URL은 Cloud Shell을 실행한 사용자 계정에서만 접근할 수 있다는 제약이 있으므로 주의하기 바랍니다.

STEP5 웹 미리보기 종료하기

Cloud Shell의 명령줄에서 [control] + [C](MacOS), [Ctrl] + [C](Windows)를 입력하면, HTTP 서버가 종료됩니다. 추가로 해야 할 별도의 작업이 없다면, Cloud Shell 화면을 닫아도 상관없습니다.

4 Google Compute Engine

 이번 절의 키워드 GCE, 가상 머신, Compute Engine, VM 인스턴스, SSH

Google Compute Engine(이후 GCE)은 IaaS(가상 머신) 서비스입니다. 이 책에서는 직접 GCE를 사용하지 않습니다. 하지만 2장 이후 사용하게 되는 Datalab이 내부적인 백엔드로 GCE를 사용하므로, 간단하게 특징을 설명하도록 하겠습니다.

GCE의 특징

대부분의 클라우드 벤더는 가상 머신 서비스를 제공합니다. 그런데 GCE는 몇 가지 특별한 특징이 있습니다. 이를 간단하게 정리하면 다음과 같습니다(표1-4).

표1-4 GCE의 특징

항목	설명
맞춤 머신 유형	CPU 코어 수, 메모리 GB 수를 개별적으로 설정할 수 있습니다. 그리고 Console에서는 각 인스턴스의 리소스 사용 상태를 보여주며, 성능이 과하게 높을 경우 적절한 유형의 머신을 제안해 줍니다.
자동 할인	사전 신청 없이도 장시간 사용하면, 자동으로 할인(최대 30%)이 적용됩니다.
선점형 VM	24시간 이하의 시간 동안만 사용하는 VM입니다. 최대 80% 할인을 받고 사용할 수 있습니다. 배치 처리, 데이터 분석 등의 작업을 할 때 굉장히 편리하게 활용할 수 있습니다.
라이브 마이그레이션	일반적으로 가상 머신은 물리적으로 어떤 호스트 머신 위에서 동작하므로, 해당 호스트 머신의 유지 보수 등이 진행될 때 인스턴스가 종료됩니다. 하지만 GCE는 라이브 마이그레이션 기능을 사용하므로, 자동으로 이를 다른 호스트로 이동시켜줍니다. 따라서 유지 보수 등의 이유로 인스턴스가 중지되는 일이 없습니다.

가상 머신 실행하기

GCE에서 가상 머신을 실행할 때는 Console, API, gcloud 명령어 등의 방법을 사용합니다. 이번 절에서는 Console을 사용하는 방법을 살펴보겠습니다.

STEP1 인스턴스 만들기

Console의 사이드 메뉴에서 [컴퓨팅] 카테고리에 있는 [Compute Engine] → [VM 인스턴스]를 클릭합니다(그림 1-9). 인스턴스가 아예 없다면, 그림 1-10처럼 팝업이 나옵니다. [만들기] 버튼을 클릭해 주세요.

그림 1-9 사이드 메뉴에서 [Compute Engine] → [VM 인스턴스] 선택하기

그림 1-10 VM 인스턴스 만들기 팝업

인스턴스 설정하기

이어서 인스턴스를 설정합니다. 다음과 같은 항목을 설정해야 합니다. 기본적으로 어느 정도 설정이 되어 있으므로, 곧바로 [만들기]를 클릭해서 인스턴스를 실행합니다.

역주 2018년 6월을 기준으로 asia-northeast1(동북 아시아) 지역에는 도쿄 밖에 없습니다. 이후에 서울이 추가된다면, 서울을 사용하기 바랍니다. 없는 상태라면 도쿄를 사용해서 진행합시다.

표 1-5 인스턴스 설정하기

항목	설명
이름	인스턴스의 명칭입니다. 프로젝트 내부에서 유일한 이름이어야 합니다.
영역	지리적인 위치를 의미하는 '지역(Region)' 내부에 '영역(Zone)'이 있는 형태입니다. 예를 들어 도쿄 지역은 asia-northeast1이며, 내부에 asia-northeast1-a, asia-northeast1-b, asia-northeast1-c 등이 존재합니다. 일부 리소스는 특정 지역과 영역에서만 사용할 수 있습니다. 또한 인스턴스를 연결하거나 할 때는 반드시 인스턴스가 같은 지역 안에 있어야 합니다.
머신 유형	가상 머신의 스펙입니다. CPU, 메모리 용량 등을 설정합니다. 이미 여러 스펙이 준비되어 있으며(n-1-standard-1 등*), 직접 스펙을 하나하나 설정해서 사용할 수도 있습니다. GPU 등도 추가해서 사용할 수 있습니다.
부팅 디스크	실행할 디스크 용량과 OS를 선택합니다. 머신 러닝에 사용하는 용도로는 Ubuntu와 Debian이 인기입니다.
ID 및 API 액세스	인스턴스가 BigQuery, Cloud SQL 등의 GCP 서비스에 접근하기 위한 설정입니다.
방화벽	외부 네트워크로부터 접근을 어떻게 설정할지 나타내는 것입니다. 기본적으로 외부로부터의 접근을 모두 차단합니다.

* 기본값인 n1-standard-1은 디스크 용량 10GB, 1시간에 $0.05(약 50원)이 과금됩니다. 무료 체험판을 사용하고 있는 경우, $300부터 차감됩니다.

<u>STEP3</u> **SSH 접속**

1분 정도 기다리면 인스턴스가 실행되며, SSH로 접속할 수 있는 상태가 됩니다. SSH 로 인스턴스에 접속할 때는 SSH 클라이언트 애플리케이션을 사용하는 방법도 있지만, 브라우저를 사용해서 곧바로 접속하는 방법이 가장 쉽습니다. VM 인스턴스 화면에서 실행 중인 인스턴스 이름 옆에 있는 [SSH] 버튼을 클릭하거나, 버튼 오른쪽에 있는 드 롭 다운 아이콘을 클릭하고 [브라우저 창에서 열기]를 선택하면(그림 1-11), 별도의 화 면에 터미널이 열립니다. 여기에 명령줄을 입력할 수 있습니다(그림 1-12).

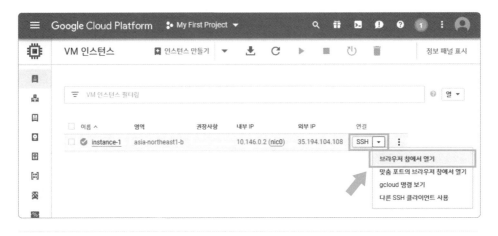

그림 1-11 브라우저에서 SSH 접속하기

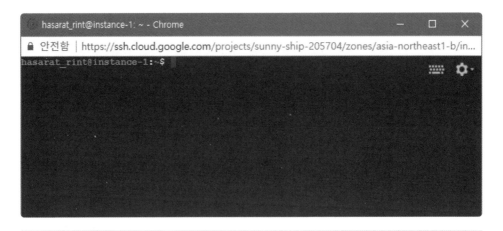

그림 1-12 SSH 접속 화면

인스턴스 종료와 제거

인스턴스를 종료할 때는 VM 인스턴스 화면에서 종료할 인스턴스 이름 옆의 체크 박스에 체크하고, 화면 위에 있는 [중지] 버튼을 클릭합니다(그림 1-13).

다시 실행하고 싶은 경우에는 [시작] 버튼을 클릭합니다.

참고로 인스턴스를 종료하면 인스턴스 과금이 발생하지 않지만, 디스크는 과금되므로 주의해 주세요.

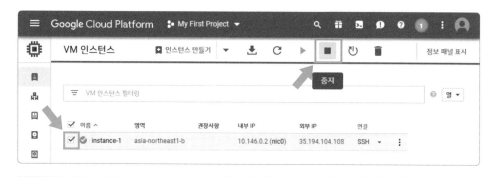

그림 1-13 인스턴스 종료하기

디스크를 삭제하려면 (1) 인스턴스를 완전히 삭제하거나, (2) Compute Engine 사이드 메뉴에서 [디스크]를 선택하고, 삭제하고 싶은 디스크를 선택한 뒤 [삭제] 버튼을 클릭합니다. 참고로 부팅 디스크는 디폴트 인스턴스가 삭제될 때 함께 삭제되게 설정되어 있습니다. 부팅 디스크를 삭제하기 싫다면, 인스턴스 편집 화면에서 [인스턴스 삭제 시 부팅 디스크 삭제]의 체크를 해제해 주세요.

5 Google Cloud Storage

 **이번 절의 키워드** GCS, 객체 스토리지, 버킷, 스토리지 클래스, Multi-Regional, gsutil, Cloud Shell

Google Cloud Storage(이하 GCS)는 객체 스토리지 서비스입니다. 객체 스토리지란 디스크 용량을 확보하는 일반적인 클라우드 스토리지와 다르게, 객체(파일[5]) 단위로 저장하고 과금되는 서비스입니다. 디스크 스토리지의 경우 사용하지 않아도 확보되어 있는 만큼 과금이 발생하며, 확보한 용량이 부족해지면 추가로 용량 확장이 필요합니다. 하지만 객체 스토리지는 실제로 저장한 파일의 전체 용량만큼 과금되며, 거의 무제한으로 파일을 저장할 수 있습니다.

머신러닝 서비스와 GCS의 관계

GCP의 머신러닝 관련 서비스를 사용하다 보면 GCS에서 데이터를 입력받을 수 있습니다. 예를 들어 이미지 식별을 하는 Cloud Vision API는 식별하고 싶은 이미지를 GCS에 있는 파일에서 선택할 수 있습니다(3장 '2. Cloud Vision API' 참고). 또한 GCP뿐만 아니라, 머신러닝 프레임워크 TensorFlow도 학습 모델과 로그 데이터 저장 대상으로 GCS를 기본으로 지원합니다(7장 '8. DNNClassifier로 간단하게 학습하기' 참고).

---

5 객체에는 메타데이터 등이 추가로 포함되지만, 이 책에서는 간단하게 '객체'='파일'로 설명하겠습니다.

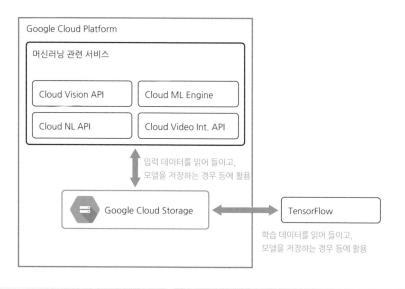

그림 1-14 머신러닝 서비스와 GCS의 관계

버킷과 스토리지 클래스

이전에 언급했던 것처럼 GCS에는 디스크라는 개념이 없습니다. 대신 버킷Bucket이라는 '객체를 넣는 상자'를 정의해서 사용합니다. 버킷은 유일한 이름을 가져야 하며, 스토리지 클래스를 표 1-6에 있는 것 중 하나로 선택해야 합니다.

표 1-6 스토리지 클래스

스토리지 클래스	설명
Multi-Regional	2개 이상의 지역에 데이터를 저장하고, 지리적으로 확장성을 유지하는 스토리지입니다. 가장 가용성 높은 데이터 저장 방식입니다.
Regional	특정 지역 내부에 데이터를 저장합니다. 대용량 데이터를 처리하는 경우, Multi-Regional보다 성능이 높으므로, 일반적으로 지리적 가용성이 필요하지 않을 때 사용합니다.
Nearline	데이터의 용량 단가가 저렴하지만, 데이터를 읽어 들일 때 비용이 발생합니다. 한 달에 한 번 정도만 접근하는 데이터(분석 전용 데이터 등)에 적합합니다.
Coldline	데이터 용량 단가가 굉장히 저렴하며, 데이터를 읽어 들일 때 비용이 발생합니다. 1년에 한 번 정도만 접근하는 데이터(아카이브, 백업, 법과 관련된 이유로 저장해야 하는 데이터 등)에 적합합니다.

버킷에 객체를 저장할 때는 버킷을 생성할 때에 설정한 스토리지 클래스가 기본으로 사용됩니다. 또한, 객체를 저장할 때 따로 지정하면, 다른 스토리지 클래스에 저장할 수도 있습니다.

버킷 만들기

버킷을 생성할 때는 Console이나 API, gsutil 명령어를 사용합니다. Console을 사용해서 생성하는 방법을 살펴보면 다음과 같습니다.

STEP1 메뉴 선택하기

Console의 사이드 메뉴에서 [Storage] → [브라우저]를 선택합니다. 버킷을 생성한 적이 없다면, 그림 1-15와 같은 대화 상자가 나옵니다. [버킷 만들기] 버튼을 클릭합니다. 기존에 생성한 다른 버킷이 이미 있다면, 화면 위쪽에 [버킷 생성] 버튼이 있습니다.

그림 1-15 버킷 생성 대화상자

STEP2 버킷 설정하기

이어서 버킷 설정을 진행합니다.

이름은 원하는대로 설정할 수 있지만, 중복되면 안 됩니다. 스토리지 클래스(기본 저장소 클래스)와 로케이션(위치)은 'Multi-Regional'일 경우 '미국', '유럽', '아시아' 중에서 선택하고, 이외의 경우에는 'us-central1' 등의 지역을 설정합니다.

추가로 [고급 설정 표시]를 누르면, 라벨도 설정할 수 있습니다. 라벨은 청구서에 표시되는 정보이며, 코스트 센터별로 과금액을 집계하고 싶은 경우 등에 사용합니다.

모두 입력했다면 [만들기] 버튼을 눌러서 버킷 생성을 완료합니다. Console에서 [파일 업로드]를 클릭하면, 로컬 컴퓨터의 파일을 업로드할 수 있습니다. 적당한 파일을 업로드해 보기 바랍니다.

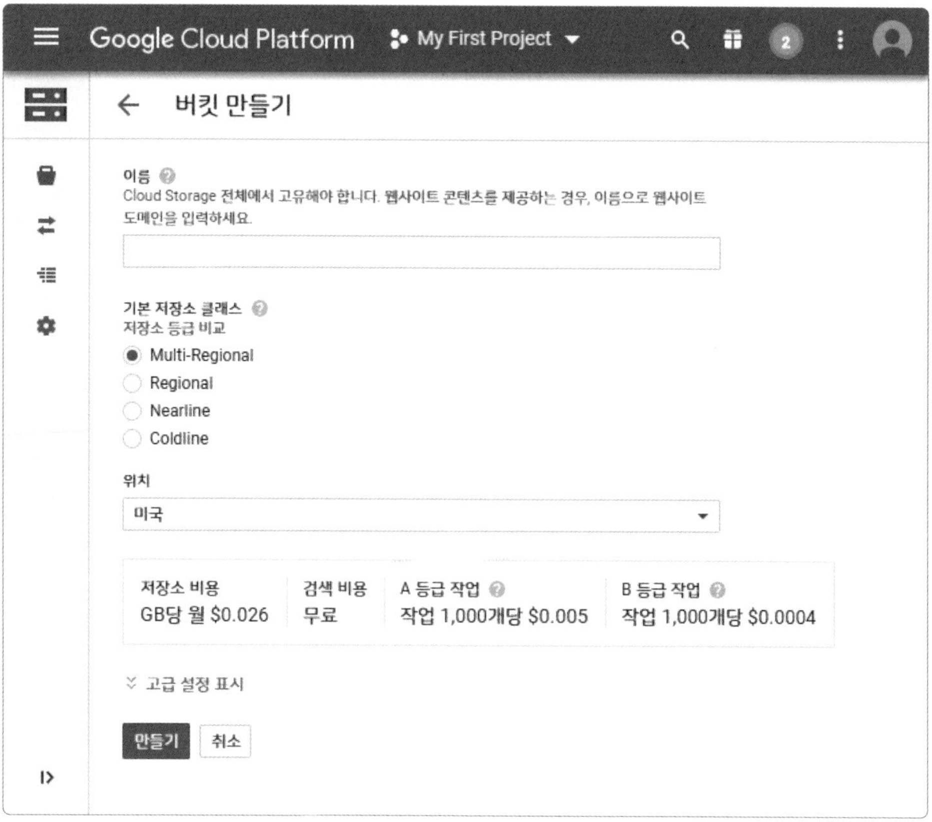

그림 1-16 버킷 설정 화면

gsutil 도구로 데이터에 접근하기

gsutil은 명령줄을 사용해 GCS에 접근할 수 있게 해 주는 도구입니다. 간단한 조작은 Console에서도 할 수 있지만, 대량의 데이터를 복사하거나 제거할 때는 gsutil을 사용하는 것이 훨씬 편리합니다. 또한, Amazon S3 등의 HMAC 인증을 사용하는 다른 클라우드 저장소 서비스와 파일을 주고받을 수도 있습니다.

gsutil은 Google Cloud SDK를 설치할 때 함께 설치되며, Cloud Shell에서는 별도의 설정 없이 바로 사용할 수 있습니다. 다음은 gsutil 명령어를 사용하는 간단한 예입니다.

역주 책의 내용을 진행하면서, "명령어를 어디에 입력해야하지?"라는 의문이 들 수 있습니다. 명령어는 모두 Cloud Shell을 열고, Cloud Shell 내부에 입력하세요.

gsutil cp / (파일 복사)

로컬 컴퓨터 또는 다른 GCS의 데이터를 복사할 때 사용합니다. 로컬에 있는 파일을 GCS로 복사할 때(업로드)는 다음과 같은 명령어를 사용합니다.

```
$ gsutil cp example.txt gs://my-bucket/subdir
```

여기서 gs://…는 GCS 위의 파일 경로를 나타냅니다. 이 경로는 gs://<버킷 이름>/<디렉터리 이름>/<파일 이름> 형태로 구성됩니다.

파일 경로 지정에 와일드카드('*' 기호)를 사용할 수 있습니다. 또한, -r 옵션을 붙이면 디렉터리별로 복사할 수도 있습니다.

와일드카드 사용 예:

```
$ gsutil cp *.txt gs://my-bucket/subdir
```

디렉터리 복사 예:

```
$ gsutil cp -r example_dir gs://my-bucket
```

여러 파일을 복사할 때는 시간이 꽤 걸릴 수 있으므로 주의하기 바랍니다. 참고로 -m 옵션을 붙이면 병렬로 처리하므로 조금은 더 빠르게 데이터를 복사할 수 있습니다.

```
$ gsutil -m cp -r example_dir gs://my-bucket
```

gsutil rm / (파일 제거)

GCS 위에 있는 파일을 제거할 때 사용합니다. 특정 디렉터리에 있는 파일을 모두 제거하고 싶다면, 다음과 같이 사용합니다.

```
$ gsutil rm gs://my-bucket/subdir/*
```

하위 계층의 디렉터리에 있는 파일도 모두 제거하고 싶을 때는 다음과 같은 명령어를 사용합니다.

```
$ gsutil rm gs://my-bucket/subdir/**
```

또는 -r 옵션을 사용해서 같은 작업을 할 수도 있습니다. 이 경우에는 파일의 버전 이력도 함께 제거됩니다.

```
$ gsutil rm -r gs://my-bucket/subdir
```

gsutil mv / (파일 이동)

파일을 이동하거나, 파일의 이름을 변경할 때 사용합니다. 예를 들어 디렉터리의 모든 파일을 이동하고 싶다면, 다음과 같이 사용합니다.

```
$ gsutil mv gs://my-bucket/subdir/* example_dir
```

디렉터리의 이름을 변경하고 싶다면 다음과 같이 합니다.

```
$ gsutil mv gs://my-bucket/olddir gs://my-bucket/newdir
```

일반적인 파일 시스템처럼 mv 명령어는 파일을 복사한 후, 원래 파일을 제거합니다. GCS의 조작은 논-아토믹Non-Atomic 하게 이루어집니다. 따라서 파일 이동 중에도 원래 파일을 조작할 수 있습니다.

> 역주 Atomic(아토믹) 조작이란 '원자처럼 작은 단위로 조작해서, 중간에 다른 것들이 끼어들 수 없는 조작'이라는 의미입니다. 따라서 반대의 Non-Atomic 조작은 '중간에 다른 것들이 끼어들 수 있는 조작'을 의미합니다.

이외의 명령어는 공식 문서를 참고하기 바랍니다.

URL https://cloud.google.com/storage/docs/gsutil

공개 버킷에서 데이터 복사하기

GCS에 저장한 데이터들은 공개 상태로 설정할 수 있습니다. 공개 상태로 설정하면 누구나 데이터를 참조할 수 있습니다(기본적으로는 비공개이므로 걱정하지 마세요). Google은 여러 가지 퍼블릭 데이터를 제공합니다. 이번 절에서는 Google이 제공하는 '랜드셋 인공위성'의 고해상도 사진을 우리가 가지고 있는 버킷으로 복사해 봅시다.

STEP1 Cloud Shell 열기

Cloud Shell을 엽니다(방법은 1장 '3. Cloud Shell'을 참고하세요).

STEP2 자신의 버킷에 데이터 복사하기

다음 명령어를 입력합니다. my-bucket 부분은 자신이 만든 버킷 이름으로 변경하세요.

```
$ gsutil -m cp gs://gcp-public-data-landsat/LT05/PRE/108/035/
LT51080351995058HAJ00/*.TIF gs://my-bucket
```

명령어를 실행하면, 파일 7개가 복사됩니다.

```
Copying gs://gcp-public-data-landsat/LT05/PRE/108/035/LT51080351995058HAJ00/
LT51080351995058HAJ00_B1.TIF [Content-Type=application/octet-stream]...
Copying gs://gcp-public-data-landsat/LT05/PRE/108/035/LT51080351995058HAJ00/
LT51080351995058HAJ00_B2.TIF [Content-Type=application/octet-stream]...
Copying gs://gcp-public-data-landsat/LT05/PRE/108/035/LT51080351995058HAJ00/
LT51080351995058HAJ00_B3.TIF [Content-Type=application/octet-stream]...
Copying gs://gcp-public-data-landsat/LT05/PRE/108/035/LT51080351995058HAJ00/
LT51080351995058HAJ00_B4.TIF [Content-Type=application/octet-stream]...
Copying gs://gcp-public-data-landsat/LT05/PRE/108/035/LT51080351995058HAJ00/
LT51080351995058HAJ00_B5.TIF [Content-Type=application/octet-stream]...
Copying gs://gcp-public-data-landsat/LT05/PRE/108/035/LT51080351995058HAJ00/
LT51080351995058HAJ00_B6.TIF [Content-Type=application/octet-stream]...
Copying gs://gcp-public-data-landsat/LT05/PRE/108/035/LT51080351995058HAJ00/
LT51080351995058HAJ00_B7.TIF [Content-Type=application/octet-stream]...
| [7/7 files][153.7 MiB/153.7 MiB] 100% Done
Operation completed over 7 objects/153.7 MiB.
```

데이터가 모두 복사되었으면 Console에서 확인해 봅시다. 와일드카드로 디렉터리에 있는 TIF 파일을 모두 복사했으므로, TIF 파일 7개가 들어 있습니다(그림 1-17). 파일 이름을 클릭하면, 파일을 열 수 있습니다(또는 다운로드됩니다). 이미지는 위성 사진입니다(그림 1-18).

이처럼 GCS는 퍼블릭으로 공개되어 있는 데이터를 쉽게 복사해서 가지고 올 수 있습니다.

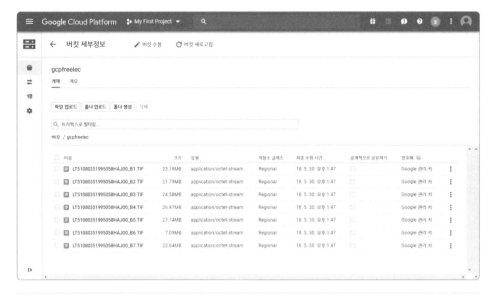

그림 1-17 Console의 파일 목록

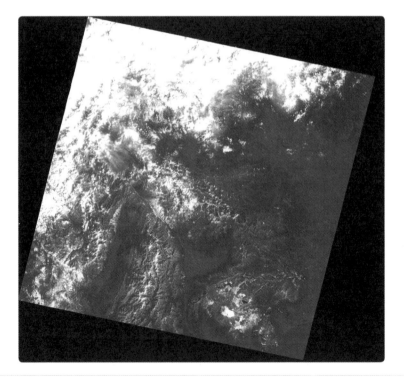

그림 1-18 복사한 위성 사진

이러한 퍼블릭 데이터 사용 방법과 관련된 자세한 내용은 다음 URL을 참고하기 바랍니다.

URL https://cloud.google.com/storage/docs/public-datasets/landsat

6 **BigQuery**

 이번 절의 키워드   BigQuery, Dataset, bq query

BigQuery는 빅데이터 분석 전용 데이터 웨어하우스입니다. 인덱스 없이도 테라바이트 단위의 데이터를 몇 초, 페타바이트 단위의 데이터를 몇 분 만에 풀 스캔할 수 있습니다. 또한, GCP의 서비스 대부분은 BigQuery와 관련된 인터페이스를 갖추고 있으므로, 머신러닝을 할 때 학습시키고 싶은 데이터를 모두 BigQuery에 넣으면 데이터 추출, 저장, 분석(머신러닝 포함), 피드백까지 일괄적으로 진행할 수 있습니다.

BigQuery의 구성

BigQuery는 풀 매니지드^{Full-Managed} 서비스이므로 디스크와 가상 머신을 따로 준비할 필요 없이, 곧바로 사용할 수 있습니다. BigQuery의 데이터 계층과 접근 권한은 그림 1-19처럼 구성되어 있습니다.

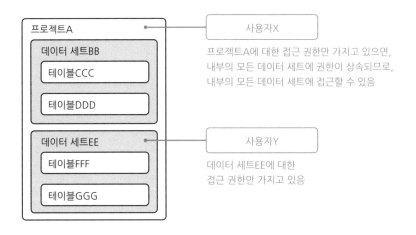

그림 1-19 BigQuery의 데이터 계층과 접근 권한

프로젝트

BigQuery의 데이터는 반드시 어떤 프로젝트와 연결되어 있어야 합니다. 접근 제한과 과금 정보가 저장됩니다.

데이터 세트

데이터 세트는 테이블을 정리하거나, 테이블에 대한 접근을 제어할 때 사용합니다. 접근 권한은 테이블 단위가 아니라 프로젝트와 데이터 세트 단위로 제어합니다. 또한, 테이블은 반드시 데이터 세트에 속해야 하므로, BigQuery로 데이터를 읽어 들이기 전에 반드시 데이터 세트를 만들어 두어야 합니다.

테이블

일반적인 데이터베이스의 테이블과 같으며, 데이터를 저장하는 곳입니다. 각각의 테이블에는 필드 이름, 자료형 등의 정보를 나타내는 스키마가 있습니다.

BigQuery로 데이터 읽어 들이기

BigQuery는 다음과 같은 데이터 형식을 읽어 들일 수 있습니다.

- CSV
- JSON(줄바꿈 구분)
- Avro 파일
- Google Cloud Datastore 백업

또한 이러한 데이터는 파일로 업로드하는 방법 이외에도 GCS와 Google Drive에 있는 데이터를 읽어 들이는 방법도 제공됩니다.[6] 데이터를 읽어 들일 때는 Console, API, bq 명령어 등을 사용합니다. bq 명령어에 대해서 간단하게 살펴봅시다.

STEP1 데이터 준비하기

그럼 퍼블릭 데이터를 사용해 봅시다. Cloud Shell에서 다음 명령어를 입력해서, 데이터를 복제(클론)합니다.

```
$ git clone https://github.com/hayatoy/bqsamples.git
```

이는 미국 사회 보장국에서 제공하는 데이터를 기반으로, 주별로 집계한 2016년에 태어난 아이들의 이름 데이터입니다. 복제한 bqsamples 디렉터리를 보면 데이터가 들어 있는 names.csv 파일과 스키마가 들어 있는 schema.json 파일이 있습니다. 다음 명령어로 파일의 내용을 출력해 봅시다.

```
$ head bqsamples/names.csv
WY,F,2016,Hazel,10
WY,F,2016,Jasmine,5
WY,M,2016,Xander,7
AK,F,2016,Charlotte,34
AK,F,2016,Naomi,12
AK,F,2016,Ellie,10
AK,F,2016,Audriana,5
AK,M,2016,Owen,40
AK,M,2016,Mason,39
AK,M,2016,Dominic,11
```

---

6 데이터 레코드를 하나씩 스트리밍하는 기능도 있습니다. 이를 활용하면, 읽기 작업을 실행할 때 지연 없이 데이터 쿼리를 곧바로 하나하나 실행할 수 있습니다. (역주: 일반적으로 파일이 크면 파일을 모두 읽어 들일 때 시간이 오래 걸립니다. 큰 파일을 모두 읽은 뒤 데이터를 테이블에 넣는 것이 아니라, 파일을 한 줄씩 읽으면서 데이터를 테이블에 넣는 것을 '스트리밍 한다'라고 표현합니다.)

헤더가 없는 쉼표로 구분된 텍스트 데이터 형태라는 것을 알 수 있습니다. 데이터는 '주', '성별(M: 남성, F: 여성)', '연도', '이름', '해당 이름의 인구 수'가 차례대로 적혀 있는 것입니다. 스키마 파일도 살펴봅시다.

```
$ head bqsamples/schema.json
[
  {"name": "state", "type": "string", "mode": "nullable"},
  {"name": "gender", "type": "string", "mode": "nullable"},
  {"name": "year", "type": "integer", "mode": "nullable"},
  {"name": "name", "type": "string", "mode": "nullable"},
  {"name": "count", "type": "integer", "mode": "nullable"}
]
```

스키마에는 칼럼 이름, 데이터 자료형, 모드(옵션)를 설정합니다. nullable이란 해당 필드에 Null을 허용한다는 의미입니다.

STEP2 데이터 세트 만들기

데이터 세트를 만들 때는 다음 명령어를 실행합니다.

```
$ bq mk testdataset
```

다음과 같이 출력되면 생성이 완료된 것입니다. 또한, bq ls라고 입력하면 생성된 데이터 세트 목록을 출력해 볼 수 있습니다. 프로젝트 선택을 하라는 메시지가 출력되는 경우에는 사용할 프로젝트를 선택하기 바랍니다.

```
Dataset '<프로젝트 ID>:testdataset' successfully created.
```

테이블 업로드하기

bq load 명령어를 사용하면 데이터 업로드부터 테이블 생성까지 한 번에 수행할 수 있습니다.

```
$ bq load testdataset.names bqsamples/names.csv bqsamples/schema.json
```

실행하면, 몇 초가 지난 뒤 완료됩니다. 명령줄 매개변수의 의미는 다음과 같습니다.

```
bq load <데이터 세트 이름>.<테이블 이름> <파일 경로> <스키마>
```

스키마는 이번처럼 JSON 파일을 지정하거나, <칼럼 이름>:<데이터 자료형>의 형태로 직접 지정할 수도 있습니다. 칼럼 수가 많으면 실수가 발생할 수 있으므로, 파일로 만들어 둔 뒤에 파일을 업로드하는 것이 좋습니다.

이상으로 데이터를 읽어 들이고 테이블을 만드는 과정을 모두 완료했습니다.

데이터 쿼리

테이블을 만들었으므로, 쿼리를 실행해 봅시다. 다음 쿼리를 실행하면, 캘리포니아 주(CA)에서 가장 인기 있는 여자 아이 이름을 확인할 수 있습니다.

```
$ bq query "SELECT name,count
> FROM testdataset.names
> WHERE state = 'CA' AND gender = 'F'
> ORDER BY count DESC
> LIMIT 5"
```

출력은 다음과 같습니다.

```
+-----------+--------+
|   name    | count  |
+-----------+--------+
| Mia       |  2785  |
| Sophia    |  2747  |
| Emma      |  2592  |
| Olivia    |  2533  |
| Isabella  |  2350  |
+-----------+--------+
```

bq query "<쿼리>" 명령어로 쿼리를 실행할 수 있습니다. 쿼리에는 SQL 구문을 사용하는데, SQL 구문은 내용이 굉장히 방대합니다. 이 책에서는 SQL은 다루지 않고 실행하는 모습만 살펴보겠습니다. 흥미가 있다면 공식 쿼리 레퍼런스를 참고하기 바랍니다.

URL https://cloud.google.com/bigquery/query-reference

마지막으로 예를 하나 더 살펴봅시다. 다음 쿼리는 출생 수가 많은 상위 5개의 주를 출력합니다.

```
$ bq query "SELECT state, SUM(count) as sum_count
> FROM testdataset.names
> GROUP BY 1
> ORDER BY 2 DESC
> LIMIT 5"
```

출력은 다음과 같이 캘리포니아 주(CA), 텍사스 주(TX), 뉴욕 주(NY) 등의 순서로 나옵니다.

```
+-------+-----------+
| state | sum_count |
+-------+-----------+
| CA    |    423541 |
| TX    |    350010 |
| NY    |    188393 |
| FL    |    183151 |
| IL    |    121042 |
+-------+-----------+
```

 Column | **BigQuery를 사용할 때 주의할 점**

BigQuery를 사용하면, 기존의 데이터베이스와는 비교할 수 없을 정도의 속도로 데이터를 처리할 수 있습니다. 그래서 너무 많이 사용해 버리는 경우가 있는데요. BigQuery는 데이터를 스캔한 용량에 따라 과금됩니다. 따라서 칼럼을 제한하고, 너무 큰 테이블이 있다면 미리 작은 테이블로 분할해 두는 작업을 하는 것이 좋습니다. 참고로 BigQuery는 여러 테이블을 연결해서 쿼리를 실행하는 기능도 제공합니다. 또한, 대용량을 사용할 경우, 정액 과금 플랜을 사용하거나 쿼리 실행 전에 스캔 용량을 확인하는 것도 좋습니다.

- Console에서 스캔 용량 확인하기: [Query] 버튼 옆의 [Validator] 버튼 클릭하기

- bq 명령어로 스캔 용량 확인하기: --dry_run 옵션을 붙여서 쿼리 실행하기

Datalab 사용해 보기

Cloud Datalab은 데이터 분석과 머신러닝을 위한 인터랙티브 도구입니다. 웹 브라우저에서 Python 코드를 실행해 볼 수 있으며, 그래프 등을 출력할 수 있습니다. 또한, BigQuery나 머신러닝과 관련된 API에도 간단하게 접근할 수 있습니다.

1 Datalab 퀵투어

 이번 절의 키워드 Jupyter, 셀, 셀 명령어, 노트북

Cloud Datalab(이하 Datalab)은 GCE 가상 머신 위에서 동작하는 Jupyter[7]를 기반으로 만들어진 인터랙티브 도구입니다. 클라우드 위에서 실행되므로, 웹 브라우저만 있다면 어디서나 접근할 수 있으며, 번거로운 환경 구축 없이 사용할 수 있습니다.

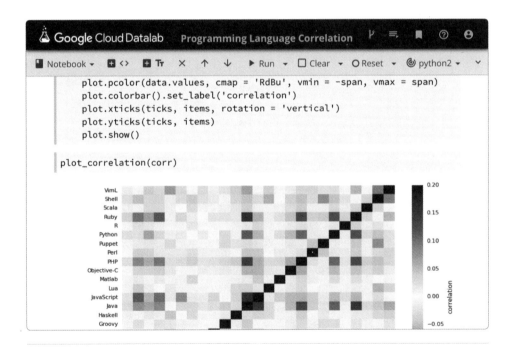

그림 2-1 Datalab 화면

---

7 오픈소스 인터랙티브 도구입니다. 이 책의 샘플 코드 대부분은 Jupyter에서도 동작합니다. http://jupyter.org/

Datalab의 구성

Datalab은 GCE 가상 머신 위에서 컨테이너로 패키지화되어 있으며, 데이터 분석 또는 머신러닝에 필요한 라이브러리와 도구가 기본적으로 설치되어 있습니다. 데이터는 자동으로 GCS에 백업되며, Cloud 소스 리포지터리를 사용해서 팀 멤버와 데이터를 공유할 수도 있습니다.

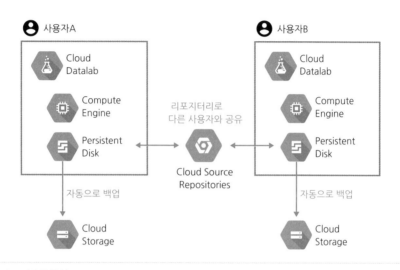

그림 2-2 Datalab의 구성

실행과 종료

Datalab은 Google Cloud SDK에 포함된 datalab 명령어로 간단하게 실행할 수 있습니다. 그럼 기본적으로 datalab 명령어가 설치되어 있는 Cloud Shell을 사용해서 Datalab을 실행하는 방법을 살펴봅시다.

STEP1 Cloud Shell 실행하기

명령어를 입력할 수 있게 Cloud Shell을 실행합니다(방법은 1장 '3. Cloud Shell'을 참고하세요).

STEP2 **datalab 명령어로 Datalab 만들고 실행하기**

Datalab을 조작할 때는 datalab 명령어를 사용합니다. Datalab 인스턴스를 만들고, 실행할 때는 다음 명령어를 입력합니다. 이때 여기서는 Datalab의 인스턴스 이름을 'testdatalab'이라고 지정했습니다. 이름은 중복되지 않게 원하는 대로 설정하기 바랍니다.

```
$ datalab create testdatalab --zone us-central1-a
```

Datalab 인스턴스 생성에는 1~2분 정도의 시간이 걸립니다. 인스턴스가 실행되면 다음과 같이 출력됩니다.

역주 처음 실행할 때 권한이 없다는 오류가 발생할 수 있습니다. 오류에 출력되는 링크를 클릭하면 연결되는 'API 라이브러리'의 'Cloud Source Repositories API'에 들어가서, [사용 설정] 버튼을 눌러 주세요. 또한 명령어가 실행될 때 키 페어 생성과 관련된 이야기가 뜰 수 있습니다. 'y'를 입력한 뒤, 이외의 설정은 모두 공란으로 두고 [Enter] 키를 눌러 주세요.

```
The connection to Datalab is now open and will remain until this
command is killed.
Click on the *Web Preview* (square button at top-right), select
*Change port >
Port 8081*, and start using Datalab.
```

Datalab 인스턴스 이름은 GCE 인스턴스 이름과 같습니다. Console에서 GCE에 있는 VM 인스턴스 페이지를 보면 확인할 수 있습니다. 또한, Datalab은 프로젝트 이름과 같은 GCS 버킷을 자동으로 생성하고, 여기에 데이터를 백업합니다. --no-backups 옵션을 붙이면 백업하지 않을 수 있습니다.

STEP3 웹 미리보기로 Datalab 열기

Cloud Shell의 웹 미리보기로 Datalab을 열어 봅시다. Datalab의 기본 포트는 8081이므로, [웹 미리보기] → [포트 변경]을 클릭하고, 대화 상자가 나오면 '8081'을 입력한 뒤, [변경 및 미리보기]를 클릭합니다(그림 2-3).

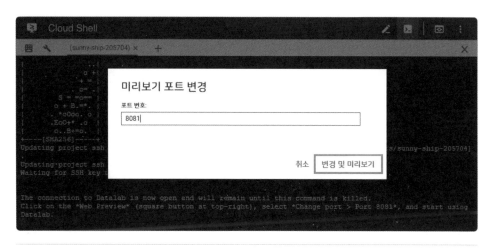

그림 2-3 웹 미리보기에서 포트 8081 선택하기

STEP4 Datalab 종료하기

Datalab을 종료하려면 화면 오른쪽 위에 있는 [Account] 아이콘을 클릭하고, [Stop VM] 버튼을 클릭합니다(그림 2-4). 인스턴스가 중지되면 Cloud Shell 명령줄에 다음과 같이 출력되며, 실행되고 있던 모든 datalab 명령을 종료합니다.

```
Instance testdatalab is no longer running (STOPPING)
```

다음 명령어는 Datalab에 접속하는 것은 물론이고, 인스턴스가 중지되어 있다면 실행까지 해 줍니다.

```
$ datalab connect testdatalab
```

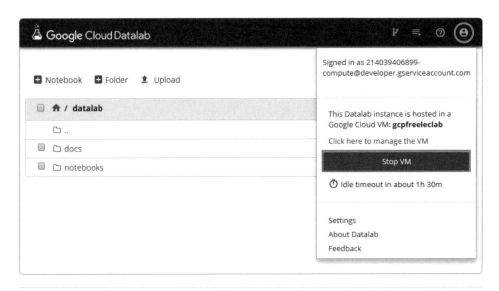

그림 2-4 Datalab 종료 메뉴

Datalab의 머신 유형은 기본으로 n1-standard-1이지만, 생성할 때 --machine-type 옵션을 붙이면 변경할 수 있습니다. 또한, 머신을 중지한 후에 Console의 VM 인스턴스 화면에 들어가면, 머신 유형을 변경할 수 있습니다.

STEP5 Datalab 제거하기

Datalab 인스턴스를 제거하려면 다음 명령어를 입력합니다.

```
$ datalab delete testdatalab
```

확인 프롬프트가 나오면 'y'를 입력해 주세요. 이렇게 하면 인스턴스를 제거할 수 있습니다.

추천 설정

Datalab은 노트북 전용 영속 디스크(디폴트 200GB), 해당 디스크 백업 전용 GCS 버킷, 소스 공유 전용 리포지터리를 자동으로 생성해 줍니다. 이 책의 내용을 진행할 때는 그렇게까지 큰 설정을 할 필요가 없으므로, 다음과 같이 설정해서 Datalab 인스턴스를 만들기 바랍니다(지역은 asia-northeast1-a[도쿄], 영속 디스크 10GB, GCS 버킷 백업 사용하지 않음, 리포지터리 사용하지 않음).

역주 이 책에서 '노트북'이라고 언급하는 것은 들고 다닐 수 있는 컴퓨터(Laptop)를 의미하는 노트북이 아니라, 'Jupyter 노트북'이라는 애플리케이션의 노트북을 의미하는 말입니다.

```
$ datalab create testdatalab --zone asia-northeast1-a --disk-size-gb
10 --no-backups --no-create-repository
```

Datalab 노트북 조작하기

Datalab은 노트북이라는 ipynb 형식의 파일을 사용해 코드, 설명, 출력, 그래프 등을 저장할 수 있습니다. Datalab을 실행할 때 나오는 docs 파일을 보면 굉장히 다양한 샘플 노트북이 있습니다. 새로운 노트북을 만들 때는 화면 왼쪽 위에 있는 [Notebook] 버튼을 클릭합니다.

그림 2-5 노트북 만들기 버튼

새로 만들어진 노트북은 웹 브라우저에 그림 2-6처럼 출력됩니다.

그림 2-6 노트북 화면

중앙에 출력되는 사각형은 '셀cell'이라는 것입니다. 이는 코드 또는 마크다운[8]을 작성할 수 있는 입력 양식입니다. 노트북은 셀 단위로 코드를 실행합니다. 새로운 셀을 추가하고 싶을 때는 화면 위의 [Add Code] 버튼을 클릭합니다.

오른쪽 끝에 있는 [Kernel]은 Python2와 Python3 같은 실행 환경을 변경할 때 사용합니다(이 책의 샘플 코드는 Python2에서 동작을 확인했습니다).

역주 Datalab에서는 2018년 5월을 기준으로, Python2가 기본입니다. 따라서 Python2를 사용하는 것입니다. 내용은 Python3에서도 모두 작동합니다.

명령어 모드와 편집 모드

노트북에는 '명령어 모드'와 '편집 모드'라는 두 가지 종류의 모드가 있습니다. 명령어 모드에서는 셀 복사 또는 이동 등의 키보드 단축키를 사용할 수 있습니다. 편집 모드에서는 코드 자동 완성, 주석 처리 등의 키보드 단축키를 사용할 수 있습니다. 명령어 모드와 편집 모드는 다음과 같은 방법으로 사용합니다.

- 명령 모드 진입하기: [ESC] 키
- 편집 모드 진입하기: [Enter] 키(또는 셀 클릭하기)

---

8 간단하게 목록과 표 등의 리치 텍스트를 작성할 수 있는 언어입니다.

편리한 단축키

표 2-1과 표 2-2는 명령어 모드와 편집 모드에서 자주 사용하는 단축키 목록입니다.

표 2-1 명령어 모드 단축키

단축키	내용
[Ctrl] + [Enter]	셀 실행하기
[y]	코드 셀로 변경하기
[m]	마크다운 셀로 변경하기
[a]	위에 새로운 셀 만들기
[b]	아래에 새로운 셀 만들기

표 2-2 편집 모드 단축키

단축키	내용
[Ctrl] + [Enter]	셀 실행하기
[Shift] + [Tab]	변수와 클래스 정보 출력하기
[Tab]	코드 자동 완성 또는 들여쓰기
[Ctrl] + [/]	주석 관련 처리

파이썬 코드 실행하기

간단한 코드를 작성하고, 실행해 봅시다. 셀에 다음과 같은 코드를 입력하고, [Run] 버튼을 클릭하거나, [Ctrl] + [Enter]를 눌러 주세요.

```
a = 10
b = 32
print(a + b)
```

코드가 실행되면, 셀 아래에 42라고 출력됩니다. 이번에는 마지막 줄의 print를 제거하고 실행해 봅시다.

```
a = 10
b = 32
a + b
```

이렇게 해도 42가 출력됩니다. 이처럼 셀의 마지막 줄에 작성되어 있는 계산 또는 변수는 알아서 출력해 줍니다. 또한, 변수 a와 b는 세션을 초기화하기 전까지 계속 유지됩니다. 한 번 셀을 추가해 보고, a*b라는 코드를 작성하고 실행해 보세요. 320이라고 출력될 것입니다. 세션을 초기화할 때는 화면 위에 있는 [Reset Session] 버튼을 클릭합니다.

셀은 순서와 상관없이 실행할 수 있으므로, 여러 셀을 편집하고 실행을 반복하다 보면 이전에 할당했던 변수의 값이 의도하지 않게 동작할 수 있습니다. 이러한 경우 세션을 초기화하거나, 다음 명령어로 변수를 확인해 보기 바랍니다.

```
%whos
```

실행하면, 다음과 같이 출력됩니다.

```
Variable    Type    Data/Info
-----------------------------
a           int     10
b           int     32
```

책의 샘플 코드 다운로드하기

이 책의 샘플 코드는 모두 노트북 형식으로 작성되어 있습니다. 샘플 코드는 GitHub에 공개되어 있으므로, 다음 명령어를 입력해서 자신의 Datalab에 복제하기 바랍니다.

```
!git clone https://github.com/hasarat/gcpml-freelec
```

앞에 '!'를 붙여서 입력해 주세요. 노트북은 '!' 뒤의 문자를 셸 명령어로 인식해서 실행합니다. 복제가 완료되면, 'gcpml-freelec'이라는 폴더가 노트북 디렉터리 아래에 생성되어 있을 것입니다.

샘플 코드 실행에 필요한 라이브러리 추가하기

Datalab에는 기본적으로 'GCP의 다양한 API를 다룰 수 있게 하는 라이브러리'와 '데이터 분석과 머신러닝 라이브러리'가 설치되어 있습니다. 추가로 원하는 라이브러리가 있다면 설치해서 사용할 수 있습니다.

이 책의 샘플 코드에서는 최신 라이브러리를 사용하므로, 라이브러리를 업데이트하도록 합시다. 또한 실행에 필요한 라이브러리를 추가로 설치해 보겠습니다.

STEP1 setup.ipynb 노트북 열기

책의 샘플 코드에서 gcpml-freelec/setup.ipynb를 열어 주세요.

STEP2 셀 실행하기

setup.ipynb 노트북에는 다음과 같이 작성 되어 있는 셀이 한 줄 있습니다. 실행하도록 합시다.

```
%%bash
echo "pip install --upgrade google-cloud-vision==0.27.0" >>
/content/datalab/.config/startup.sh
echo "pip install --upgrade google-cloud-translate==0.25.0" >>
/content/datalab/.config/startup.sh
echo "pip install --upgrade google-cloud-language==0.28.0" >>
/content/datalab/.config/startup.sh
cat /content/datalab/.config/startup.sh
```

%% bash라는 명령어(%%로 시작하는 명령어를 셀 명령어라고 부릅니다)를 셀 앞에 작성하면, 셀 전체가 bash 셀 스크립트로 실행됩니다. 이 셀 스크립트는 Datalab 인스턴스 스타트업 스크립트에 여러 라이브러리를 설치하는 스크립트입니다.

STEP3 Datalab 인스턴스 다시 실행하기

앞선 내용을 참고해서 인스턴스를 중지하고, datalab 명령어로 다시 접속합니다. 인스턴스 중지는 Compute Engine의 Console에서 해도 상관없습니다.

Datalab이 다시 실행되면, 라이브러리가 자동으로 추가됩니다.

브라우저가 자동으로 새로고침되지 않으므로, 1~2분 정도 있다가 직접 새로고침하기 바랍니다. 다시 실행되면, 라이브러리 추가가 완료됩니다.

역주 만약 "ERROR (gcloud.compute.ssh) [/usr/bin/ssh] exited with return code [255]"라는 오류가 발생하면, 인스턴스 이름(명령어에서 testdatalab 부분)을 다르게 지정해서 새롭게 만들고 샘플 코드를 내려받아 실행하기 바랍니다. Datalab 실행 환경에 따라 오류가 발생할 수 있으므로 이때는 인스턴스를 중지하지 말고 그대로 이어서 예제를 따라 하기 바랍니다.

참고로 인스턴스가 완전하게 중지되었는지는 https://console.cloud.google.com/compute/instances에서 확인할 수 있습니다. 필요 없는 VM 인스턴스가 실행 중이라면 중지하고 삭제하기 바랍니다.

스타트업 스크립트를 따로 조작하지 않아도, 코드 셀에 !pip install <라이브러리 이름>이라고 작성하면, 라이브러리를 설치할 수 있습니다. 다만 이렇게 하면 인스턴스를 다시 실행할 때 모든 라이브러리가 초기화되어 버리므로, 인스턴스를 다시 실행할 때마다 라이브러리를 다시 설치해야 합니다. 라이브러리를 잠시만 사용하는 경우라면, 이런 방법으로 설치해도 됩니다.

Datalab의 동작이 느리거나 인터넷이 제한된 환경에서 노트북을 열고 싶다면, 이 책의 부록에 있는 'Jupyter 설치하기'를 참고하세요.

2 NumPy와 pandas

 이번 절의 키워드   ndarray, shape, 브로드캐스팅, DataFrame

> Python으로 데이터 분석과 머신러닝을 할 때 반드시 사용하는 라이브러리가 있습니다. 바로
> NumPy와 pandas입니다. 이러한 라이브러리를 사용하면 코드가 굉장히 간단해지는 것은 물
> 론이고, 데이터 연동도 쉽게 할 수 있습니다. 이번 절에서는 각각의 라이브러리가 가지고 있는
> 자료형과 기본적인 사용 방법을 살펴보겠습니다.

NumPy

NumPy는 N차원 배열 연산을 고속으로 수행할 수 있게 설계된 라이브러리입니다. 이 책의 Part 2에서 설명하는 머신러닝 라이브러리 scikit-learn은 NumPy를 기반으로 만들어졌으며, Part 3에서 설명하는 TensorFlow도 NumPy와 굉장히 비슷한 방식으로 사용합니다.

N차원 배열 ndarray

NumPy에는 ndarray라는 N차원 배열 객체가 있습니다. ndarray는 같은 자료형과 크기를 가진 배열입니다. 예를 들어 int 자료형을 가지는 2×3 크기의 2차원 배열을 만든다면, 다음과 같은 코드를 사용합니다.

```
import numpy as np

a = np.array([[1, 2, 3], [4, 5, 6]], dtype=np.int32)
```

첫 번째 매개변수에 지정한 중첩 리스트가 배열의 데이터로 사용됩니다. 이어서 매개
변수 dtype에 np.int32를 지정했는데요. 이는 배열 내부의 데이터 자료형을 32bit 정수
로 정의한다는 의미입니다. 이 배열을 표 형식으로 나타내면 **표 2-3**처럼 됩니다.

표 2-3 2차원 ndrray를 나타낸 표

1	2	3
4	5	6

이러한 2차원 배열의 차원 크기를 '형태'라고 부르며, NumPy에서는 shape라고 표현
합니다. shape는 다음과 같이 확인할 수 있습니다.

```
a.shape  # -> (2,3)
```

shape는 이후에 변경할 수도 있습니다. 예를 들어 방금 살펴보았던 ndarray의 shape를
(2, 3)에서 (3, 2)로 변환한다면, 다음과 같이 합니다.

```
a.reshape((3, 2))
# -> array([[1, 2],
#           [3, 4],
#           [5, 6]], dtype=int32)
```

ndarray는 2차원 이상의 배열도 다룰 수 있습니다. 예를 들어 3차원의 경우, 다음과 같
이 3번 중첩한 리스트를 전달하면 됩니다.

```
b = np.array([[[1, 2, 3],
               [4, 5, 6]],
              [[7, 8, 9],
               [0, 1, 2]]], dtype=np.int32)
b.shape  # -> (2, 2, 3)
```

배열의 요소에 접근할 때는 다음과 같은 코드를 사용합니다. 다음 코드는 0행 1열의 요소에 접근하는 코드입니다.

```
a[0, 1]  # -> 2
```

ndarray 생성 방법

NumPy에서는 다양한 방법으로 ndarray를 생성할 수 있습니다.

모두 0으로 구성된 2×3 배열 생성하기:

```
np.zeros((2, 3))
# -> array([[ 0.,  0.,  0.],
#           [ 0.,  0.,  0.]])
```

0부터 9까지 1씩 증가하는 배열 생성하기:

```
np.arange(10)
# -> array([0, 1, 2, 3, 4, 5, 6, 7, 8, 9])
```

2부터 3까지 0.1씩 증가하는 배열 생성하기:

```
np.arange(2, 3, 0.1)
# -> array([ 2. ,  2.1,  2.2,  2.3,  2.4,  2.5,  2.6,  2.7,  2.8,  2.9])
```

이외에도 파일을 읽어 들이는 함수, 난수를 생성하는 함수 등도 제공합니다.

유니버설 함수

유니버설 함수(Universal Function, 생략해서 ufunc)란 ndarray의 각 요소에 연산을 적용하는 함수입니다. 많은 NumPy 내장 함수가 유니버설 함수이므로, NumPy를 사용하면 배열의 각 요소에 어떤 처리를 쉽게 적용할 수 있습니다. 예를 들어 제곱을 구하는 np.power 함수의 매개변수에 ndarray를 전달하면 다음과 같이 됩니다.

```
a = np.array([[1, 2, 3],
              [4, 5, 6]], dtype=np.int32)

# a를 제곱하기
np.power(a, 2)
# -> array([[ 1,  4,  9],
#          [16, 25, 36]], dtype=int32)
```

실행 결과를 보면, 각각의 요소가 제곱되는 것을 알 수 있습니다. 이처럼 유니버설 함수는 일반적인 Python에서 for 반복문이 필요한 처리를 쉽게 한 줄로 작성할 수 있게 해줍니다. 가독성이 높아지는 것은 물론이고, 대부분의 내장 함수가 C 언어로 구현되어 있어서 빠른 연산을 수행할 수 있습니다.

또한, 파이썬의 내장 함수나 사용자 정의 함수를 유니버설 함수로 만들 수도 있습니다. 이러한 함수를 유니버설 함수로 변환할 때는 np.frompyfunc를 사용합니다.

```
def func(x):
  return 'Label:{}'.format(x)

np_func = np.frompyfunc(func, 1, 1)
np_func(a)
# -> array([['Label:1', 'Label:2', 'Label:3'],
#          ['Label:4', 'Label:5', 'Label:6']], dtype=object)
```

func는 매개변수 x로 받은 내용을 문자열 포매팅하는 사용자 정의 함수입니다. 이 함수에 ndarray를 매개변수로 전달하면, 반환값이 'Label:[[1 2 3]₩n[4 5 6]]'처럼 나오게 됩니다. 하지만 np.frompyfunc를 사용해서 유니버설 함수로 변환한 뒤 사용하면, 각각의 요소에 문자열 포매팅이 적용됩니다. np.frompyfunc의 2, 3번째 매개변수는 각각 함수의 입력 수와 출력 수를 나타냅니다.

브로드캐스팅

유니버설 함수 이외에 '+', '-', '*', '/' 등의 사칙 연산자도 배열의 각 요소에 연산을 적용합니다. 예를 들어 배열의 각 요소에 모두 10을 더하고 싶다면, 다음과 같은 코드를 사용합니다.

```
a = np.array([[1, 2, 3],
              [4, 5, 6]], dtype=np.int32)
a + 10
# -> array([[11, 12, 13],
#           [14, 15, 16]], dtype=int32)
```

배열끼리 더할 수도 있습니다. 이러한 경우, 다음과 같이 됩니다.

```
a + a
# -> array([[ 2,  4,  6],
#           [ 8, 10, 12]], dtype=int32)
```

이러한 연산을 수행할 때는 브로드캐스팅Broadcasting이라는 규칙이 적용됩니다. 처음에 살펴보았던 a + 10의 경우, 스칼라값[9]인 10을 array([10, 10, 10], [10, 10, 10])으로 확장(브로드캐스팅)하고, 같은 인덱스의 요소끼리 더하는 것입니다.

역주 말이 조금 어려운데요. 프로그래밍에서는 숫자, 문자열처럼 하나의 값만을 가지는 데이터를 '스칼라'라고 부릅니다. 참고로 배열처럼 여러 요소를 갖는 데이터를 '벡터'라고 부릅니다('벡터'는 연산과 관련된 라이브러리에 따라 정의가 조금씩 다릅니다).

---

9 (벡터는 크기와 방향을 가진 값을 나타내며), 스칼라 값은 크기만 가진 값을 나타냅니다.

스칼라값과 연산하거나, 두 배열의 shape가 같다면 규칙을 쉽게 이해할 수 있지만, shape가 다르면 규칙이 약간 복잡해집니다.

shape(2, 3)과 shape(2, 1)을 더하는 경우:

```
c = np.array([[1],
              [2]], dtype=np.int32)
# 확장하기
# array([[1, 1, 1],
#        [2, 2, 2]])

a + c
# -> array([[2, 3, 4],
#           [6, 7, 8]], dtype=int32)
```

shape(2, 3)과 shape(1, 3)을 더하는 경우:

```
d = np.array([[1, 2, 3]], dtype=np.int32)
# 확장하기
# array([[1, 2, 3],
#        [1, 2, 3]])

a + d
# -> array([[2, 4, 6],
#           [5, 7, 9]], dtype=int32)
```

이때 브로드캐스팅은 그림 2-7처럼 이루어집니다. 이처럼 브로드캐스팅은 특정 차원의 크기가 1일 경우, 해당 차원 방향으로 값을 중복해서 shape를 맞추게 확장합니다. 만약 1보다 큰 크기를 가지고 있다면, 브로드캐스팅할 수 없습니다. 따라서 이러한 경우에는 오류가 발생합니다.

```
e = np.array([[1, 2],
              [1, 2]], dtype=np.int32)
```

```
# 확장할 수 없음

a + e
# -> ValueError
```

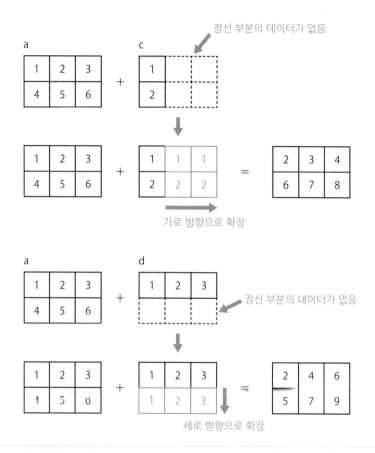

그림 2-7 브로드캐스팅을 사용한 계산

pandas

pandas는 데이터 분석 전용 Python 라이브러리입니다. 엑셀과 SQL 테이블처럼 테이블 자료형으로 데이터를 다룰 수 있습니다. 또한, 데이터 인터페이스도 매우 다양하게 제공해서 CSV, 엑셀 파일은 물론이고 SQL과 BigQuery도 지원합니다.

자료구조

pandas는 테이블 자료형의 데이터를 다루는 것이 기본이지만, 자료구조로 1차원 데이터(행 만을 가지고 있는 데이터), 2차원 데이터(행과 열을 가지고 있는 일반적인 테이블), 3차원 데이터(행과 열에 깊이를 가진 것)도 가지고 있습니다. 각각의 차원에 따른 데이터 객체를 정리하면, 표 2-4와 같습니다.

표 2-4 pandas의 자료구조와 객체

차원	객체	설명
1차원	Series	행 방향만 가지는 데이터입니다. 하나의 열만 있는 테이블이라고 생각하면 쉽습니다.
2차원	DataFrame	일반적인 테이블입니다. 행과 열을 갖습니다.
3차원	Panel	테이블이 여러 개 중첩된 자료구조입니다.

각 데이터 구조를 그림으로 나타내면 그림 2-8과 같습니다. 참고로 Panel은 일반적인 용도로 사용되지 않으므로, 이 책에서는 Series와 DataFrame만 추가로 설명하도록 하겠습니다.

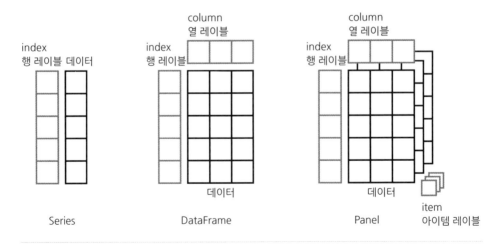

그림 2-8 pandas의 자료구조

Series

Series는 행 방향만을 가지는 1차원 데이터입니다. 다만 index라는 행 레이블이 붙어 있어서, 열을 하나만 가지고 있는 테이블처럼 식별되기도 합니다. 실제로 테이블 데이터인 DataFrame은 Series를 여러 개 가지는 컨테이너로 동작합니다. Series는 다음과 같이 리스트(또는 np.array)를 기반으로 생성할 수 있습니다.

```
import pandas as pd

series_a = pd.Series([1.1, 2.2, 3.3])
series_a  # ->
# 0    1.1
# 1    2.2
# 2    3.3
# dtype: float64
```

출력하면 행 데이터 1.1, 2.2, 3.3과 함께 0, 1, 2라는 index(행 레이블)가 함께 나옵니다. index는 지정하지 않으면 자동으로 이렇게 숫자가 붙습니다. pandas는 숫자 이외에 문자열 또는 날짜 자료형으로도 index를 지정할 수 있습니다.

```
series_b = pd.Series([10, 20, 30], index=['Apple', 'Orange', 'Grape'])
series_b  # ->
# Apple     10
# Orange    20
# Grape     30
# dtype: int64
```

pandas는 입출력 형식이 굉장히 유연하므로, 딕셔너리를 기반으로 index와 데이터를 가지는 Series를 만들 수도 있습니다. 딕셔너리를 기반으로 생성할 때는 key가 index 레이블, value가 값으로 들어갑니다.

```
series_c = pd.Series({'Apple': 120, 'Orange': 80, 'Grape': 300})
series_c  # ->
# Apple      120
# Grape      300
# Orange      80
# dtype: int64
```

index는 데이터를 참조하기 위한 인덱스로 사용합니다. 단순하게 데이터를 하나만 참조할 수 있을 뿐만 아니라, '여기서부터 여기까지'와 같은 형식으로 슬라이싱할 수도 있습니다.

```
series_c['Orange']  # -> 80

series_d = pd.Series([2, 4, 6, 8, 10, 12])
series_d[1:3]  # ->
# 1    4
# 2    6
# dtype: int64
```

DataFrame

DataFrame은 일반적으로 행과 열에 데이터를 가지고 있는 테이블을 나타냅니다. index(행 레이블)와 columns(열 레이블)를 갖습니다. 리스트로 데이터를 전달할 때는 NumPy처럼 중첩 리스트를 지정합니다.

```
df_a = pd.DataFrame([[1, 2, 3],
                     [4, 5, 6]],
                    columns=['a', 'b', 'c'],
                    index=['A', 'B'])
df_a  # ->
#    a  b  c
# A  1  2  3
# B  4  5  6
```

또한, DataFrame은 Series의 컨테이너이므로, DataFrame에서 Series를 추출해서 사용할 수도 있습니다.

```
df_a.a  # ->
# A    1
# B    4
# Name: a, dtype: int64
```

Series를 추출할 때는 열 이름을 속성으로 df_a.a처럼 사용하거나, 열 이름을 키로 df_a["a"]처럼 입력합니다.

다양한 연산 방법

pandas는 데이터를 저장하는 단순한 기능을 넘어 다양한 연산 기능을 제공합니다. 예를 들어 DataFrame에 있는 열의 평균값을 구하고 싶다면 다음과 같이 합니다.

```
df_a.mean()  # ->
# a    2.5
# b    3.5
# c    4.5
# dtype: float64
```

마찬가지로 행의 평균값을 구하고 싶다면 다음과 같이 합니다.

```
df_a.mean(axis=1)  # ->
# A    2.0
# B    5.0
# dtype: float64
```

axis=1이라는 것은 열 방향을 의미합니다. 현재 코드에서는 평균을 구하는 계산을 열에 적용합니다. 반대로 axis=0은 행 방향을 의미합니다. mean() 이외의 함수도 axis라는 매개변수를 사용해 어떤 방향으로 연산을 적용할지 지정할 수 있습니다. 자주 사용하는 기능이므로 기억하기 바랍니다.

자주 사용하는 함수를 정리하면 표 2-5와 같습니다.

표 2-5 대표적인 함수

함수	설명
cumsum	누적 합계를 구합니다.
max	최댓값을 구합니다.
min	최솟값을 구합니다.
mean	평균을 구합니다.
median	중앙값을 구합니다.
std	표준편차를 구합니다.
sum	합계를 구합니다.

직접 만든 함수를 적용할 수도 있습니다. 예를 들어 각 열의 최솟값과 최댓값의 차이를 구하는 함수를 적용한다면, 다음과 같이 합니다.

```
def func(x):
  mn = x.min()
  mx = x.max()
  return mx - mn

df_a.apply(func, axis=0)  # ->
# a    3
# b    3
# c    3
# dtype: int64
```

apply는 매개변수로 주어진 함수를 DataFrame에 적용합니다. 현재 예제에서는 axis=0을 지정했으므로, 첫 번째 매개변수에 입력한 func 함수에 행 방향 데이터(따라서 Series)

가 전달됩니다. func 함수 내부에서는 각각의 Series를 기반으로 min( )으로 최솟값, max( )로 최댓값을 구한 뒤 차이를 구해 반환합니다. 결과를 보면 이러한 함수가 모든 열에 적용되었다는 것을 알 수 있습니다.

3 Datalab과 BigQuery 연동하기

 이번 절의 키워드 쿼리, Google Charts, 지오 차트

Datalab은 BigQuery와의 인터랙티브한 입력 이외에도, 다양한 데이터 시각화 방법을 제공합니다. 이번 절에서는 Datalab에서 BigQuery를 다루는 방법과 데이터 시각화 방법에 대해서 알아보겠습니다.

데이터 준비하기

BigQuery의 쿼리를 실행해 보기 전에 데이터 세트를 준비합시다. 1장 '6. BigQuery'에서 데이터 세트와 테이블을 만들었다면 넘어가도 상관없습니다. 다음 코드 셀을 실행하면, 데이터 크롤링부터 데이터 세트와 테이블 생성까지 모두 이루어집니다.

```
# testdataset이라는 이름의 데이터 세트 만들기
!bq mk testdataset
# csv 파일과 스키마에서 테이블 만들기
!bq load testdataset.names ../datasets/names.csv ../datasets/schema.json
```

쿼리를 Datalab에서 실행하기

1장 '6. BigQuery'에서는 bq query 명령어를 사용해 명령줄에서 쿼리를 실행해 보았습니다. 물론 Datalab 코드 셀 위에서도 '!'를 붙여서 실행하면 되지만, 이번 절에서는 조금 더 편한 방법을 살펴보겠습니다.

```
%%bq query
SELECT
  name,count
FROM
  testdataset.names
WHERE
  state = 'CA' AND gender = 'F'
ORDER BY
  count DESC
LIMIT 5
```

Datalab 코드 셀에서 %%bq query 셀 명령어를 입력하면, 셀 전체가 BigQuery 쿼리 입력으로 식별됩니다. 이는 캘리포니아 주(CA)에서 태어난 여자 아이 이름의 개수 상위 5위까지를 출력하는 쿼리입니다. 실행하면 그림 2-9처럼 텍스트가 아니라 테이블 형태로 출력됩니다.

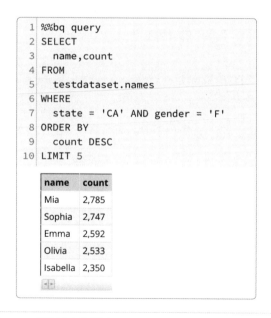

```
1  %%bq query
2  SELECT
3    name,count
4  FROM
5    testdataset.names
6  WHERE
7    state = 'CA' AND gender = 'F'
8  ORDER BY
9    count DESC
10 LIMIT 5
```

name	count
Mia	2,785
Sophia	2,747
Emma	2,592
Olivia	2,533
Isabella	2,350

그림 2-9 Datalab에서 BigQuery 쿼리 결과 출력하기

쿼리 결과를 차트로 그리기

쿼리 결과를 차트로 출력할 수도 있습니다. 이전의 코드 셀을 다음과 같이 변경해 봅시다.

```
%%bq query --name popular_names
SELECT
  name,count
FROM
  testdataset.names
WHERE
  state = 'CA' AND gender = 'F'
ORDER BY
  count DESC
LIMIT 10
```

%%bq query 명령어에 --name popular_names를 추가했습니다. 이렇게 쿼리에 이름을 붙일 수도 있습니다. 이어서 다음 명령어로 차트를 그립니다.

```
%chart columns --data popular_names --fields name,count
```

%chart는 차트를 그리기 위한 명령어입니다. 이어서 columns는 차트 유형이 막대그래프라는 의미입니다. 이때 막대그래프에 popular_names 데이터의 필드 name과 count를 사용하라고 옵션을 지정했습니다. 실행하면 그림 2-10처럼 출력됩니다.

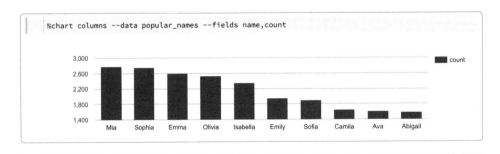

그림 2-10 막대그래프로 쿼리 결과 출력하기

차트를 그릴 때는 Google Charts[10]를 사용하므로, 막대그래프 이외에도 다양한 차트를 그릴 수 있습니다. 그럼 이어서 다른 쿼리로 지오 차트를 그려 봅시다.

```
%%bq query --name count_by_state
SELECT
  state, SUM(count) as sum_count
FROM
  testdataset.names
GROUP BY
  1
ORDER BY
  2 DESC
```

이 코드는 미국의 주별로 태어난 아이 수를 집계하는 쿼리입니다. 지오 차트를 사용하려면 다음과 같이 입력합니다.

```
%chart geo --data count_by_state
{"region": "US", "resolution": "provinces"}
```

columns를 geo로 변경했습니다. 두 번째 줄에 입력한 딕셔너리는 차트를 그리기 위한 옵션 항목입니다. 기본으로는 세계 지도가 그려지기 때문에 "region"에 미국을 나타내는 "US"를 입력하고, 어떤 형태로 지도를 그릴지 나타내는 "resolution"에 "provinces" (미국 주 단위)를 설정했습니다. 이러한 세부적인 항목과 관련된 내용은 Google Charts를 참고하기 바랍니다. 실행하면 그림 2-11처럼 출력됩니다.

결과를 보면 내륙에서 태어난 아이의 수가 적다는 것을 한 눈에 알 수 있습니다. 이처럼 데이터를 시각화하면 데이터의 특성을 쉽게 알 수 있습니다.

---

10 https://developers.google.com/chart/

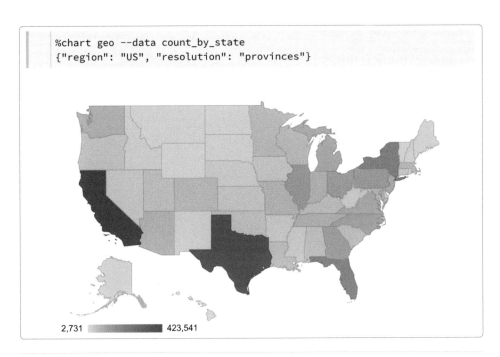

```
%chart geo --data count_by_state
{"region": "US", "resolution": "provinces"}
```

2,731   423,541

그림 2-11 지오 차트로 쿼리 결과 출력하기

pandas와 연동하기

BigQuery는 pandas에서 사용하는 형식으로도 데이터를 읽고 쓸 수 있습니다[11]. 그럼 데이터를 읽는 경우부터 생각해 봅시다. 데이터를 단순하게 보고 싶을 때는 bq query 명령어, 데이터를 다양하게 가공하고 싶거나 머신러닝에 활용하고 싶을 때는 pandas를 사용한다고 구분하면 좋습니다.

다음 코드는 BigQuery의 데이터를 DataFrame으로 읽어 들이는 것입니다.

```
import pandas as pd

query = """
```

---

11   2017년 5월에 공개한 pandas 버전 0.20.0부터 BigQuery 지원과 관련된 내용이 별도로 분리되어, 이후의 버전을 활용한다면 pip install pandas-gbq를 입력해 pandas-gbq를 설치해야 합니다.

```
SELECT
  name,count
FROM
  testdataset.names
WHERE
  state = 'CA' AND gender = 'F'
ORDER BY
  count DESC
LIMIT 5
"""

df_names = pd.read_gbq(project_id='PROJECTID', query=query)
```

실행하면 다음과 같은 쿼리 로그가 출력되며, 쿼리 결과를 DataFrame으로 얻을 수 있습니다.

```
Requesting query... ok.
Query running...
Query done.
Processed: 2.1 Mb

Retrieving results...
Got 5 rows.

Total time taken 1.13 s.
```

DataFrame을 BigQuery 테이블에 쓸 때는 다음과 같이 to_gbq 함수를 사용합니다.

```
df_names.to_gbq(project_id='PROJECTID',
                destination_table='testdataset.names2')
```

현재 코드는 testdataset 데이터 세트의 names2 테이블에 df_names라는 이름의 DataFrame 데이터를 씁니다.

pandas는 이처럼 BigQuery와 쉽게 연동할 수 있습니다. 하지만 pandas는 어디까지나 메모리 위에 데이터를 전개하는 것입니다. 따라서 수백만 개의 데이터를 모두 BigQuery에서 페치^{Fetch}[12]해버리면, 노트북이 멈춰버립니다. 따라서 쿼리에 LIMIT를 걸거나, 미리 데이터의 양을 확인해 두기 바랍니다.

---

12 데이터베이스에서 데이터(레코드)를 추출하는 것을 나타냅니다.

4 Datalab으로 다양한 그래프 그리기

 이번 절의 키워드 Matplotlib, seaborn, heatmap, pairplot

Datalab은 앞에서 설명한 것처럼 %chart 명령어를 사용해 그래프를 그리는 방법 이외에도, Matplotlib과 seaborn 등을 사용해 그래프를 그릴 수 있습니다. 이번 절에서는 머신러닝에서 자주 사용되는 그래프를 Matplotlib과 seaborn으로 그리는 방법에 대해서 알아보겠습니다.

데이터 세트 준비하기

데이터 세트는 datasets 폴더에 있는 tips.csv를 사용하겠습니다. 이는 seaborn 샘플에도 있는 파일이지만, 데이터 분석과 관련된 일련의 흐름을 배울 수 있게 BigQuery에 저장하고 BigQuery에서 데이터를 해석하는 흐름으로 설명하겠습니다. 그럼 일단 CSV 파일을 기반으로 테이블을 만듭니다.

```
!bq load --autodetect testdataset.tips ../datasets/tips.csv
```

코드를 실행하면 testdataset 데이터 세트 내부에 tips 테이블이 만들어집니다. 만약 아직 testdataset 데이터 세트를 만들지 않았다면, !bq mk testdataset를 사용해 만들어 주세요.

테이블이 만들어졌다면 pandas의 DataFrame에 읽어 옵시다.

```
import pandas as pd

query = """
```

```
SELECT * FROM testdataset.tips
"""

df = pd.read_gbq(project_id='PROJECTID', query=query)
df.head()
```

읽어 오기가 완료되면, 244행을 가진 테이블이 DataFrame에 저장됩니다. DataFrame의 데이터를 상위 5개까지 출력하는 df.head( )를 실행해서 앞에 있는 5행을 출력해 봅시다(표 2-6). 이처럼 데이터를 출력해 보면, 데이터가 제대로 읽어졌는지 확인할 수 있는 것은 물론이고 데이터의 개요도 확인할 수 있습니다. 참고로 현재 데이터는 어떠한 주문에 대해 '합계 금액(total_bill)', '성별(gender)', '흡연 여부(smoker)', '요일(day)', '런치 타임인지 디너 타임인지(time)', '인원 수(size)', '웨이터에게 준 팁 금액(tip)'을 집계한 것입니다.

표 2-6 df.head( ) 결과

	total_bill	tip	gender	smoker	day	time	size
0	8.58	1.92	Male	True	Fri	Lunch	1
1	3.07	1.00	Female	True	Sat	Dinner	1
2	10.07	1.83	Female	False	Thur	Lunch	1
3	7.25	1.00	Female	False	Sat	Dinner	1
4	23.68	3.31	Male	False	Sun	Dinner	2

DataFrame으로 그래프 그리기

DataFrame은 Matplotlib을 사용한 그래프 렌더링 메서드를 가지고 있습니다. Matplotlib은 2D 차트(3D 차트도 가능합니다)를 그릴 때 사용하는 Python 서드 파티 라이브러리입니다. Datalab에는 기본으로 설치되어 있습니다. Jupyter 노트북 위에서 그래프를 출력할 때는 %matplotlib inline 명령어를 미리 실행해야 하지만, Datalab에서는 따로 실행할 필요 없습니다.

DataFrame에 있는 내장 함수로 그래프를 그린다면, 다음과 같은 한 줄로 충분합니다.

```
df.plot()
```

실행하면 그림 2-12와 같은 그래프가 노트북에 출력됩니다.

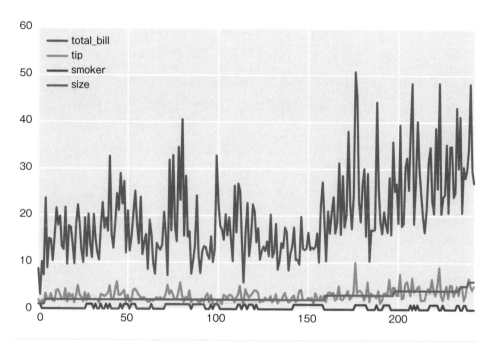

그림 2-12 df.plot( )의 출력

DataFrame.plot( ) 함수는 꺾은선 그래프 이외에도 산포도, 히스토그램, 막대그래프 등도 지원합니다. 예를 들어서 막대그래프로 그릴 때는 kind="bar"라는 매개변수를 전달합니다. 산포도처럼 X축과 Y축에 무엇을 사용할지 지정해야 하는 경우에는 df. plot(kind="scatter", x="total_bill", y="tip")처럼 열 이름을 지정합니다.

DataFrame.plot( )만으로도 다양한 것을 할 수 있지만, seaborn을 사용하면 더욱 분석적 인 그래프를 그릴 수 있습니다. seaborn은 Matplotlib을 기반으로 만들어진 라이브러리 이므로, Matplotlib으로 할 수 있는 것은 모두 할 수 있으며, 추가적인 기능을 몇 가지 지원합니다. seaborn을 사용하면 다음과 같이 그래프를 그릴 수 있습니다.

```
import seaborn as sns

sns.lmplot(data=df, x='total_bill', y='tip')
```

lmplot은 산포도에 회귀 곡선을 그릴 때 사용합니다. seaborn은 굉장히 예쁜 색상 맵을 지원하므로, 그냥 그려도 꽤 보기 좋은 그래프를 만들 수 있습니다. 출력은 **그림 2-13**처럼 됩니다. 다음 그래프를 보면, 지불 합계 금액과 팁 금액이 어떤 상관 관계를 갖는지 알 수 있습니다. 지불 합계 금액이 많을수록, 팁이 많아진다는 것을 간단하게 알 수 있습니다.

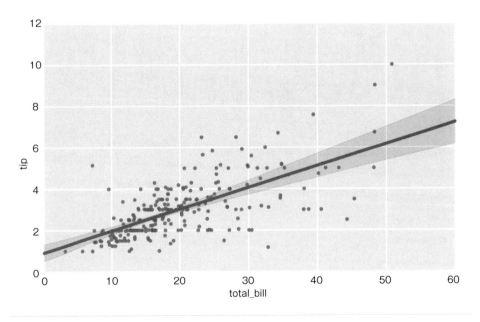

그림 2-13 seaborn으로 산포도와 회귀 곡선 그리기

이전 코드처럼 data 매개변수에 DataFrame을 전달한 뒤, x와 y에 열 이름을 지정할 수도 있으며, 다음과 같이 x와 y에 직접 Series를 전달할 수도 있습니다.

```
sns.kdeplot(df.total_bill, df.tip)
```

kdeplot은 KDE(Kernel Density Estimation: 커널 밀도 추정)라는 2차원적인 밀도 분포를 그릴 때 사용하는 함수입니다. 어디 정도에 데이터가 집중되어 있는지를 등고선 그래프로 그려 줍니다. 현재 코드에서는 Series를 매개변수로 전달해 보았습니다.

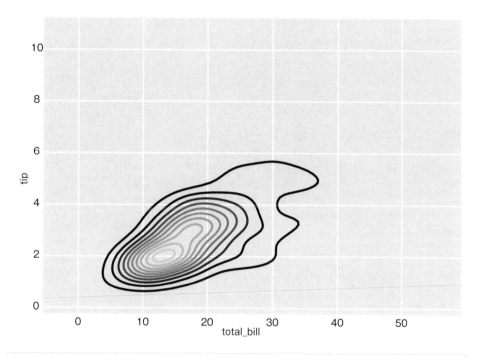

그림 2-14 seaborn을 사용한 KDE

같은 데이터를 사용했다고 해도 이전 그래프와 굉장히 다른 느낌이 들 것입니다. 이전 그래프에서는 지불 금액이 클수록 팁 금액이 커진다는 상관 관계를 알 수 있었지만, 이번 그래프에서는 합계 금액이 10달러 정도 일 때 팁이 2달러 정도를 주는 경우가 가장 많다는 것을 알 수 있습니다. 이처럼 그래프의 종류에 따라서 같은 데이터라도 다른 정보를 찾아낼 수 있습니다.

분산을 보고 싶을 때는 distplot을 사용합니다. distplot은 일반적인 막대그래프와 함께 kdeplot의 밀도 추정 곡선을 그려 줍니다.

```
sns.distplot(df.total_bill)
```

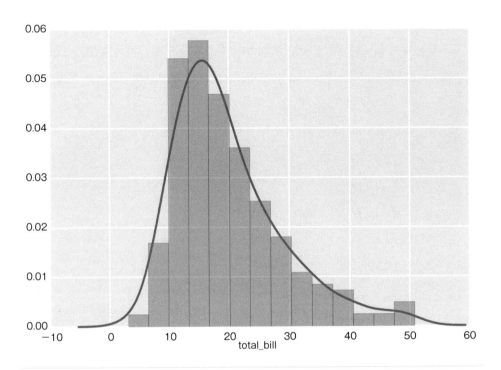

그림 2-15 distplot 렌더링

열들 사이의 상관 관계를 보려면, DataFrame의 corr 함수와 seaborn의 heatmap 함수를
조합합니다. corr 함수는 열들 사이의 상관 관계를 매트릭스로 반환합니다. heatmap
함수를 이러한 매트릭스 데이터를 시각적으로 출력할 수 있습니다. 이렇게 그래프를
그리면 흡연smoker 여부에 따라 어느 정도 금액의 주문을 하는지, 팁을 얼마나 주는지 등
을 쉽게 파악할 수 있습니다.

```
corr = df.corr()
sns.heatmap(corr)
```

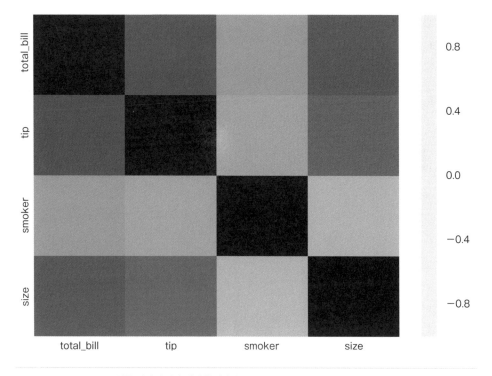

그림 2-16 heatmap으로 열들 사이의 상관 관계 확인하기

마지막으로 가장 많이 사용하는 그래프를 소개하겠습니다. 그림 2-17은 pairplot이라는 이름의 그래프입니다. 이는 열들 사이의 모든 조합을 산포도로 그리고, 막대그래프와 조합한 것입니다. 복잡한 그래프지만 seaborn을 사용하면 한 줄로 만들 수 있습니다.

```
sns.pairplot(df, hue='time')
```

매개변수 hue에 지정한 열의 값으로 산포도의 색이 변경됩니다. 이 그래프는 하나만 그려도 데이터 상관 관계와 분산 형태까지 모두 파악할 수 있습니다.

이처럼 데이터를 시각화하면, 데이터의 '경향'을 확인할 수 있습니다. 이 책의 Part 2 이후에서는 머신러닝의 원리를 배우고, 경향을 자동으로 파악하는 방법을 배웁니다. 하지만 머신러닝은 만능이 아닙니다. 설계자 자신이 데이터 추세를 알고 있어야 제대로 설계할 수 있습니다. 따라서 데이터를 사용해 곧바로 머신러닝을 수행하지 말고, 머신러닝 전에 이번 절에서 배운 내용들로 데이터를 시각화해서 확인하는 습관을 기르기 바랍니다.

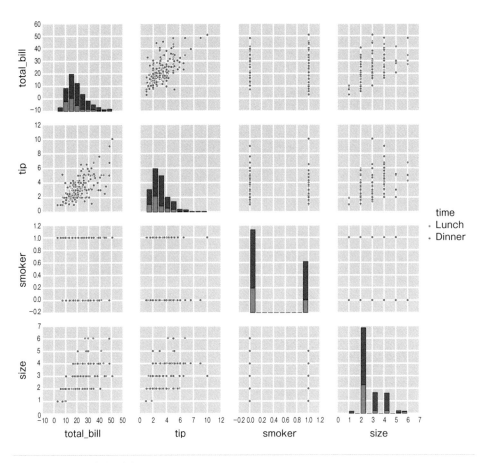

그림 2-17 pairplot 라이브러리

3

GCP로 간단하게
머신러닝 해 보기

GCP는 굉장히 쉽게 사용할 수 있는 머신러닝 API를 제공합니다. 이번 장에서는 Datalab 노트북에서 머신러닝 API를 효율게서 사용하는 방법을 알아봅시다.

1 GCP의 머신러닝 관련 서비스

REST API, JSON, URI

GCP의 머신러닝 관련 API를 설명하기 전에 GCP의 머신러닝 관련 서비스들의 위치를 간단하게 확인해 봅시다. 이 책의 시작 부분에서 언급했던 것처럼 머신러닝은 사전에 많은 데이터를 사용해 모델을 학습시켜야만, 미지의 데이터를 사용했을 때 해당 데이터가 무엇인지 예측할 수 있습니다.

사진에 있는 대상이 무엇인지 확인하는 등의 복잡한 예측을 할 때는 방대한 학습 데이터와 고급 학습 모델이 필요합니다. GCP는 방대한 데이터를 기반으로 이를 미리 학습시킨 모델을 기본적으로 제공합니다. 이를 활용하면 머신러닝과 관련된 지식이 없어도 API를 사용해 이들을 확인할 수 있습니다.

하지만 "이것만으로는 내가 원하는 것을 만들 수 없어"라는 생각이 들 수 있습니다. GCP는 이러한 요구에 따라 학습 데이터를 직접 준비하고 스스로 학습 모델을 만들 수 있는 경우에 학습과 예측을 할 수 있게 해 주는 환경도 함께 제공합니다.

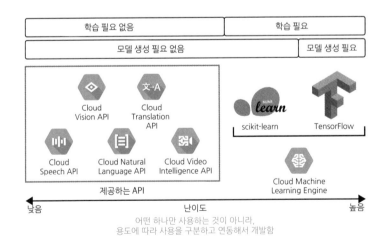

그림 3-1 GCP가 제공하는 머신러닝 관련 서비스들의 위치

스스로 학습 모델을 만들려면 여러 기반 지식이 필요합니다. 이와 관련된 내용은 이 책의 Part 2 부터 차근차근 살펴보겠습니다. 이번 절에서는 API를 사용해서 이미 만들어진 높은 수준의 머신러닝 모델을 간단하게 사용하는 방법에 대해서 알아보겠습니다.

GCP의 머신러닝 관련 API

GCP는 **표 3-1**과 같은 머신러닝 관련 API를 제공합니다. 이러한 모델을 스스로 만드는 것은 굉장히 어렵습니다. 따라서 이러한 API로 구현할 수 있는 것은 직접 만들지 말고, 이를 활용하는 것을 추천합니다.

표 3-1 GCP의 머신러닝 관련 API 목록(2017년 7월 기준)

API의 명칭	주요 기능
Cloud Natural Language API	문장 분석 텍스트 감정 분석 텍스트 문법 구조 분석 단어 카테고리 분석
Cloud Speech API	음성을 텍스트로 변환(110개 이상의 언어를 지원)
Cloud Translation API	텍스트로 작성된 언어 번역(100개 이상의 언어를 지원)
Cloud Vision API	이미지 분석 이미지에 레이블 붙이기 부적절한 이미지 검출 제품 로고 검출 지명 검출 OCR(텍스트 검출) 얼굴 인식 유사 이미지 검색
Cloud Video Intelligence API	동영상 분석 동영상에 레이블 붙이기 장면 변화 감지 촬영 장소 감지
Data Loss Prevention(DLP) API*	개인 정보처럼 주의가 필요한 정보를 활용할 때 사용

* DLP API는 머신러닝 관련 API가 아니라, 보안 관련 API로 분류되어 있습니다.

이 책에서는 많이 사용하는 Cloud Vision API, Cloud Translation API, Cloud Natural Language API를 자세하게 살펴보겠습니다. 물론, 이외의 API도 간단하게 소개하겠습니다. 참고로 모든 API는 공식 웹 사이트에서 테스트로 실행해 볼 수 있습니다.

Cloud Speech API

URL https://cloud.google.com/speech/

음성을 텍스트로 변환합니다. 최근 스마트폰 OS에는 기본적으로 음성 입력 기능이 있는데, 이런 엔드 유저 애플리케이션에 사용되는 기능이 아니라, 콜 센터에 걸려온 전화의 음성을 문자로 변환하는 목적 등으로 사용되는 기능이라고 생각하는 것이 좋겠습니다.

Cloud Video Intelligence API

URL https://cloud.google.com/video-intelligence/

동영상에 있는 대상(예를 들어 개가 나온다면 '개', 전화가 나온다면 '전화')을 추출하고, 동영상 장면의 변화 등을 검출합니다. 대량의 동영상 파일을 내용에 따라 분류하거나, 감시 카메라 영상에서 특정 대상이 나오는 부분만을 찾고 싶을 때 사용합니다.

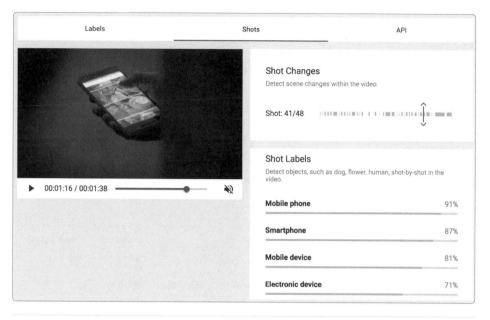

그림 3-2 동영상에 레이블을 붙인 데모 화면

Data Loss Prevention(DLP) API

URL https://cloud.google.com/dlp/

이는 머신러닝 API가 아니라, 보안과 관련된 API로 분류되어 있습니다. 문장 내부에서 개인 정보나 보안에 중요한 항목을 추출할 때 사용합니다. 예를 들어 문장 내부에 전화번호 또는 신용 카드 정보라고 생각되는 정보가 들어 있을 때, 해당 위치와 정밀도를 반환합니다.

활용 방안으로는 고객이 웹 사이트에 직접 문의하는 경우를 생각해 볼 수 있습니다. 고객이 문의 내용에 자신의 연락처가 있다는 것을 알지 못하고, 웹에 공개해 버리면 큰 문제가 됩니다. 이 API로 사전에 내용을 확인하고, 웹에 공개하기 전에 개인 정보가 들어 있다는 사실을 경고하거나, 해당 부분을 블라인드 처리하여 유출 사고를 막을 수 있습니다.

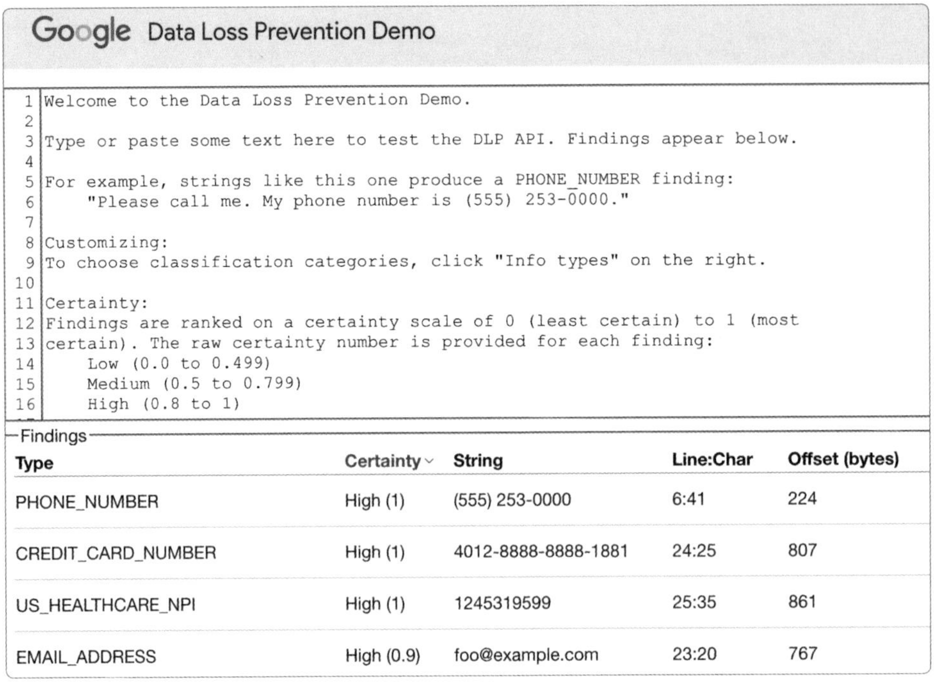

그림 3-3 문장 내부에서 개인 정보를 추출하는 예제 (https://cloud.google.com/dlp/demo/)

REST API

GCP의 머신러닝 API는 REST API로 호출할 수 있게 되어 있습니다. REST Representational State Transfer API는 HTTP로 주고받을 수 있는 간단한 인터페이스입니다. 일반적으로 JSON JavaScript Object Notation 이라고 부르는 형식으로[13] 데이터를 주고받습니다.

조금 어렵게 느껴질 수도 있지만, 브라우저로 웹 사이트를 보는 것과 비슷합니다. 브라우저로 웹 사이트를 보고 싶으면, 주소창에 https://google.com/ 등의 주소를 입력합니다. 주소를 입력하기만 하면 웹 사이트가 화면에 출력됩니다.

---

13 REST에 JSON만 사용한다는 규정은 없지만, 최근에는 Google을 포함해서 대부분의 API 제공자가 JSON 형식을 사용하고 있습니다.

이는 URL을 사용해서 "해당 페이지의 정보를 주세요"라고 요청하고, 웹 서버가 HTML이라는 텍스트 형식으로 페이지의 정보를 응답해 주는 굉장히 간단한 원리입니다(이어서 웹 브라우저가 HTML 내부에 있는 이미지와 스크립트 등을 다시 서버에 요청한 뒤, 화면에 렌더링하는 과정이 이어집니다).

REST API는 URI Uniform Resource Identifier 라는 URL을 확장한 것을 사용해 요청합니다. 그리고 서버는 이를 받아서 JSON이라는 텍스트 형식으로 응답합니다. 나아가 단순하게 정보를 받는 것뿐만 아니라 정보 추가, 변경, 삭제도 할 수 있습니다. 예를 들어 Cloud Vision API는 이미지 데이터를 URI로 요청해서, 해당 이미지에 대한 레이블 또는 OCR 결과 등을 응답받습니다. 이러한 과정은 모두 라이브러리를 사용해 이루어지므로 자세한 사양을 알 필요는 없지만, 이런 식으로 통신이 이루어진다는 것을 기억해 두면 좋습니다.

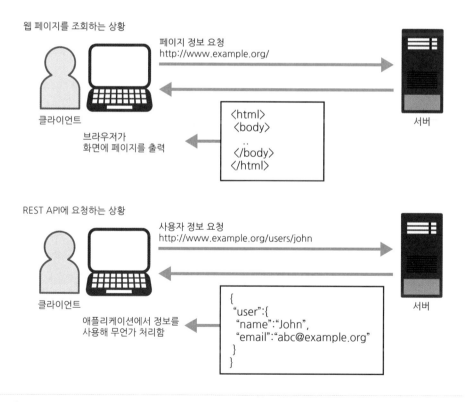

그림 3-4 REST API

2 Cloud Vision API

 이번 절의 키워드) 레이블 검출, 얼굴 검출, 랜드마크 검출, OCR(텍스트 검출)

> Cloud Vision API는 이미지(정적 이미지)에서 해당 사진에 찍힌 물체를 찾는다든지, 사람 얼굴 표정을 추측한다든지 등의 굉장히 쓰임새가 많은 API입니다. 이번 절에서는 API를 호출하는 코드를 작성하면서 사용 방법을 간단하게 알아보겠습니다.

Cloud Vision API 활성화하기

Cloud Vision API는 기본적으로 비활성화되어 있으므로, 코드에서 사용하려면 활성화해야 합니다. Console을 열고, 왼쪽 사이드 메뉴에서 [API 및 서비스]의 [대시보드]를 엽니다. 이어서 화면 위쪽에 있는 [API 및 서비스 사용 설정]을 클릭하면, API 목록이 나옵니다. 검색란에 'Cloud Vision API'라고 입력해서 Cloud Vision API를 찾고 선택합니다. 그리고 다음과 같은 화면에 나오는 [사용 설정] 버튼을 클릭하면 활성화됩니다.

그림 3-5 API 활성화 화면

이미지 레이블 검출하기

일단 이미지 레이블 검출을 살펴봅시다. 이미지 레이블 검출이란 이미지에 찍혀 있는 물체의 명칭을 찾아내는 것입니다. 그럼 다음 이미지를 사용해 실제로 동작을 확인해 봅시다. 다음은 해변에서 촬영한 갈매기 사진입니다.

그림 3-6 갈매기 사진

클라이언트 만들기

API에 접근하기 위한 클라이언트를 만들겠습니다. REST API를 사용하려면 인증 등을 직접 구현해야 하므로 어렵지만, 라이브러리를 사용하면 인증과 HTTP 요청을 따로 구현하지 않아도 되므로 굉장히 편리합니다. 클라이언트는 다음과 같이 만듭니다.

```python
# Vision API 클라이언트 라이브러리 불러오기
from google.cloud import vision
from google.cloud.vision import types

# 클라이언트 인스턴스 만들기
client = vision.ImageAnnotatorClient()
```

Datalab을 사용하면 인증이 자동으로 되어 있는 상태이므로, 이 이외의 어떠한 설정도 따로 하지 않아도 됩니다. Datalab 이외의 환경에서 실행할 경우에는 인증과 관련된 설정을 해야 합니다. 이와 관련된 내용은 3장 '3. Cloud Translation API'를 참고하세요.

이미지 지정하고 API 호출하기

API에 이미지를 전송하려면 로컬 파일을 Base64 인코딩해서 요청 매개변수를 포함시키거나, GCS에 있는 파일 경로를 지정해야 합니다. 라이브러리를 사용하면, 이러한 별도의 처리를 따로 하지 않아도 됩니다. 다음과 같이 간단한 방법으로 이미지를 지정할 수 있습니다.

로컬 파일을 사용하는 경우:

```
# io 패키지 불러오기
import io
with io.open("seagull.jpg", "rb") as image_file:
  content = image_file.read()

# 이미지 인스턴스 만들기
image = types.Image(content=content)
```

GCS에 있는 파일 경로를 지정하는 경우:

GCS에 미리 파일을 올려 놓았다면, 다음과 같은 방법으로 이미지를 지정할 수 있습니다.

```
image = types.Image()
image.source.image_uri = 'gs://my-test-bucket/seagull.jpg'
```

이렇게 하면 클라이언트 정보와 이미지 정보가 함께 저장되어 있는 Image 클래스의 객체가 생성됩니다. 이제 이렇게 만들어진 객체를 사용해 API에 요청하기만 하면 됩니다.

레이블 검출하고 실행하기

이전에 만들었던 Client 객체의 label_detection 함수를 호출하면, API에 요청이 걸립니다. 성공하면 레이블 정보가 리스트로 반환되므로, for 반복문을 사용해 레이블 정보의 score(스코어, 검출한 레이블의 정확도)와 description(레이블 설명)을 출력해 봅시다.

```
# 레이블 검출하기
response = client.label_detection(image=image)
labels = response.label_annotations
print('Labels:')

for label in labels:
  print('Score:%f, Label:%s' % (label.score, label.description))
```

이 코드를 실행하면 다음과 같이 나옵니다.

```
Labels:
Score:0.979933, Label:bird
Score:0.944437, Label:water
Score:0.916829, Label:seabird
Score:0.877754, Label:beak
Score:0.874835, Label:fauna
Score:0.838202, Label:gull
Score:0.718291, Label:water bird
Score:0.717741, Label:charadriiformes
Score:0.650813, Label:european herring gull
Score:0.509801, Label:feather
```

스코어는 레이블 검출의 정확도를 의미합니다. 0.0부터 1.0까지의 값으로 1.0에 가까울수록 정확도가 높다는 의미입니다. 결과를 보면 꽤 높은 정확도로 'bird(새)', 'water(물)', 'seabird(바닷새)', 'beak(부리)' 등이 검출됩니다. 'water bird(물새)'도 정답이지만, 정확도가 약간 낮게 나옵니다. 사진에서 새의 모습과 주변 구조물을 파악한 결과, 'seabird

(바닷새)'가 'water bird(물새)'보다 정확도가 높게 나온 것입니다. 따라서 상당히 정확하게 레이블을 검출했다고 말할 수 있습니다.

참고로 이런 레이블의 종류는 매일매일 변경되므로, API를 실행할 때마다 다른 레이블이 나오기도 합니다. 어쨌거나 레이블 검출 전체 코드를 정리해 보면 다음과 같습니다. 검출과 관련된 API는 대부분 사용 방법이 비슷하며, Image 클래스를 만드는 방법 이전의 내용은 같으므로 차근차근 살펴보고 다음 내용으로 넘어갑시다.

```python
# Vision API 클라이언트 라이브러리 불러오기
from google.cloud import vision
from google.cloud.vision import types

# 클라이언트 인스턴스 만들기
client = vision.ImageAnnotatorClient()

# Image 클래스 만들기
import io
with io.open("seagull.jpg", "rb") as image_file:
    content = image_file.read()
image = types.Image(content=content)

# 레이블 검출하기
response = client.label_detection(image=image)
labels = response.label_annotations
print('Labels:')

for label in labels:
    print('Score:%f, Label:%s' % (label.score, label.description))
```

얼굴 검출하기

화면 위의 여러 얼굴을 검출합니다. 눈과 코의 위치, 얼굴의 방향은 물론이고 감정 상태 등도 추측해냅니다. 다음과 같은 집단 사진이 있을 경우에도 얼굴을 검출할 수 있습니다. 다음 사진을 사용해서 얼굴을 검출해 봅시다. 사진에는 3명이 모두 정면을 바라보고 있지만, 왼쪽 사람은 선글라스를 끼고 있습니다.

그림 3-7 집단 사진 (Photo by Dhruva Reddy on unsplash.com)

이전과 마찬가지로 클라이언트를 만들고, 이미지를 읽어와서 Image 객체를 생성합니다. 이어서 face_detection을 호출해서 얼굴을 검출합니다. 요청이 성공하면 검출 결과가 리스트로 반환됩니다. 검출 결과와 감정 추측을 출력해 봅시다.

```
# 이미지 읽어 오기
with io.open("face.jpg", "rb") as image_file:
    content = image_file.read()
image = types.Image(content=content)
```

113

```python
# 얼굴 검출 실행하기
response = client.face_detection(image=image)
faces = response.face_annotations

# 감정 튜플 만들기
likelihood_name = ('UNKNOWN', 'VERY_UNLIKELY', 'UNLIKELY', 'POSSIBLE',
                   'LIKELY', 'VERY_LIKELY')
# 감정 출력하기
for face in faces:
  print('=' * 20)
  print('JOY:', likelihood_name[face.joy_likelihood])
  print('Anger:', likelihood_name[face.anger_likelihood])
  print('Sorrow:', likelihood_name[face.sorrow_likelihood])
  print('Surprice:', likelihood_name[face.surprise_likelihood])
```

이 코드를 실행하면 다음과 같이 나옵니다.

```
====================
JOY: VERY_LIKELY
Anger: VERY_UNLIKELY
Sorrow: VERY_UNLIKELY
Surprice: VERY_UNLIKELY
====================
JOY: VERY_LIKELY
Anger: VERY_UNLIKELY
Sorrow: VERY_UNLIKELY
Surprice: VERY_UNLIKELY
====================
JOY: VERY_LIKELY
Anger: VERY_UNLIKELY
Sorrow: VERY_UNLIKELY
Surprice: VERY_UNLIKELY
====================
JOY: VERY_LIKELY
Anger: VERY_UNLIKELY
```

```
Sorrow: VERY_UNLIKELY
Surprice: VERY_UNLIKELY
====================
JOY: POSSIBLE
Anger: VERY_UNLIKELY
Sorrow: VERY_UNLIKELY
Surprice: VERY_UNLIKELY
```

그럼 간단하게 감정의 종류와 정밀도를 확인해 봅시다. 감정은 다음과 같은 4가지로 나옵니다.

종류	설명
Joy	기쁨
Anger	화남
Sorrow	슬픔
Surprise	놀람

또한, 정밀도는 다음과 같은 5가지 단계로 나옵니다.

판정	설명
VERY_LIKELY	정확히 맞음
LIKELY	맞음
POSSIBLE	가능성이 있음
UNLIKELY	틀림
VERY_UNLIKELY	정확히 틀림

예를 들어 앞선 결과를 보면 'Joy(기쁨)'가 'VERY_LIKELY(정확히 맞음)'입니다. 이외의 감정은 'VERY_UNLIKELY(정확히 틀림)'가 됩니다.

더불어 얼굴의 각 요소(눈과 귀)의 위치를 검출할 수도 있습니다. 그럼 이러한 결과를 이미지 위에 그려 봅시다.

```python
import matplotlib.pyplot as plt
import numpy as np
from PIL import Image

# 그래프에 이미지 그리기
plt.figure(figsize=(20, 12))
im = Image.open('face.jpg', 'r')
plt.imshow(np.asarray(im))
plt.axis('off')

# 그래프 그리기
for face in faces:
  # 얼굴 위에 사각형 그리기
  bbox_x = [v.x for v in face.bounding_poly.vertices]
  bbox_y = [v.y for v in face.bounding_poly.vertices]
  bbox_x.append(bbox_x[0])
  bbox_y.append(bbox_y[0])
  plt.plot(bbox_x, bbox_y, 'r-', linewidth=3)
  # 얼굴의 각 부분(눈 또는 귀) 위치에 점 찍기
  lm = face.landmarks
  landmarks_x = []
  landmarks_y = []
  for landmark in face.landmarks:
    landmarks_x.append(landmark.position.x)
    landmarks_y.append(landmark.position.y)
  plt.plot(landmarks_x, landmarks_y, 'ro', markersize=5)
```

얼굴의 윤곽 정보는 bounding_poly 속성에 저장되어 있습니다. bounding_poly 속성은 4개의 vertices를 가지고 있습니다. 이는 사각형의 왼쪽 위, 오른쪽 위, 오른쪽 아래, 왼쪽 아래를 나타내는 X, Y 좌표 (x, y)입니다.

앞선 코드에서 추출한 사각형 영역 리스트 bbox_x, bbox_y에 리스트 인덱스 0을 추가하는 부분이 있습니다. 이는 단순하게 Matplotlib에서 그래프를 그리기 위해 사용한 것입니다.

역주 얼굴을 하나의 닫힌 선으로 그리기 위해서, 0번째 요소를 마지막에 넣은 것입니다.

또한, 얼굴의 각 요소(눈 또는 귀)의 위치는 landmarks 속성에 있습니다. landmarks에는 LEFT_EYE(왼쪽 눈)와 UPPER_LIP(윗입술) 등 요소가 굉장히 많습니다. 반복문을 사용해서 여러 객체의 위치를 추출한 뒤, 출력했습니다. 특정 요소만 추출하고 싶다면, 다음과 같이 사용하면 됩니다.

```
# 얼굴 어노테이션을 사용하여 왼쪽 눈의 위치 추출
from google.cloud.vision import enums
faces[1].landmarks[enums.FaceAnnotation.Landmark.Type.LEFT_EYE]
```

```
type: RIGHT_EYE
position {
  x: 783.950683594
  y: 309.394714355
  z: -0.797170996666
}
```

왼쪽과 오른쪽은 사진의 전형적인 거울 투사를 고려하지 않고, 이미지를 바라본 입장에서 정의됩니다. 따라서 LEFT_EYE는 일반적으로 사람의 오른쪽 눈입니다. 모든 요소 리스트는 API 레퍼런스를 참고하세요(https://cloud.google.com/vision/docs/reference/rest/v1/images/annotate#Type_1).

실행 결과는 다음과 같습니다. 정면에 있는 얼굴 3개는 물론이고, 뒤에 있는 얼굴까지도 검출합니다. 또한, 선글라스를 하고 있는 왼쪽 끝 사람의 제대로 보이지 않는 눈까지도 검출해 줍니다.

그림 3-8 얼굴 검출 결과

랜드마크 검출하기

이미지에서 자연, 인공물 이외에도 유명한 장소(관광지 또는 상점)를 판별해서, 해당 지명과 위치 정보(위도와 경도)를 반환해 주는 기능도 있습니다. 해당 위치 정보는 Exif(Exchangeable image file format: 이미지 파일 내부에 저장되어 있는 촬영 조건 등의 정보)를 사용하는 것이 아닙니다. 이미지 인식으로 검출한 지명을 검색해서 찾아주는 것입니다.

그럼 곧바로 확인해 봅시다. 시드니 오페라 하우스 이미지를 준비해 보았습니다. 오페라 하우스가 완전한 상태로는 나오지 않았는데 잘 검출할 수 있을까요?

그림 3-9 시드니 오페라 하우스의 사진

```python
# Vision API 클라이언트 라이브러리 불러오기
from google.cloud import vision
from google.cloud.vision import types

# 이미지 읽어 오기
with io.open("sydney.jpg", "rb") as image_file:
  content = image_file.read()
image = types.Image(content=content)

# 클라이언트 인스턴스 만들기
client = vision.ImageAnnotatorClient()

# 랜드마크 검출하고 확인하기
response = client.landmark_detection(image=image)
```

```
landmarks = response.landmark_annotations
print('Landmarks:')

for landmark in landmarks:
  print(landmark.description)
  print(landmark.locations[0].lat_lng.latitude, landmark.
    locations[0].lat_lng.longitude)
```

이 코드를 실행하면, 다음과 같이 출력합니다.

```
Landmarks:
Sydney
(-33.857765, 151.21450099999998)
Sydney Opera House
(-33.857123, 151.213921)
```

description에 검출한 랜드마크 명칭이 들어 있습니다. 이어서 locations.lat_
lng에는 위도(latitude)와 경도(longitude)가 들어 있습니다. 결과를 보면 'Sydney(지역 이
름)'와 'Sydney Opera House(건물 이름)'가 검출되어 있습니다. 이미지의 어떤 부분을 기
반으로 이러한 결과가 나왔는지 확인할 수 있게, 이미지 위에 사각형을 표시해 봅시다.

```
# 그래프에 이미지 그리기
im = Image.open('sydney.jpg', 'r')
plt.figure(figsize=(20, 12))
plt.imshow(np.asarray(im))
plt.axis('off')

for landmark in landmarks:
  # 각 랜드마크의 위치 추출하기
  bbox_x = [v.x for v in landmark.bounding_poly.vertices]
  bbox_y = [v.y for v in landmark.bounding_poly.vertices]
  bbox_x.append(bbox_x[0])
  bbox_y.append(bbox_y[0])
```

```
# 사각형 그리기
plt.plot(bbox_x, bbox_y, 'g-', linewidth=5)
plt.text(bbox_x[0], bbox_y[0] - 10, landmark.description,
  color='g', fontsize=30)
```

landmark의 bounding_poly 속성은 4개의 vertecies를 가지고 있습니다. 이는 얼굴 검출 때처럼 사각형 영역의 왼쪽 위, 오른쪽 위, 오른쪽 아래, 왼쪽 아래라는 4개의 좌표(x, y)로 구성되어 있습니다.

코드를 실행하면 그림 3-10처럼 출력합니다. 'Sydney'는 오페라 하우스와 왼쪽에 있는 도시 부분의 광경이 모두 포함되며, 'Sydney Opera House'는 오페라 하우스 중심 부분을 나타내고 있습니다.

그림 3-10 랜드마크 검출 결과

OCR(텍스트 검출)

이미지 내부에 있는 문자를 검출합니다. 여러 언어를 지원하며, 하나의 이미지 내부에 여러 언어가 있는 경우에도 이를 모두 인식합니다. 사용 방법은 다른 것들과 거의 같습니다. Image 클래스를 정의하고, 클라이언트의 text_detection을 호출하면 됩니다. 이미지는 그림 3-11을 사용하겠습니다. 한국어, 영어, 일본어(일본 한자), 중국어(중국어 간체자)가 포함된 이미지입니다.

그림 3-11 여러 언어가 적혀 있는 안내판

```python
# 이미지 읽어 오기
with io.open("text.jpg", "rb") as image_file:
  content = image_file.read()
image = types.Image(content=content)

# OCR 실행하기
response = client.text_detection(image=image)

# 출력하기
texts = response.text_annotations
for text in texts:
  print(text.description)
```

이 코드를 실행하면, 다음과 같은 결과가 나옵니다.

YCAT

横浜シティ・エア・ターミナル

(空港行きバス・高速バス)

Airport Bus-Expressway Bus /공항버스 고속버스

機場巴士・高速巴士/机 大巴,高速巴士

YCAT

横浜

...생략

일본어, 영어, 중국어, 한국어가 모두 섞여 있는 이미지에서 텍스트를 모두 제대로 추출하는 모습을 볼 수 있습니다. 또한 첫 번째 출력은 이미지의 위치를 그대로 옮겨와서 출력하고, 두 번째 출력은 이를 단어 또는 블록별로 구분해서 출력하는 것을 볼 수 있습니다. 지금까지와 마찬가지로 bounding_poly를 그림 위에 표시해 봅시다.

```python
# 폰트 읽어 오기
from matplotlib.font_manager import FontProperties
fp = FontProperties(fname=r'./NanumGothic.otf', size=8)

# 그래프에 이미지 그리기
im = Image.open('text.jpg', 'r')
plt.figure(figsize=(20, 12))
plt.imshow(np.asarray(im))
plt.axis('off')

for text in texts:
    # 각 텍스트 위치 추출하기
    bbox_x = [v.x for v in text.bounding_poly.vertices]
    bbox_y = [v.y for v in text.bounding_poly.vertices]
    bbox_x.append(bbox_x[0])
    bbox_y.append(bbox_y[0])

    # 사각형 그리기
    plt.plot(bbox_x, bbox_y, 'r-', linewidth=4)
    plt.text(bbox_x[0], bbox_y[0], text.description,
            color='r', fontproperties=fp, fontsize=30)
```

Matplotlib은 기본적으로 한국어와 일본어 등의 멀티 바이트 문자열을 출력할 수 없습니다. 따라서 FontProperties를 사용해서 폰트를 설정했습니다. 실행 결과는 그림 3-12와 같습니다.

역주 폰트는 책과 함께 제공하는 데이터를 복제하면 다운로드됩니다. 경로는 사람에 따라 다를 수 있으니 상황에 따라 적절하게 지정해 주세요.

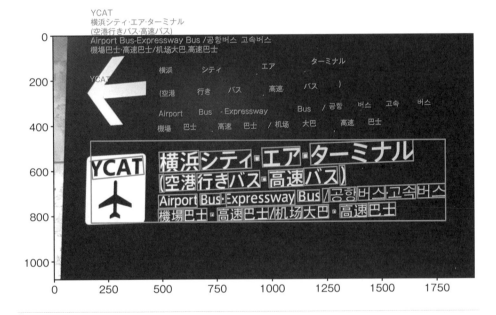

그림 3-12 OCR 결과

전체적인 텍스트 영역과 부분적인 텍스트 영역이 모두 검출된다는 것을 알 수 있습니다. 조금 기울어진 부분은 영역도 그에 맞게 기울어져 있습니다. 또한 왼쪽의 비행기 아이콘 내부에 있는 "YCAT"은 문자색과 배경색이 반전된 문자인데도 제대로 검출했습니다. 이처럼 굉장히 세부적인 글자까지 잡아내므로, 이를 활용하면 텍스트의 내용에 따라 이미지에 오버레이해서 출력해 주는 애플리케이션 등도 쉽게 설계할 수 있을 것입니다.

3 Cloud Translation API

 **이번 절의 키워드** 다국어 번역, 언어 식별, 서비스 계정

> Cloud Translation API는 다국어 번역을 수행하는 API입니다. 100개가 넘는 언어를 지원하며, 한국어를 포함한 몇 가지 언어는 신경망을 사용해 번역하므로, 굉장히 자연스럽게 문장을 번역해 줍니다.

Cloud Translation API 활성화하기

Cloud Translation API는 기본적으로 비활성화되어 있으므로, 코드를 작성하기 전에 활성화해 두도록 합시다. Console을 열고, 왼쪽에 있는 사이드 메뉴에서 [API 및 서비스]의 [대시보드]를 클릭합니다. 화면 위쪽에 있는 [API 및 서비스 사용 설정]을 클릭하면, API 목록을 확인할 수 있습니다. 검색란에 'Cloud Translation API'라고 입력해서 Cloud Translation API를 찾고 선택합니다. 이어서 화면 위에 있는 [사용 설정]을 클릭하면, API를 활성화할 수 있습니다.

한국어를 영어로 번역하기

일단 간단하게 한국어를 영어로 번역해 봅시다. import 대상이 다르기는 하지만, 클라이언트 인터페이스를 만드는 부분은 지금까지와 큰 차이가 없습니다. 번역을 실행하려면, 클라이언트의 translate 함수에 번역하고 싶은 문자열과 번역하고 싶은 언어를 매개변수로 지정하기만 하면 됩니다.

```python
# 클라이언트 라이브러리 불러오기
from google.cloud import translate

# 클라이언트 인스턴스 만들기
translate_client = translate.Client()

# 번역하고 싶은 문장
text = u'GCP를 사용해 머신러닝을 배웁니다.'
# 대상 언어
target = 'en'

# API 실행하기
translation = translate_client.translate(
    text,
    target_language=target)

print(u'원래 문장: {}'.format(text))
print(u'번역된 문장: {}'.format(translation['translatedText']))
```

코드를 실행하면, 다음과 같이 출력됩니다. 참고로 Translation API는 매일 발전하고 있으므로, 독자가 코드를 실행할 때는 다른 형태로 번역된 문장이 나올 수 있습니다.

```
원래 문장: GCP를 사용해 머신러닝을 배웁니다.
번역된 문장: Learn to machine using GCP.
```

API의 반환값은 JSON 형식입니다. 번역 후의 문자열은 translatedText 키에 들어 있습니다. 또한, 현재 코드를 보면 번역을 요청할 때 target_language로 번역하고 싶은 언어만을 지정했습니다. 원래 문장의 언어를 지정하지 않으면, 언어 식별 기능이 자동으로 언어를 검출하고 이를 detectedSourceLanguage에 넣어 줍니다.

```
{u'detectedSourceLanguage': u'ko',
 'input': u'GCP를 사용해 머신러닝을 배웁니다.',
 u'translatedText': u'Learn to machine using GCP.'}
```

일반적으로 원래 문장의 언어를 지정할 필요는 없지만, 단어만 번역하거나 짧은 문장을 번역할 경우에는 여러 언어로 식별할 수도 있습니다. 이렇게 되면 의도한 대로 번역되지 않습니다.

사실 한국어는 한글이라는 글자를 사용하는 유일한 언어라서 큰 문제가 없지만, 한자를 사용하는 경우와 알파벳을 사용하는 경우에는 문제가 발생할 수 있습니다. 예를 들어 다음과 같이 '手紙(편지)'라는 한자를 영어로 번역해 봅시다.

```
wrong_translation = translate_client.translate(
    u'手紙',
    target_language='en')
wrong_translation['translatedText']
```

'手紙'를 영어로 번역하면, 'letter'라는 결과가 나옵니다. '手紙'라는 한자는 한국과 일본에서는 '편지'로 사용하는 단어입니다. 즉, 이를 일본어로 인식하고 번역한 것입니다.

하지만 '手紙'라는 한자는 중국에서도 사용합니다. 중국어였다면 어떻게 될까요? 원래 문장의 언어를 source_language를 사용해서 지정해 봅시다.

```
right_translation = translate_client.translate(
    u'手紙',
    source_language='zh',
    target_language='en')
right_translation['translatedText']
```

결과로 'Toilet paper(화장실 휴지)'가 나옵니다. '手紙'는 한국과 일본에서는 '편지', 중국에서는 '화장실 휴지'로 사용됩니다. 틀린 것은 아니지만 애플리케이션 사용자가 의도하지 않은 결과가 나올 수 있다는 의미입니다. 따라서 애플리케이션 사용 상황에 따라서 source_language를 추가해야 하는 경우도 있다는 것을 기억하기 바랍니다.

지금까지 언어를 지정할 때 zh 또는 en 등의 문자열을 사용했습니다. 이는 ISO 639-1[14] 이라는 코드입니다. 다음 코드를 실행해 보면, 지원하는 언어의 목록과 ISO 코드를 출력해 볼 수 있습니다.

```
results = translate_client.get_languages()

print(u'지원하는 언어 수:{}'.format(len(results)))

for language in results:
  print(u'{name} ({language})'.format(**language))
```

이 책의 집필 시점(2018년 6월)을 기준으로, 지원하는 언어는 모두 104개입니다.

Datalab이 아닌 곳에서 API를 사용하는 경우

Datalab은 API를 사용하기 위한 서비스 계정이 처음부터 할당되어 있는 상태이므로, 인증과 관련하여 별다른 설정을 하지 않아도 사용할 수 있습니다. 이는 Google App Engine과 Google Compute Engine에서도 같습니다(인스턴스를 만들 때 'Cloud API 접근 범위'를 '모든 Cloud API에 완전하게 접근할 수 있는 권한 허가'로 설정한 경우). 이외의 환경에서 API를 사용하고 싶다면, 서비스 계정을 만들어야 합니다.

서비스 계정 만들기

1. 콘솔 사이드 메뉴에서 [IAM 및 관리자] → [서비스 계정]을 선택합니다.

2. 화면 위쪽의 [서비스 계정 만들기] 버튼을 클릭합니다.

3. [서비스 계정 이름]에 이해하기 쉬운 이름을 넣고, [새 비공개 키 제공]에 체크하고, [키 유형]은 [JSON]을 선택합니다(나머지는 따로 선택하지 않아도 괜찮습니다).

4. [만들기] 버튼을 누르면 JSON 파일이 다운로드되므로, API를 사용할 환경에 복사합니다.

---

14 https://ko.wikipedia.org/wiki/ISO_639-1

서비스 계정 사용 방법

클라이언트 라이브러리는 기본적으로 설정되어 있는 계정이 없습니다. 따라서 이전에 다운로드한 서비스 계정의 키를 참조할 수 있게 해야 합니다. 클라이언트 라이브러리가 서비스 계정 키를 참조하게 하려면, 시스템의 환경 변수에 GOOGLE_APPLICATION_CREDENTIALS라는 키를 추가하고, JSON 파일의 경로를 설정해야 합니다. Python 스크립트 내부에서 동적으로 설정한다면 다음과 같이 합니다.

```
import os
os.environ['GOOGLE_APPLICATION_CREDENTIALS'] = '/<JSON 파일 경로>
/PROJECTID-0123abcd4567.json'
```

이렇게 하면 Datalab에서와 마찬가지로 API를 사용할 수 있습니다. 어쨌거나 이렇게 외부에서 사용할 경우에는 서비스 계정 키를 주의해서 다뤄야 합니다. 서비스 계정 키는 서버의 API를 호출할 때 사용하므로, 제3자가 키를 사용할 수 있게 되면 악용할 수 있습니다. 잘못 만든 API 키 등이 있다면 Console에서 제거할 수 있으므로, 필요한 최소한의 키만 만들어서 사용하기 바랍니다.

4 Cloud Natural Language API

 이번 절의 키워드 엔티티 분석, 감정 분석

Cloud Natural Language API는 텍스트 구조와 의미 분석을 수행합니다. 텍스트가 어떤 장소 또는 인물에 대해 설명하는 것인지도 파악하며, 감정을 분석하는 기능도 있습니다.

Cloud Natural Language API 활성화하기

Cloud Natural Language API는 기본적으로 비활성화되어 있으므로, 코드를 입력하며 확인해 보기 전에 활성화하도록 합시다. Console을 열고, 왼쪽 사이드 메뉴에서 [API 및 서비스]의 [대시보드]를 엽니다. 화면 위쪽에 있는 [API 및 서비스 사용 설정]을 클릭하면, API 목록을 확인할 수 있습니다. 검색란에 'Cloud Natural Language API'라고 입력해서 찾고 선택합니다. 이어서 화면 위에 있는 [사용 설정]을 클릭해서 활성화합니다.

역주 Cloud Natural Language API 미리 살펴보기

https://cloud.google.com/natural-language/에서 Cloud Natural Language API를 간단하게 미리 사용해 볼 수 있습니다. 처음 사용해 보면 "대체 뭘 하는 API지?"라는 생각도 들 수 있으니, 미리 링크에서 Try the API에 글을 입력해 보고 확인해 보면 좋을 것 같습니다.

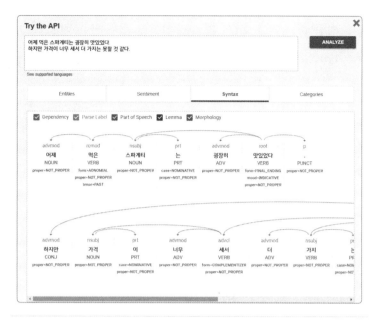

그림 3-13 Try the API

엔티티 분석

엔티티 분석이란 텍스트에 포함되어 있는 엔티티(사람 이름, 지역 이름 등의 고유 명사) 정보를 분석하는 기능입니다. 사실 이렇게 말해도 조금 이해하기 어려울 수 있으므로, 곧바로 예제를 살펴봅시다. 일단 클라이언트 인스턴스를 만듭니다. 이 부분은 지금까지의 내용과 같습니다.

```python
# NL API 클라이언트 라이브러리 불러오기
from google.cloud import language

# 클라이언트 인스턴스 만들기
nl_client = language.LanguageServiceClient()
```

이어서 Document 클래스의 인스턴스를 만듭니다. 직접 플레인 텍스트 또는 HTML을 지정할 수도 있고, GCS 경로를 지정할 수도 있습니다. HTML을 지정하는 경우에는 type='HTML'을 입력합니다. GCS 경로를 지정하는 경우에는 gcsContentUri="<경로>"를 입력합니다. 분석은 analyze_entities 함수를 호출하기만 하면 됩니다.

역주 현재 굉장히 빠르게 바뀌고 있는 API입니다. 사용할 때 문제가 있다면, https://google-cloud-python.readthedocs.io/en/latest/language/usage.html을 참고하세요.

```python
# NL API 클라이언트 라이브러리 불러오기
from google.cloud import language

# 클라이언트 인스턴스 만들기
nl_client = language.LanguageServiceClient()

# 분석할 문장
text = u'서울에 사는 우리 집 강아지의 이름은 구름이입니다.'
document = language.types.Document(
    content=text,
    language='ko',
    type='PLAIN_TEXT')

# 엔티티 분석 실행하기
response = nl_client.analyze_entities(
    document=document,
    encoding_type='UTF32')

# 타입을 나타내는 튜플 정의하기
entity_type = ('UNKNOWN', 'PERSON', 'LOCATION', 'ORGANIZATION',
               'EVENT', 'WORK_OF_ART', 'CONSUMER_GOOD', 'OTHER')

# 결과 출력하기
for entity in response.entities:
    print('=' * 20)
    print(u' 단어: {}'.format(entity.name))
```

```
print(u' 종류: {}'.format(entity_type[entity.type]))
print(u' 메타데이터: {}'.format(entity.metadata.get('wikipedia_url')))
print(u' 중요도: {}'.format(entity.salience))
```

실행 결과는 다음과 같습니다. 요청에 성공하면 엔티티 목록이 반환됩니다. 각 엔티티는 표 3-2의 아이템을 가지고 있습니다.

표 3-2 엔티티 아이템

아이템	설명
name	단어의 명칭
entity_type	엔티티의 종류를 나타냅니다. PERSON(인물), LOCATION(지역), ORGANIZATION(조직) 등이 있습니다.
metadata	관련된 메타데이터입니다. 정보가 있다면 Wikipedia의 URL과 Knowledge Graph의 MID·가 들어 있습니다.
salience	중요도, 특징성을 의미합니다.

· Google Knowledge Graph 엔트리를 지원하는 MID(Machine-generated Identifier)를 의미합니다. Google Knowledge Graph와 관련된 내용은 다음 링크를 참고하세요. https://www.google.com/intl/es419/insidesearch/features/search/knowledge.html

```
====================
 단어: 서울
 종류: LOCATION
 메타데이터: https://en.wikipedia.org/wiki/Seoul
 중요도: 0.272840887308
====================
 단어: 구름
 종류: OTHER
 메타데이터: None
 중요도: 0.189099654555
====================
 단어: 강아지
 종류: PERSON
 메타데이터: None
```

133

중요도: 0.185411959887

====================

단어: 집

종류: LOCATION

메타데이터: None

중요도: 0.180533602834

====================

단어: 이름

종류: OTHER

메타데이터: None

중요도: 0.172113895416

결과를 보면, '서울', '집'은 지역을 나타내는 명사라는 것을 알 수 있습니다. 이처럼 문장에서 어떤 요소를 추출하면, 정보를 가공하거나 검색 등을 하기 쉬워집니다. 예를 들어 웹 설문 조사 결과를 집계할 때, 특정 지역 또는 상품 등의 고유 명사를 추출하면, 어떤 지역 또는 상품에 어떠한 반응이 있는지를 구분할 수 있습니다.

 Column   **Dataflow와 ML Engine**

3장에서는 학습이 이미 완료된 API를 사용해서, 복잡한 머신러닝 결과를 간단하게 얻는 방법에 대해서 알아보았습니다. Part 2부터는 직접 데이터를 사용해 학습을 진행해 보도록 하겠습니다. 이 책의 샘플 코드에서 다루는 데이터는 그렇게 크지 않으므로 학습이 금방 끝납니다. 하지만 보다 크고 많은 데이터라면 분산 환경을 구축해서 학습 시간을 줄이는 것이 좋습니다.

Dataflow와 ML Engine은 데이터 처리와 학습을 분산해 주는 풀 매니지드 환경입니다. 일반적으로 분산 처리를 하는 경우, 분산 처리와 관련된 코드를 많이 작성해야 하며 환경도 그에 맞게 설계해야 합니다. Dataflow와 ML Engine은 하고 싶은 처리만 작성하면, 분산 처리 등을 모두 알아서 수행해 줍니다. 분산할 규모를 자유롭게 설정할 수 있으므로, 원하는 만큼의 규모로 설정해서 처리를 빠르게 끝낼 수도 있습니다. 참고로 1대의 머신에서 100시간 걸리는 처리와 100대의 머신을 사용하면 1시간 걸리는 처리 모두 종량과금제이므로 들어가는 비용은 같습니다. 이러한 장점이 GCP를 사용하는 이유 중에 하나입니다.

2 식별의 기초

앞에서 머신러닝에는 식별과 회귀라는 것이 있다고 언급했습니다. 식별은 무엇인가를 판단하거나 사물의 종류를 구분하는 것입니다. 예를 들어 개와 고양이 이미지를 기반으로, 이미지 내부에 있는 대상이 '개'인지 '고양이'인지 구분하는 것이 바로 식별입니다. 이때 '개'와 '고양이'와 같은 식별 결과를 클래스라고 부릅니다. '개'와 '고양이'라는 2개의 종류가 있으므로, '2-클래스'라고 부르며, 이처럼 2개의 종류를 식별하는 것을 2-클래스 식별 문제라고도 부릅니다. '개'와 '고양이' 이외에 '말'과 '양'이 추가되면 4-클래스가 되며, 이처럼 2-클래스 이상을 식별하는것을 N-클래스 식별 문제라고 부릅니다.

Part 2에서는 구체적으로 데이터를 식별하는 코드를 만들면서 식별이 무엇인지 살펴보겠습니다.

2-클래스 식별하기

머신러닝이 어떠한 형태로 대상을 식별하는지 알아볼 수 있게 2가지로 구분하는 경우를 생각해 봅시다. 일단 2-클래스로 원리를 이해하면, 더 큰 N-클래스로 확장할 수 있습니다.

1 단순한 식별

 **이번 절의 키워드** 특징 벡터, 식별 경계

> 이번 절에서도 머신러닝은 나오지 않습니다. 일단 단순한 데이터를 기반으로, 머신러닝을 사용
> 하지 않고 규칙 기반(설계자가 직접 정한 규칙)으로 데이터를 식별해 보도록 합시다.

규칙 기반 식별

일단 문제를 이해하기 쉽게, 다음과 같은 상황을 가정해 보겠습니다.

> 당신은 어떤 제품의 품질 관리 매니저입니다. 회사에서는 제품을 생산할 때, 다양한 데이터를 자동으로 수집합니다. 하지만 최종적인 제품 품질 확인은 사람이 직접 하고 있습니다. 이번에 새로운 제품이 출시되면서 생산 라인을 새로 추가하려 했는데, 제품의 품질을 확인할 수 있는 인력이 부족합니다. 그래서 이 부분을 기계로 대신하려고 생각하고 있습니다.
>
> 제품 데이터로 x_0과 x_1이라는 두 가지 값을 측정할 수 있습니다. 그리고 이때 제품 품질이 합격이라면 레이블 y의 값에 1, 합격하지 못했다면 0이 붙습니다. 이는 과거의 담당자가 직접 눈으로 하나하나 보고 합격/불합격 판정을 내린 뒤, 이를 기록한 것입니다.
>
> x_0과 x_1의 값만으로 y의 값을 판정할 수 있게 만들어서, 사람에게 의존하지 않고도 판별할 수는 없을까요?

0 또는 1이 붙어 있는 레이블 y를 판별하고 싶은 것이므로, 클래스 수가 0과 1이라는 것입니다. 따라서 2-클래스 문제라는 것을 알 수 있습니다. 레이블의 종류를 클래스라고 부르며, x0, x1을 특징량 또는 특징 벡터라고 부릅니다. 그럼 데이터의 내용을 확인해 봅시다.

데이터의 일부를 확인해 보면, 표 4-1과 같습니다.

표 4-1 생산 라인 데이터

입력 x0	입력 x1	레이블 y
0.2	0.7	1(합격)
0.6	0.3	0(불합격)
0.1	0.3	1(합격)
0.3	0.2	0(불합격)
…	…	…

데이터를 조금 더 자세하게 살펴본 뒤, 그림 4-1과 같은 분포를 가지고 있다는 것을 알았습니다. 굉장한 특징이 있는 데이터라고 할 수 있습니다. 사람은 이러한 데이터를 볼 때 무의식적으로 패턴을 인식하고, 이러한 패턴을 기반으로 식별할 수 있습니다. 예를 들어 x0=0.2, x1=0.8이라는 데이터가 있다고 합시다. 그림에 있는 어떠한 데이터(점)와도 일치하지 않는 새로운 점이지만, "이러한 점이 흰색일까요? 검은색일까요?"라는 질문을 받으면 대부분 "흰색"이라고 대답할 것입니다. 마찬가지로 x0=0.8, x1=0.4라는 점이 있다면, 이는 "검은색"이라고 대답할 것입니다.

역주 그래프 위에 데이터를 그리는 내용은 책과 함께 제공되는 예제를 참고하세요.

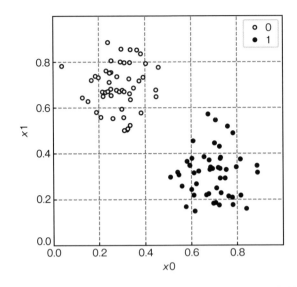

그림 4-1 데이터의 분포

그런데 x0=0.5, x1=0.5라면 어떨까요? 사람에 따라서 조금 다른 답을 이야기할 것입니다. 즉, 이 정도가 흰색 점과 검은색 점의 경계라고 할 수 있습니다. 그림 4-2와 같이 경계선을 대충 그려 봅시다.

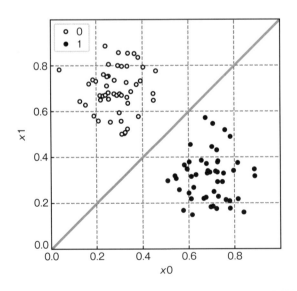

그림 4-2 경계선을 그린 상태

이는 x0=x1이 되는 선을 그린 것입니다. 선의 왼쪽 위에 해당하는 x0<x1에는 레이블 y=0, 선의 오른쪽 아래 x0>x1에는 레이블 y=1이 모여 있는 것을 알 수 있습니다. 이처럼 레이블을 나누는 경계선을 식별 경계라고 부릅니다.

이를 활용하면 미지의 데이터가 들어 왔을 때, 사람이 보지 않고도 기계적으로 판정할 수 있습니다. 한번 데이터를 판정하는 함수를 만들어 봅시다.

입력 데이터는 x0과 x1이라는 두 종류, 출력 데이터는 y(0 또는 1)로 생각합시다. 따라서 좌표를 나타내는 x0과 x1을 입력했을 때, 해당 점이 흰색인지 검은색인지(0 또는 1) 판정하는 함수입니다. 함수의 기본 형태는 다음과 같이 생각할 수 있습니다(무언가를 예측하는 함수이므로 predict라는 이름을 붙였습니다).

```python
def predict(x0, x1):
    # x0과 x1을 사용한 어떤 판정식에서
    # y를 구한다. y에는 0 또는 1의 값이 들어간다.
    return y
```

그럼 어떻게 만들어야 할까요? 이전의 그림 4-2에서 그렸던 식별 경계를 다시 살펴봅시다.

- 선의 왼쪽 위(x0<x1)에 레이블 y=0이 모여 있음
- 선의 오른쪽 아래(x0>x1)에 레이블 y=1이 모여 있음

단순하게 조건 분기로 답을 내봅시다. 이전의 함수를 다음과 같이 수정합니다.

```python
def predict(x0, x1):
    # 삼항 연산자, lambda 등으로 더욱 간단하게 작성할 수 있음
    if x0 < x1:
        y = 0
    else:  # x0 >= x1
        y = 1
    return y
```

x0==x1(경계선 위)에 있는 경우는 else쪽으로 분기되므로, y=1이 되지만, 조건식을 x0<=x1로 변경해서 y=0이 되게 분기해도 상관없습니다. 이제 미지의 데이터가 오더라도 이 함수를 사용하면, 사람이 없어도 기계적으로 레이블을 구분할 수 있습니다.

그럼 이 함수를 사용해서 미지의 데이터를 식별해 봅시다. 이 데이터는 5장 '1. scikit-learn 간단하게 살펴보기'에서 설명하는 scikit-learn의 기능을 사용해서 만든 의사 데이터^{Pseudo Data}입니다.

```python
import numpy as np
import pandas as pd
from sklearn.datasets import make_blobs

X_dataset, y_dataset = make_blobs(centers=[[0.3, 0.7], [0.7, 0.3]],
                                  cluster_std=0.1,
                                  center_box=(0.0, 1.0),
                                  random_state=42)
```

make_blobs는 무작위 데이터 집합을 생성하는 함수입니다. scikit-learn은 이처럼 머신러닝을 테스트할 때 사용할 수 있는 헬퍼를 다양하게 제공해 줍니다. 그럼 매개변수가 무엇을 나타내는지 간단하게 살펴봅시다.

매개변수 centers에는 데이터의 중심 좌표를 지정합니다. 현재 코드에서는 2차원 좌표(x0과 x1)로 2개의 데이터 집합을 생성할 것이므로, <2차원 좌표>×<2개>를 가진 배열을 지정했습니다. cluster_std는 집합의 표준편차를 나타냅니다. 이 값이 클수록 값이 넓게 분산됩니다.

마지막으로 random_state는 랜덤 시드입니다. 이 값을 지정하지 않으면, make_blobs 함수를 호출할 때마다 다른 데이터가 생성됩니다. 데이터는 튜플로 반환되므로, X_dataset와 y_dataset라는 변수에 각각 저장합니다. 노트북에서는 코드 블록의 마지막에 변수를 입력할 경우, 이 내용을 곧바로 출력합니다.

```
In []: X_dataset
Out []:  array([[ 0.74732376,  0.29271711],
                [ 0.21607825,  0.66907876],
                [ 0.50812288,  0.29734861],
                ... 생략
                [ 0.29865028,  0.59422891],
                [ 0.67353432,  0.57201692],
                [ 0.36476885,  0.85230299]]
In []: y_dataset
Out []: array([1, 0, 1, ... 생략, 0, 1, 0])
```

X_dataset는 2차원 배열, y_dataset는 1차원 배열입니다. 이 형태로는 다루기 어렵기 때문에, pandas의 DataFrame 형식으로 변환하겠습니다.

```
dataset = pd.DataFrame(X_dataset, columns=['x0', 'x1'])
dataset['y'] = y_dataset
```

첫 번째 줄에서는 X_dataset에 저장되어 있는 2차원 배열에 x0, x1이라는 열 이름을 붙여서 DataFrame을 생성했습니다. 두 번째 줄에서 y_dataset에 저장되어 있는 1차원 데이터를 y라는 열 이름으로 추가합니다. 이렇게 하면 DataFrame 형식으로 변환이 완료됩니다. 제대로 변환되었는지 확인해 봅시다.

```
dataset.head()    # 상위 5개의 데이터 출력하기
```

head 함수는 DataFrame의 데이터를 상위 5개까지 출력합니다. 노트북에 다음과 같이 출력됩니다.

표 4-2 dataset.head()의 출력 결과

	x0	x1	y
0	0.747324	0.292717	1
1	0.216078	0.669079	0
2	0.508123	0.297349	1
3	0.252083	0.681434	0
4	0.602532	0.378708	1

일단 이러한 과거의 데이터를 predict 함수가 제대로 식별할 수 있는지 확인해 봅시다. DataFrame의 각 줄에 같은 처리를 반복하는 경우, apply 함수를 사용하면 편리합니다.

```python
def predict(x0, x1):
  # 삼항 연산자, lambda 등으로 더욱 간단하게 작성할 수 있음
  if x0 < x1:
    y = 0
  else:  # x0 >= x1
    y = 1
  return y

pred = dataset.apply(lambda X: predict(X.x0, X.x1), axis=1)
```

axis=1을 사용했으므로, 행마다 함수를 적용합니다. X에는 행의 참조가 들어 오며, 이를 predict(X.x0, X.x1)으로 연산한 결과가 Series 형식의 열 데이터로 pred에 저장됩니다.

predict 함수로 식별한 결과와 원래 레이블을 비교해서 정확도Accuracy를 구해 봅시다.

```python
label = dataset.y
cor = (pred==label)
accuracy = cor[cor==True].count()/float(label.count())
print(pred.values)
```

```
print(label.values)
print("Accuracy:%f" % accuracy)
```

pred와 label은 각각 predict 함수로 식별한 레이블과 입력으로 식별한 (정확하게는 make_blobs 함수로 만들어진) 레이블이 Series 형식으로 저장되어 있습니다.

cor에는 pred와 label을 비교해서 각각의 행이 일치하는지, 일치하지 않는지가 Boolean 형식으로 저장되어 있습니다. cor[cor==True]로 True인 행(따라서 pred와 label 이 일치하는 행)만 필터링하고, 이를 count( ) 함수로 세어서 개수를 구합니다. 그리고 이를 레이블 전체 개수로 나누면, 정확도Accuracy를 구할 수 있습니다.

```
[1 0 1 0 1 ... 생략 ... 0 0 0 1 0]
[1 0 1 0 1 ... 생략 ... 0 0 0 1 0]
Accuracy:1.000000
```

첫 번째 줄과 두 번째 줄에는 각 레이블의 값이 리스트로 출력됩니다. 세 번째 줄이 바로 정확도입니다. 1.000000이라고 나오는데, 이를 퍼센트로 나타내면 100%를 의미합니다. 의도한 대로 식별되었다는 것을 알 수 있습니다.

그런데 이는 어디까지나 기존의 데이터를 사용해서 식별한 경우입니다. 미지의 데이터를 사용해서도 테스트해 봅시다. 이전의 make_blobs 함수를 수정합니다.

```
data = make_blobs(centers=[[0.3, 0.7], [0.7, 0.3]],
        cluster_std=0.1,
        random_state=43)  # 42 -> 43
```

random_state를 42에서 43으로 변경했습니다. 이러한 난수를 사용하면, 이전과 다른 데이터가 생성됩니다. 이어서 이전과 마찬가지 방법으로 테스트합니다. 노트북에서는 random_state의 값을 덮어쓰므로, 정확도를 구하는 부분만 다시 실행하면 됩니다. 출력 결과를 살펴봅시다.

```
[ 0 0 0 1 1 ... 생략 ... 0 1 1 0 0 ]
[ 0 0 0 1 1 ... 생략 ... 0 1 1 0 0 ]
Accuracy:1.000000
```

레이블 데이터가 이전과 다르지만, 정확도가 1.000000이 되는 것을 알 수 있습니다. 아마 독자 중에는 "정답 레이블이 있는데 왜 미지의 데이터일까?"라고 생각하는 사람이 있을 것입니다. 물론 맞는 말이지만, 식별이 제대로 이루어지는지를 확인하는 것뿐이므로 완전히 아무것도 모르는 미지의 데이터일 필요는 없습니다.

경향이 다른 데이터 식별하기

이전의 코드에서는 하나의 함수를 정의해서 미지의 데이터를 식별했습니다. 그럼 이번에는 데이터의 경향이 다음과 같이 다른 경우를 살펴봅시다.

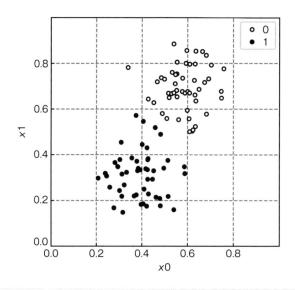

그림 4-3 경향이 다른 데이터

이번에도 마찬가지로 보조선을 사용해서 식별 경계를 만들겠습니다. 보조선을 수식으로 나타내면, 다음과 같습니다.

$$x1 = -0.8 * x0 + 0.92$$

이 수식의 기울기와 절편은 필자가 그림을 보면서 대충 정해 본 것입니다. 식별 경계를 기준으로 데이터가 제대로 나눠지므로, 일단 문제 없습니다.

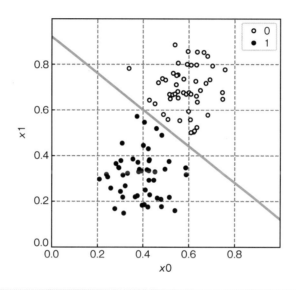

그림 4-4 눈대중으로 대충 맞춰본 식별 경계

함수로 나타내면 다음과 같습니다. 이전 함수와 비교해서 if 조건문의 판정 부분이 변경되었습니다.

```
def predict(x0, x1):
    if x1 > -0.8*x0+0.92:
        y = 0
    else:  # x1 <= -0.8*x0+0.92
        y = 1
    return y
```

규칙을 기반으로 하는 식별 경계

지금까지 두 가지 데이터 세트를 규칙 기반(데이터를 사람이 보고 판정식을 결정)으로 식별하는 방법을 살펴보았습니다. 데이터 세트에 맞게 두 가지 함수를 만들어 보았는데, 다음과 같이 추가로 네 가지 종류의 데이터 세트가 있다면 어떻게 해야 할까요?

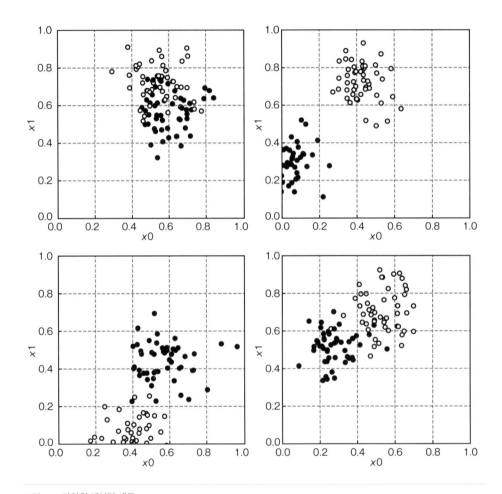

그림 4-5 다양한 데이터 세트

이전에 만들었던 두 개의 함수로는 이러한 데이터 세트를 식별할 수 없습니다. 따라서 네 개의 함수를 추가로 만들어야 합니다. 그런데 왼쪽 위의 데이터의 경우는 굉장히 복잡해서 식별 경계를 어떻게 그려야 좋을지 판단하기 어렵습니다.

그래도 아직까지는 데이터를 2차원 평면 위에 나타낼 수 있으므로, 사람이 눈으로 어느 정도 판단할 수 있습니다. 하지만 2차원 평면 위에 나타낼 수 없는 경우(데이터가 x_0, x_1뿐만 아니라 더 있는 경우)는 어떨까요? 데이터가 100가지 종류가 있다면, 100차원을 그리고 인식해야 합니다.

이처럼 규칙 기반으로 식별하는 방법은 한계가 있습니다. 그럼 어떻게 해야 할까요? 기계가 자동으로 식별 경계를 그리게 하면 됩니다. 이것이 바로 머신러닝입니다.

2 머신러닝 사용하기

 이번 절의 키워드 식별 함수, 훈련 데이터, 학습률, 분산, 수렴, 하이퍼 파라미터

지금까지는 사람이 판단하여 식별 경계를 찾고, 식별하는 함수를 만들어 식별했습니다. 이번 절에서는 머신러닝을 사용해서 자동으로 식별 경계를 찾아봅시다. 지금까지 예제를 진행하면서 식별하는 함수 predict를 만들어 보았는데, 이러한 함수를 **식별 함수**라고 부릅니다. 머신러닝이란 여러 가지 방법을 사용해서 과거의 데이터를 기반으로 이러한 식별 함수를 찾는 것이라고 간단하게 말할 수 있습니다.

식별 함수 정리

지금까지 만든 두 가지 종류의 predict 함수를 조금 정리해 봅시다. 두 가지 모두 if 조건문을 사용한 코드이며, 판정식 부분만 조금 달랐습니다.

```
# predict1
if x0 < x1:
# predict2
if x1 > -0.8 * x0 + 0.92:
```

실제로는 두 가지 모두 직선식을 판정식으로 사용하고 있으므로, 기울기와 절편을 명시적으로 나타내 보면, 같은 형태로 표현할 수 있습니다.

```
# predict1
if x1 > 1.0 * x0 + 0.0:
# predict2
if x1 > -0.8 * x0 + 0.92:
```

같은 형태가 되었으므로 기울기와 절편을 매개변수로 두면, 두 개의 함수를 하나의 predict 함수로 표현할 수 있습니다.

```
def predict(x0, x1):
if x1 > a * x0 + b:
    y = 0
  else:
    y = 1
  return y
```

기울기와 절편을 각각 a와 b라는 변수로 바꿨습니다. 이때 a=1.0, b=0.0으로 두면 predict1과 같은 식별을 수행할 수 있으며, a=-0.8, b=0.92로 두면 predict2와 같은 식별을 수행할 수 있습니다.

그런데 이렇게만 사용하면 약간의 문제가 있습니다. 식별 경계가 수직으로 세워질 경우에는 a와 b가 무한대가 되어 버립니다. 따라서 판정식의 형태를 다음과 같이 수정해 봅시다.

$$x1 > a * x0 + b$$

⬇

$$m * x0 + n * x1 + c > 0$$

이는 x1>a*x0+b와 완전히 같은 직선식입니다. m=0.8, n=1, c=-0.92로 생각해 봅시다. 이렇게 매개변수를 잡으면 0.8*x0+x1-0.92>0이 되므로, x1>-0.8*x0+0.92가 되어 predict2와 완전히 같은 식이 됩니다.

또한, m=1, n=0, c=0이 되면, x0>0이 되므로, 수직으로 된 식별 경계도 나타낼 수 있습니다. 그러면 predict 함수를 변경해 봅시다. 이제 변수 m, n, c를 구하면, 다양한 데이터를 자동으로 식별할 수 있을 것입니다.

```
def predict(x0, x1):
    if m * x0 + n * x1 + c > 0.0:
        y = 0
    else:
        y = 1
    return y
```

훈련 데이터로 학습하기

이전 예제에서는 입력 레이블이 붙어 있는 데이터를 사람이 보고 식별 경계를 구했습니다. 지금부터는 이러한 데이터를 기계가 보고 식별 경계를 구하게 만들어 보겠습니다. 이처럼 식별 경계를 결정하기 위한 데이터를 훈련 데이터라고 부릅니다. '기계가 보고 식별한다'라는 어려운 표현을 사용했지만, 단순하게 훈련 데이터를 기반으로 이전에 정의했던 변수 m, n, c를 구하는 과정입니다. 간단히 설명하고자 다음 그림과 같은 데이터를 생각해 보겠습니다.

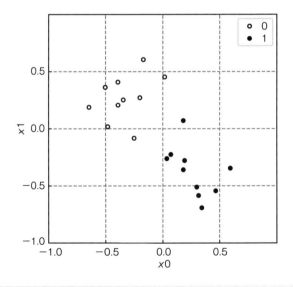

그림 4-6 훈련 데이터의 분포

레이블 0과 1이 각각 10개씩 있는 소규모 데이터입니다. 이전과 마찬가지로 사람이라면 쉽게 어디를 식별 경계로 삼아야 할지 알 수 있습니다. 하지만 기계는 아직 식별 경계를 모릅니다. 따라서 차근차근 구해 보도록 합시다. 일단 변수에 초깃값을 대입합니다. m=0.0, n=1.0으로 설정합니다. 또한, 간단히 하고자 c는 0으로 고정하겠습니다. 현재 상태에서 식별 경계는 그림 4-7처럼 수평선이 됩니다.

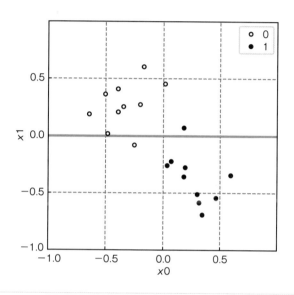

그림 4-7 초기식의 식별 경계

그럼 초기식의 판정식을 살펴봅시다. m=0.0, n=1.0이고, c는 0으로 고정했으므로, 다음과 같이 됩니다.

```
# 0.0*x0 + 1.0*x1 + 0.0 > 0.0
if x1 > 0.0:
  y = 0
else:
  y = 1
```

따라서 식별 경계의 위쪽이 0, 아래쪽이 1입니다. 어쩌다 보니 대충 비슷합니다. 하지만 2개의 점이 다르므로, 변수 m과 n을 수정해서 식별 경계를 약간 회전시켜 봅시다.

식별 경계를 어떻게 회전시켜야 할까요? 그림 4-8(a)의 검은색 점에 주목해 보면, 검은색 점은 식별 경계의 위쪽에 있습니다. 따라서 식별 경계를 시계 반대 방향으로 약간 회전시켜야 할 것 같습니다. 마찬가지로 흰색 점에 주목해 보면, 흰색 점은 식별 경계의 아래쪽에 있으므로, 역시 시계 반대 방향으로 조금 회전시키면 좋을 것 같습니다. 이처럼 다음과 같은 방법으로 생각해 봅시다.

1. 훈련 데이터를 하나씩 살펴본다.

2. 식별 경계가 틀린 경우 → 식별 경계를 조금 회전시킨다.

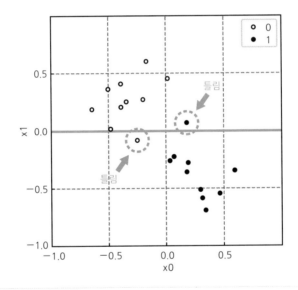

그림 4-8(a) 잘못 식별한 부분

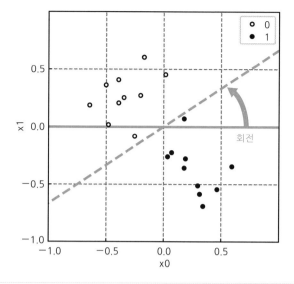

그림 4-8(b) 회전해서 제대로 식별하기

이렇게 식별 경계를 회전시키는 함수를 새로 정의해 봅시다.

```
m = 0.0                    # 초깃값
n = 1.0                    # 초깃값
c = 0.0                    # 고정값
learning_rate = 0.1  # 학습률(고정값)

def rotate(direction):
  global m, n
  if direction == 1:  # 시계 반대 방향으로 회전하기
    m += learning_rate * -1.0
    n += learning_rate * -1.0
  else:                      # 시계 방향으로 회전하기
    m += learning_rate * 1.0
    n += learning_rate * 1.0
```

매개변수 direction은 회전 방향에 따라 0(시계 방향), 1(시계 반대 방향)을 갖는 값이라고 합시다. 함수의 내용은 회전 방향으로 m과 n의 값을 조금만(현재 코드에서는 0.1) 회전시

키는 것입니다(사실 이는 정확한 회전 연산식이 아니지만, 원리를 이해하기 위해서 이처럼 간단한 방법으로만 살펴보겠습니다).

또한, learning_rate라는 계수를 곱하고 있는데, 이는 학습률이라고 부르며, 훈련 데이터를 기반으로 어느 정도 학습할지를 나타내는 비율입니다.

그럼 훈련 데이터를 하나씩 평가해서, 잘못된 판정을 했을 경우 방금 만들었던 rotate 함수로 식별 경계를 회전시키는 코드를 작성해 봅시다.

```python
def train():
  for i, (x0, x1, y) in dataset.iterrows():
    pred = predict(x0, x1)   # 현재 식별 경계로 식별해 보기
    if pred != y:                      # 잘못되었을 경우 m과 n 변경하기
      if (y == 1 and x0 > 0) or (y == 0 and x0 < 0):   # 시계 반대 방향
                                                        으로 회전하기

        rotate(1)
      else:
        rotate(0)
    else:
      pass                    # 괜찮다면 아무 처리도 하지 않기
```

iterrows 함수로 DataFrame의 행 데이터를 하나씩 추출합니다. 따라서 i에는 행의 인덱스, 그리고 x0, x1, y에는 데이터가 들어갑니다. for 반복문을 한 번 돌면, 훈련 데이터를 모두 확인할 수 있습니다.

이처럼 훈련 데이터 전체를 나타내는 단위가 바로 에포크Epoch입니다. 현재 예제에서는 훈련 데이터가 20개 있으므로, 20개의 데이터를 모두 확인하는 것이 바로 1-에포크입니다. 회전 방향 판정이 굉장히 간단한데요. 정답 레이블과 x0의 부호를 사용해 판정하고 있습니다.

그럼 실행해 봅시다.

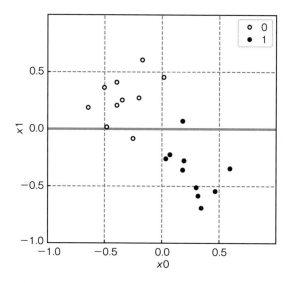

그림 4-9 초기 식별 경계 (초깃값: m=0.0, n=1.0)

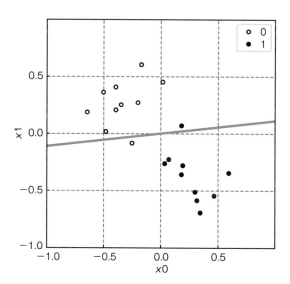

그림 4-10 수정 1번째의 식별 경계 (수정1: m=-0.1, n=0.9)

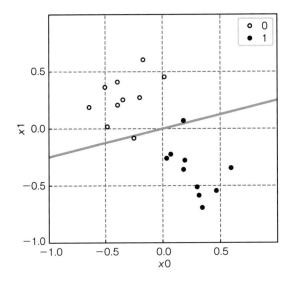

그림 4-11 수정 2번째의 식별 경계 (수정2: m=-0.2, n=0.8)

제대로 식별할 수 없는 점 2개가 있으므로, 2번 회전했습니다. 초깃값 때보다 정답에 근접했지만, 아직도 제대로 식별하지 못하고 있습니다. 따라서 m과 n의 값을 한 번 더 변경합니다. 그러므로 2번째 에포크입니다.

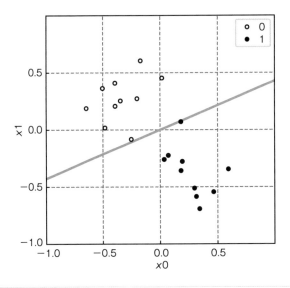

그림 4-12 수정 3번째의 식별 경계 (수정3: m=-0.3, n=0.7)

이제 식별 경계가 점들을 제대로 구분하고 있습니다. 따라서 여기에서 식별 경계 수정을 종료합니다. 지금까지 훈련 데이터를 기반으로 식별 경계를 자동으로 구하는 방법을 살펴보았습니다.

학습률과 수렴의 관계

아마 "learning_rate를 0.1에서 0.2로 변경하면, 반복을 한 번만 돌아도 식별 경계를 찾을 수 있겠다"라고 생각하는 독자도 있을 것이라고 생각합니다. 물론 이 말은 현재 훈련 데이터에서는 맞는 말입니다.

learning_rate(학습률)의 값을 크게 만들면, 학습을 무조건 더 빠르게 할 수 있는 것일까요? 한번 learning_rate=1.0으로 변경해서 학습을 해 봅시다.

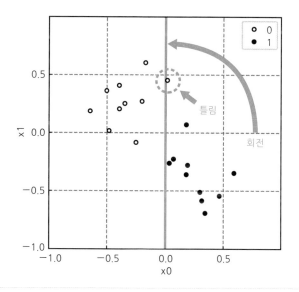

그림 4-13(a) 1번째 회전으로 새로운 잘못된 식별 발생

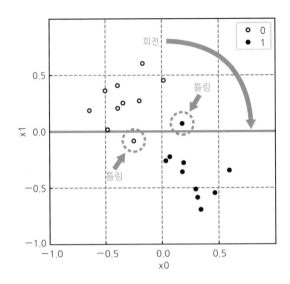

그림 4-13(b) 2번째 회전(역회전)으로 새로운 잘못된 식별 발생

처음 문제가 되는 점을 발견했을 때, 시계 반대 방향으로 식별 경계를 회전해서 보정하게 됩니다. 그런데 그래도 문제가 되는 점이 발생합니다. 그래서 이번에는 시계 방향으로 식별 경계를 회전해서 보정하게 됩니다. 하지만 그래도 문제는 계속 됩니다. 결과적으로 학습이 '시계 반대 방향'→'시계 방향'→'시계 반대 방향'으로 계속 되면서 끝나지 않게 되어버립니다. 이러한 상태를 "학습이 발산되었다"라고 표현합니다.

그럼 반대로 learning_rate=0.01처럼 작게 하면 어떻게 될까요? 이러한 경우에는 조금씩 회전하게 되므로, 학습이 종료될 때까지의 에포크 수가 늘어나게 됩니다. 그래도 일단 학습이 최종적으로 끝나게 됩니다. 이처럼 학습이 종료되는 것을 "학습이 수렴되었다"고 표현합니다.

이후 데이터가 복잡해지면, 수렴되어도 훈련 데이터에 대해 100%의 정답이 나오지 않을 수 있습니다. 이처럼 학습률에 따라서 수렴될 수도 있고, 발산될 수도 있다는 사실을 꼭 기억하기 바랍니다.

또한, 학습률은 자동으로 구해지지 않으므로, 사람이 직접 설정해야 합니다. 이처럼 사람이 직접 설정해야 하는 매개변수를 하이퍼 파라미터Hyper Parameter라고 부릅니다.

3 퍼셉트론

 **이번 절의 키워드** 선형 식별 함수, 선형 분리 가능, np.dot( )

> 이전에는 독자적인 학습 방법을 사용해서 식별 함수를 구했습니다. 이번 절에서는 앞선 개발자들이 만들어 놓은 보다 정확한 식별 방법을 살펴봅시다.

퍼셉트론이란 2-클래스 선형 식별 함수를 구하는 방법으로, 꽤 오래 전인 1958년에 만들어진 고전적인 방법입니다. 선형 식별 함수란 식별 경계가 직선[1]이 되는 식별 함수를 나타냅니다. 고전적으로 말하면, 뇌의 신경 세포를 모델링한 것으로 신경망과 딥러닝의 기초가 됩니다. 약간의 수식이 나오지만, 어려운 경우에는 코드를 함께 살펴볼 것이므로 차근차근 살펴보도록 합시다.

퍼셉트론의 학습 규칙

이전 절에서는 독자적인 방법을 사용해서 학습했는데, 사실 퍼셉트론도 거의 비슷한 방법으로 학습합니다. 식별 경계를 회전시키는 것은 같지만, 회전 각도를 일정하게 변경하는 것이 아니라 잘못된 크기만큼 각도를 변경한다는 점이 다릅니다. 갑자기 이론을 다루면 어려울 수 있으므로, 이전 절의 코드를 조금씩 바꾸어 퍼셉트론을 구현해 보며 차근차근 이해해 봅시다.

---

1 특징 수가 2차원일 경우를 나타냅니다. 정확하게는 특징 수 N차원에 대해 식별 경계가 초평면인 N-1차원이 되는 것을 나타냅니다.

지금까지는 레이블을 0과 1로 사용했는데, 이번에는 1과 -1로 바꾸겠습니다. 이번 장의
앞부분에서 소개한 예제를 다시 생각해 봅시다. 제품 품질이 합격이라면 1, 불합격이라
면 0이라는 레이블을 붙인다고 했습니다. 이를 그냥 합격이라면 -1, 불합격이라면 1로
변경한 것뿐입니다. 최종적으로 원하는 것은 '합격인지 불합격인지'라는 판단이므로,
이처럼 레이블의 숫자를 변경해도 아무 상관없습니다.

그럼 이전에 만든 predict 함수의 레이블을 1과 -1이 되게 변경해 봅시다.

```python
def predict(x0, x1):
    if m * x0 + n * x1 + c > 0.0:
        y = 1   # 0 -> 1
    else:
        y = -1   # 1 -> -1
    return y
```

이어서 이전의 train 함수 내부에서는 '실제 레이블과 예측한 레이블이 일치하는지'를
다음과 같이 판정했었습니다.

```python
pred = predict(x0, x1)
if pred != y:
    # 판정이 잘못되었을 경우 식별 경계 수정하기
```

여기에서 레이블을 1과 -1로 하는 장점이 발생합니다. 판정식 m * x0 + n * x1 + c에 레이
블 y를 곱합니다. '양수×양수'와 '음수×음수'는 '플러스'가 되므로, 제대로 분류되었다
면 '플러스', 잘못 분류되었다면 '마이너스'로 결과가 나오게 됩니다. 코드를 다음과 같
이 수정해 봅시다.

```python
if y * (m * x0 + n * x1 + c) > 0.0:
    pass   # 판정이 괜찮다면 아무 처리도 하지 않기
else:
    # 판정이 잘못되었을 경우 식별 경계 수정하기
```

굉장히 간단하게 바뀌었습니다. 이어서 식별 경계 수정 방법입니다. 퍼셉트론의 학습 규칙에서도 이전과 마찬가지로, 잘못된 경우에만 변수 m과 n을 수정합니다. 이때 수정 은 다음과 같은 형태로 이루어지게 변경합니다.

```
m += learning_rate * y * x0
n += learning_rate * y * x1
```

변수 x0, x1, y는 판정을 잘못한 점의 좌표와 정답 레이블 y를 의미합니다. 이전에는 고 정값으로 계산했지만, 이번에는 잘못된 점의 좌표를 사용해 값을 변경하게 했습니다.

전체 코드는 다음과 같습니다.

```
def train(dataset, epochs=1):
  learning_rate = 1.0
  c = 0.0  # 고정값
  m = 0.0  # 초깃값
  n = 1.0  # 초깃값
  for epoch in range(epochs):
    for i, (x0, x1, y) in dataset.iterrows():
      if y * (m * x0 + n * x1 + * c) > 0:
        pass  # 괜찮다면 아무 처리도 하지 않기
      else:
        m += learning_rate * y * x0
        n += learning_rate * y * x1

  return m, n
```

이렇게 하면 실제로 식별할 수 있는지, 표 4-3의 데이터를 사용해 하나씩 확인해 봅 시다.

표 4-3 간단한 데이터 세트

x0	x1	y
0.4	0.4	1
-0.2	0.3	1
0.3	-0.1	1
-0.4	-0.4	-1
-0.2	-0.3	-1
-0.5	-0.2	-1

초깃값을 m=0.0, n=1.0으로 했으므로, 식별 경계는 일단 수평선입니다. 이 시점에서 잘못 식별되는 점이 2개 있습니다(그림 4-14). 1번째 수정(그림 4-15)에서는 잘못 식별된 점인 x0=0.3, x1=-0.1의 좌표를 m과 n에 추가합니다. 레이블은 1이므로, 수정 후의 값은 다음과 같이 됩니다.

```
m = 0.0 + 1 * 0.3 = 0.3
n = 1.0 + 1 * (-0.1) = 0.9
```

2번째 수정(그림 4-16)에서는 잘못 식별된 점인 x0=-0.5, x1=0.2의 좌표를 m과 n에 추가합니다. 레이블이 -1이므로, 수정 후의 값은 다음과 같이 됩니다.

```
m = 0.3 + (-1) * (-0.5) = 0.8
n = 0.9 + (-1) * (0.2) = 0.7
```

이렇게 수정하면, 모든 점이 제대로 식별되는 식별 경계를 구할 수 있습니다(그림 4-17). 이 학습 규칙은 2-클래스 훈련 데이터가 선형으로 분리 가능할 때, 유한한 학습 횟수로 식별 경계를 확실하게 구할 수 있다는 것이 수학적으로 증명되어 있습니다. 선형 분리 가능이란 직선으로 분리[2]할 수 있는 것을 의미합니다. 레이블이 서로 얽혀 있는 경우에는

---

2 보다 수학적으로 정리하면 '특징량 N차원이 있을 때, N-1차원의 초평면으로 분리할 수 있는 것'을 의미합니다.

직선으로 분리할 수 없고, 곡선으로 분리해야 합니다. 5장부터 이러한 비선형(곡선)인 식별 방법을 살펴보지만, 그런 복잡한 내용은 5장부터 알아보고, 일단 간단한 내용을 계속 살펴봅시다.

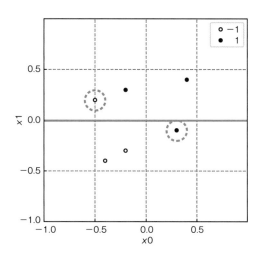

그림 4-14 잘못 식별된 점들을 점선으로 표시한 상태

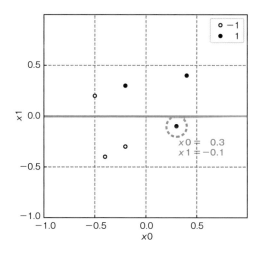

그림 4-15 수정 1번째 (점선으로 표시한 데이터가 잘못되었으므로 식별 경계 수정)

수정 전: m=0.0, n=1.0

수정 후: m=0.0 +1*0.3=0.3, n=1.0+1*(-0.1)=0.9

165

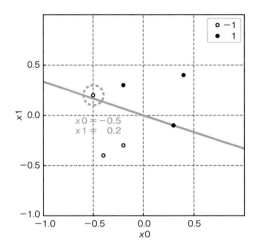

그림 4-16 수정 2번째 (점선으로 표시한 데이터가 잘못되었으므로 식별 경계 수정)

수정 전: m=0.3, n=0.9
수정 후: m=0.3+(-1)*(-0.5)=0.8, n=0.9+(-1)*(0.2)=0.7

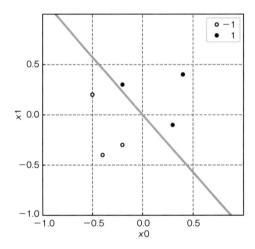

그림 4-17 최종적인 식별 경계 (잘못된 점이 없으므로 종료)

학습 종료: m=0.8, n=0.7

판정식을 벡터로 나타내기

지금까지는 식별할 때, 절편을 0으로 고정했습니다. 따라서 식별 경계가 항상 원점을 지났습니다. 그럼 절편을 넣기 전에 퍼셉트론 판정식을 정리하도록 합시다.

```
if y * (m * x0 + n * x1 + c) > 0.0:
```

이는 특징 수가 x0과 x1이라는 2종류인 경우, 즉 2차원인 경우였습니다. 여기에 x2를 추가해서 3차원으로 만든다면, 다음과 같이 됩니다.

```
if y * (m * x0 + n * x1 + o * x2 + c) > 0.0:
```

학습에 의해 결정되는 변수로 m, n에 o가 추가되었습니다. 이러한 변수는 입력되는 특징 x0, x1, x2에 대해 '가중치'로 사용되고 있습니다. 예를 들어 m=0라면, m*x0에서 x0이 어떤 값이어도, 결과가 0이 됩니다. m=0.5라면 x0의 값이 반만 전달되며, m=1.0이라면 x0의 값이 그대로 전달됩니다. 그럼 변수 m, n, o를 가중치 Weight의 앞글자를 따서 w0, w1, w2라고 변경해 봅시다. 또한, 절편 c는 일정한 바이어스 Bias를 걸고 있는 것으로 파악할 수 있기 때문에 앞글자를 따서 b라고 합시다.

역주 x0, x1, x2처럼 입력 앞에 곱해지는 값을 계수 또는 가중치라고 부릅니다.

```
if y * (w0 * x0 + w1 * x1 + w2 * x2 + b) > 0.0:
```

여기에서 w0*x0+w1*x1+w2*x2라는 부분을 잘 살펴보면, 벡터의 내적 형식입니다. 벡터의 내적은 배열의 요소들을 곱한 뒤 모두 합한 것입니다. NumPy를 사용하면, 이를 굉장히 쉽게 연산할 수 있습니다. 간단한 예를 살펴봅시다.

```
import numpy as np
w = np.array([1, 2, 3])
x = np.array([4, 5, 6])
np.dot(w, x)  # 결과는 1*4 + 2*5 + 3*6 = 32
```

변수 w와 x에 각각 NumPy 배열로 3개의 요소를 집어 넣었습니다. 이렇게 하면 np.dot으로 w와 x의 내적을 구할 수 있습니다. 이 방법으로 판정식을 바꿔봅시다.

```
w = np.array([w0, w1, w2])
x = np.array([x0, x1, x2])
if y * (np.dot(w, x) + b) > 0.0:
```

이처럼 np.dot을 사용하면, 특징 수가 많아져도 같은 판정식으로 판정할 수 있습니다. 또한 바이어스 b도 이러한 내적에 포함시킬 수 있습니다. 바이어스를 포함하는 경우, 입력이 1로 고정된 특징이라고 생각하면, 결국 바이어스가 0인 판정식(따라서 원점을 지나는 식별 경계)과 같은 형태가 됩니다.

역주 선형 경계의 절편을 바이어스(Bias)라고 부릅니다. 이 책에서 섞어서 사용하므로, 같은 것이라 인식하고 책을 읽어 주세요.

```
w = np.array([wb, w0, w1, w2])
x = np.array([1.0, x0, x1, x2])
if y * np.dot(w, x) > 0.0:
```

입력을 1.0으로 고정했고, 해당 가중치를 wb라는 이름으로 추가했습니다.

학습 부분을 모두 변경했습니다.

```
def train(dataset, epochs=1):
  learning_rate = 1.0
  w = np.array([0.0, 0.0, 1.0])  # 초깃값
  for epoch in range(epochs):
    for i, (x0, x1, y) in dataset.iterrows():
      x = np.array([1.0, x0, x1])
      if y * np.dot(w, x) > 0:
        pass  # 괜찮다면 아무 처리도 하지 않기
      else:
        # 문제가 있다면 수정하기
        # w와 x는 np.array이므로 주의하기
        w += learning_rate * y * x

  return w
```

이때 2장 '2. NumPy와 pandas'에서 설명했던 NumPy의 브로드캐스트를 사용했습니다. 잘못 판정된 때의 처리(w+=learning_rate*y*x)에 주목해 봅시다. 여기에서 변수 w와 x는 np.array이며, learning_rate와 y는 상수입니다. NumPy는 이와 같은 간단한 코드를 사용해서, 배열의 모든 요소에 상숫값을 각각 곱할 수 있습니다.

그럼 이처럼 바이어스를 포함한 학습 규칙으로 식별이 제대로 되는지 확인해 봅시다. 다음과 같이 데이터 세트를 준비합시다.

```
X_dataset, y_dataset = make_blobs(centers=[[-0.25, 0.5], [0.15, -0.2]],
                                  cluster_std=0.2,
                                  n_samples=20,
                                  center_box=(-1.0, 1.0),
                                  random_state=42)
dataset = pd.DataFrame(X_dataset, columns=['x0', 'x1'])
dataset['y'] = y_dataset
dataset['y'] = dataset.y.apply(lambda x: 1 if x == 1 else -1)
```

이는 식별 경계가 원점을 통과하지 않는 데이터 세트입니다. 마지막 줄에서는 apply 함수를 사용해서, 레이블을 '0과 1'에서 '1과 -1'로 변환했습니다(여기에서는 0→-1, 1→1로 변환했지만, 반대로 변환해도 상관없습니다).

그럼 train 함수를 호출해서 학습을 실행해 봅시다.

```
train(dataset=dataset, epochs=20)
```

결과는 그림 4-18과 같습니다. 식별이 제대로 되고 있다는 것을 알 수 있습니다. epochs 매개변수를 1부터 조금씩 증가시키면서도 실행해 보세요. 식별 경계가 어떠한 형태로 잡히는지 확인할 수 있을 것입니다. 한 번 수렴하게 되면 이후로 식별 경계를 수정하지 않습니다. 현재 데이터 세트의 경우 십여 번의 에포크 이후에 수렴되는 것을 볼 수 있을 것입니다.

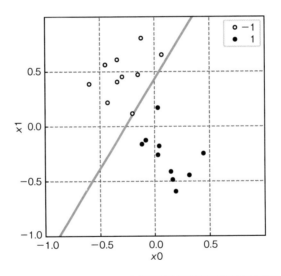

그림 4-18 학습 후에 완전한 식별 경계가 구해짐

지금까지의 설명만으로도 퍼셉트론으로 무언가를 식별할 수 있다는 것을 알 수 있을 것입니다. 그런데 사실 간단하게 설명하기 위해서 몇 가지 설명을 생략했습니다. 다음 절에서는 손실 함수를 알아보고, 생략했던 내용들을 살펴봅시다.

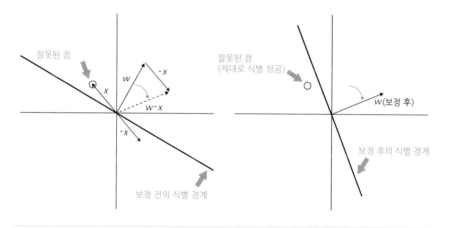

어째서 잘못된 점의 좌표를 w에서 더하면, 제대로 식별할 수 있는 위치로 식별 경계를 옮길 수 있는 것일까요? 이는 다음 그림처럼 벡터로 생각하면 쉽게 이해할 수 있습니다.

가중치 w는 다음 '4. 손실 함수'에서 설명하겠지만, 식별 경계의 법선 벡터를 나타냅니다. 이러한 법선 벡터 w에 잘못된 점 x를 더합니다. 이때 x의 레이블이 -1이라면, 원래 np.dot(w, x)가 마이너스 되는 위치(법선 벡터의 반대쪽)에 x가 위치하게 됩니다.

레이블 -1을 x에 곱해서, -x가 된 벡터를 w와 더하면 어떻게 될까요?(그림 4-19 왼쪽). 그러면 잘못된 점이 새로 만들어진 법선 벡터 반대쪽, 즉 레이블 -1이 제대로 식별되는 위치에 있게 됩니다(그림 4-19 오른쪽). 이처럼 점의 좌표를 더하는 조작은 식별 경계를 올바른 방향으로 회전시키는 조작이 됩니다.

그림 4-19 벡터 덧셈으로 식별 경계 회전하기

4 손실 함수

 이번 절의 키워드 힌지 함수, 손실 함수

> 머신러닝은 기존의 데이터를 기반으로, 데이터들을 식별할 수 있는 식별 경계를 만들게 됩니다.
> 그렇다면 어떤 목표를 가지게 만들어야 제대로 식별 경계를 그릴 수 있을까요? 퍼셉트론을 기
> 반으로 살펴봅시다.

힌지 함수

퍼셉트론의 학습 규칙을 보다 자세하게 이해하려면, 어떤 경우에 문제가 발생하는지를
이해하는 것이 중요합니다. 일단 판정식을 다시 한 번 살펴봅시다.

```
if y * np.dot(w, x) > 0:
    pass  # 괜찮다면 아무 처리도 하지 않기
else:
    # 문제가 있다면 수정하기
    # w와 x는 np.array이므로 주의하기
    w += learning_rate * y * x
```

여기에서 가중치 w는 식별 경계의 직선식에서 계수 부분을 벡터 형태로 만든 것입니
다. 따라서 가중치 w는 식별 경계의 법선 벡터라고 이야기할 수 있습니다.

법선 벡터란 2차원의 경우, 어떤 선에 수직한 벡터를 의미합니다. 3차원에서는 면에 수
직한 벡터를 의미하게 됩니다. 또한, 판정식의 np.dot(w, x) 부분은 법선 벡터 w와 점 x

의 내적이므로, '점 x에서 식별 경계까지의 거리[3]'를 나타내게 됩니다.

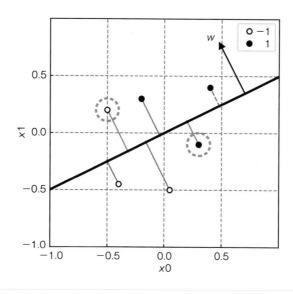

그림 4-20 식별 경계의 법선 벡터(w), 각 점과 식별 경계의 거리

이 판정식이 양수일 때는 따로 보정하지 않고, 음수일 때는 그 크기에 따라 보정해야 하는 양도 커지게 됩니다. 이러한 관계는 그림 4-21처럼 나타낼 수 있습니다. 곡선의 형태가 경첩 같다고 해서, 힌지(Hinge, 경첩) 함수라고 부릅니다. 힌지 함수는 다음과 같은 코드로 작성할 수 있습니다.

```
max(0, -y * np.dot(w, x))
```

max 함수는 매개변수 2개 중에 큰 것을 반환하는 함수입니다. y*np.dot(w, x) 부분이 양수일 때, 전체는 음수가 되므로, 이때는 0을 반환합니다. 반대로 y*np.dot(w, x) 부분이 음수일 때, 전체는 양수가 되므로 이때는 해당 값을 반환하게 됩니다.

---

3 절댓값으로 변환하고 있지 않기 때문에, 법선 벡터의 반대쪽에 점이 있는 경우는 음수가 됩니다.

손실 함수

그럼 그림 4-20과 그림 4-21을 비교해 보세요.

제대로 식별되어 있는 점이 4개 있으며, 해당 점에서의 힌지 함숫값은 0이 됩니다.

또한, 잘못되어 있는 점이 2개 있습니다. 검은색 점(레이블 1)보다 흰색 점(레이블 -1)이 조금 더 식별 경계를 크게 회전시켜야 할 것 같습니다. 따라서 힌지 함수의 값도 검은색 점보다 흰색 점이 더 클 것입니다.

퍼셉트론은 이러한 식별의 차이(손실)가 0이 되게 보정을 계속 반복하는 알고리즘입니다. 이처럼 손실의 크기를 계산하는 함수를 바로 손실 함수라고 부릅니다. 다른 머신러닝 알고리즘도 마찬가지로 다양한 형태의 손실 함수를 사용해서, 식별의 손실을 0에 가깝게 만듭니다. 머신러닝이란 손실 함수의 값을 작게(0에 가깝게) 만드는 처리라는 것을 기억하세요.

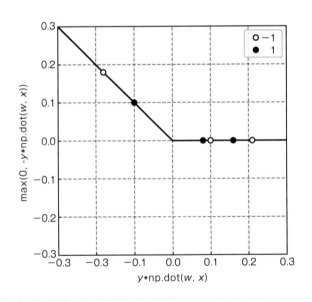

그림 4-21 힌지 함수와 각각의 점에서의 손실값

5 로지스틱 회귀

 이번 절의 키워드 시그모이드 함수, 기울기, 경사 하강법

> 퍼셉트론과 굉장히 비슷한 식별 방법으로 로지스틱 회귀(Logistics Regression)라는 것이 있습니다. 이때 '회귀'란 이 책의 시작 부분에서 소개한 '식별과 회귀'에서의 회귀를 의미하는 것이 아니라 그냥 단순한 식별을 나타냅니다. 식별 함수를 확률 곡선에 회귀시키기 때문에 로지스틱 회귀라고 부를 뿐입니다.

손실 함수의 차이

퍼셉트론에서 사용한 손실 함수는 '힌지 함수'라고 부르는 작을수록 더 큰 결과를 내는 함수였습니다. 잘못이 크면 더 큰 손실이 발생하고, 잘못이 없으면 손실로 이어지지 않으므로 굉장히 합리적인 손실 함수이지만, 다음과 같은 문제가 발생합니다.

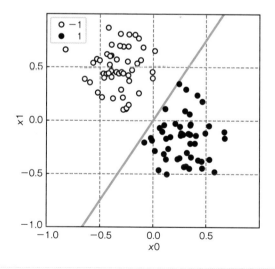

그림 4-22 식별 경계가 검은색 점에 너무 가까움

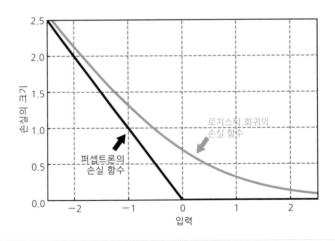

무엇이 문제인지 차근차근 살펴봅시다. 이러한 데이터는 지금까지와 마찬가지로 make_blobs 함수로 생성합니다.

```
X_dataset, y_dataset = make_blobs(centers=[[-0.3, 0.5], [0.3, -0.2]],
                                  cluster_std=0.2,
                                  n_samples=100,
                                  center_box=(-1.0, 1.0),
                                  random_state=42)
```

그림 4-22는 퍼셉트론에서 힌지 함수를 손실 함수로 사용해서, 2-클래스 문제를 해결한 것입니다. 식별 경계를 살펴보기 바랍니다. 식별 경계가 검은색 점(레이블 1) 쪽으로 기울어져 있다는 것을 알 수 있습니다. 만약 독자가 눈으로 보고 경계를 그린다면, 조금 더 왼쪽에 그리고 싶을 것입니다.

왜 이렇게 아슬아슬한 위치에 선이 그어졌을까요? 이는 손실 함수가 양수일 때 0이 되기 때문입니다. 식별이 제대로 되어 버리는 순간, 곧바로 손실이 0이 되어 식별 경계가 해당 지점에서 멈추었기 때문입니다. 참고로 곧 본격적으로 살펴보는 로지스틱 회귀의 경우, 손실 함수가 양수라도 손실이 0이 되지 않습니다. 이를 그래프로 표현해 보면 그림 4-23과 같습니다.

그림 4-23 손실 함수의 차이

힌지 함수와 다르게, 양의 영역(제대로 식별한 경우)에서도 약간의 손실이 주어지는 것을 볼 수 있습니다. 그리고 양의 방향으로 가면 갈수록, 손실이 더 작아지는 것을 볼 수 있습니다.

따라서 점과 약간 먼 위치에 식별 경계가 그려지게 됩니다. 그런데 그게 좋은 것일까요? 코드를 작성해 보면서 추가적인 원리를 조금씩 이해해 보도록 합시다.

확률과 시그모이드 함수

앞서 퍼셉트론에서는 레이블을 1과 -1로 두었는데, 이번 절에서는 로지스틱 회귀를 살펴볼 것이므로, 다시 레이블을 0과 1로 바꾸겠습니다. 이유는 이전에 언급했던 것처럼, 그렇게 하는 것이 계산하기 쉽기 때문입니다.

그럼 이전 절에서의 문제를 다시 생각해 봅시다. 식별이 제대로 되어 있는지 아닌지는 식별 경계로부터의 거리, np.dot(w, x)로 판단할 수 있습니다. 하지만 식별 경계가 점과 너무 가까우면, 현재 데이터로는 제대로 식별을 하고 있어도 미래에 미지의 데이터가 들어왔을 때 제대로 식별하지 못할 수 있습니다. 따라서 '레이블 1이라고 할 수 있지만, 아닐 수도 있다'라는 어정쩡한 상황이 됩니다(그림 4-24).

그럼 식별이 '제대로 되어 있는지'와 함께, '제대로 되어 있지 않은지'도 확률로 나타내 보면 어떨까요[4]? 일반적으로 로지스틱 회귀에서는 다음과 같은 시그모이드 함수(Sigmoid Function, 로지스틱 함수라고도 부릅니다)를 사용해서 확률을 보정합니다(그림 4-25).

---

4 여기에서 언급하는 확률이란, 머신러닝 알고리즘이 '어느 정도의 정확도로 옳다고 생각하는지'를 나타내는 확률이며, 실제 정답인지 아닌지를 나타내는 확률이 아닙니다.

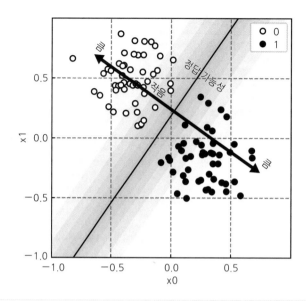

그림 4-24 식별의 정답 확률

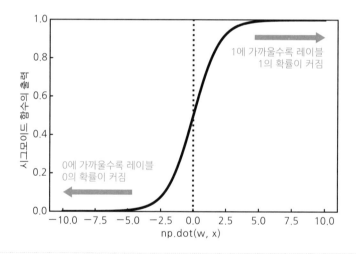

그림 4-25 시그모이드 함수

이 함수는 다음과 같이 간단하게 구현할 수 있습니다.

```
def sigmoid(d):
    return 1 / (1 + np.exp(-d))
```

여기에서 레이블을 0과 1로 설정한 이유가 나옵니다.

sigmoid 함수에 식별 경계로부터의 거리 np.dot(w, x)를 입력해 보면 어떻게 될까요? 식별 결과가 레이블 1이 되는 방향과 충분히 떨어져 있다면, sigmoid 함수의 출력은 1에 가까워집니다. 반대로 레이블 0의 방향으로 충분히 거리가 떨어져 있다면, sigmoid 함수의 출력이 0에 다가갑니다. 또한 거리가 0(식별 경계 위)일 때는 0.5라는 값이 나옵니다.

이를 레이블마다 확률로 만들어 봅시다. 0.5보다 크다면 레이블 1일 확률이 높고, 작으면 레이블 0일 확률이 높아질 것입니다. 따라서 다음과 같은 코드로 나타낼 수 있습니다.

- 레이블 1일 확률: sigmoid(d)
- 레이블 0일 확률: 1.0 - sigmoid(d)

이러한 식을 사용하면, 식별 경계로부터의 거리를 곧바로 레이블 0, 레이블 1일 확률로 변환할 수 있습니다. 학습 데이터 각각의 점에 대해서 확률을 구하고 나서 곱하면, 전체 확률을 구할 수 있을 것입니다. 하지만 확률은 0부터 1까지의 부동 소수점인데, 컴퓨터는 생각보다 부동 소수점을 제대로 계산하지 못합니다(언더 플로우가 발생합니다). 따라서 곱해서는 제대로 된 확률을 구할 수 없습니다.

이때 로그 함수를 사용하면, 이러한 문제를 피할 수 있습니다. 또한, 확률의 부호를 반전하면 예측을 벗어난 상태를 나타낼 수 있게 되므로, 이를 활용해서 손실 함수를 만들 수 있습니다. 손실 함수는 그림 4-23처럼 np.log(1-np.exp(-np.dot(w, x)))로 나타낼 수 있습니다.[5]

역주 어떤 값들에 로그를 취한 뒤, 더하고, 다시 로그의 역을 취하면, '어떤 값들을 곱했을 때'와 같은 값이 나옵니다.

---

5 이 변환과 관련 내용은 생략했습니다. 관심 있다면, 'Stanford CS229 Lecture notes PartII'(http://cs229.stanford.edu/notes/cs229-notes1.pdf)를 참고하세요.

손실 함수의 기울기

코드 없이 설명을 이어 나가서, 조금 재미없어 하는 독자도 있을 것 같습니다. 조금만 더 기다려 주세요. 어쨌거나 로지스틱 회귀의 손실 함수는 식별이 제대로 되어도 0이 나오지 않는다는 것을 알았습니다.

지금까지는 손실 함수가 0이 되게 매개변수를 계속 변경했는데, 그럼 로지스틱 회귀는 무엇을 목표로 매개변수를 변경하게 해야 할까요?

손실 함수는 훈련 데이터를 기반으로 적당한 가중치 w를 설정했을 때, 식별 경계가 얼마나 잘못되었는지를 수치화한 값입니다. 따라서 0이 되는 값은 찾을 수 없습니다. 따라서 최솟값이 되는 부분을 찾아야 합니다. 함수의 최솟값은 미분을 사용하면 구할 수 있습니다. 다음 그림을 살펴봅시다.

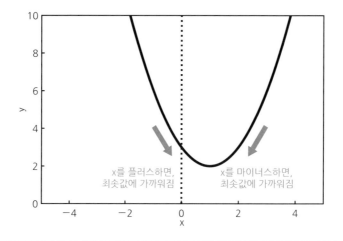

그림 4-26 포물선의 최솟값 찾기

이 그림은 $y=(x-1)^2+2$를 나타내는 포물선입니다. 그래프를 보면 최솟값은 x=1일 때, 2라는 것을 알 수 있지만, 한번 미분해서 최솟값을 찾아봅시다. 이 곡선을 x로 미분하면, $y=2x-2$가 나오며, 원래 곡선의 기울기를 나타내는 값이 됩니다. 기울기가 음수일 때는 x를 증가시켰을 때 최솟값에 가까워집니다. 반대로 기울기가 양수일 때는 x를 감소시켜야 최솟값에 가까워집니다. 정리하면 표4-4처럼 나타낼 수 있습니다.

표 4-4 x의 범위와 최솟값 방향의 관계

x의 범위	x < 1	x = 1	x > 1
2x-2의 값	마이너스	0	플러스
최솟값의 방향	플러스쪽(오른쪽)	-	마이너스쪽(왼쪽)

x=4일 때부터 시작해 봅시다. 2x-2의 값은 6으로 양수이므로, x의 값을 조금 작게 만들어야 최솟값에 가까워질 것입니다. 그럼 x를 1만큼 작게 만들어서, x=3으로 만들어 봅시다. 2x-2의 값은 4로 감소합니다. 아직 양수이므로, 다시 한 번 x를 1만큼 작게 만들어서, x=2로 만들어 봅시다. 이때 2x-2의 값은 2로 감소합니다. 이를 다시 한 번 반복하면, x=1로 최솟값을 찾을 수 있습니다.

반대로 x=-1로 시작해 봅시다. 2x-2의 값은 -6으로 음수입니다. 따라서 x의 값을 크게 만듭니다. 이를 반복하면 마찬가지로 최솟값에 도달할 수 있습니다.

조금 다른 방법으로도 시도해 봅시다. x=3부터 시작했다면, 2x-2의 값은 4로 양수입니다. x의 값을 조금 작게 만들어야 할 것입니다. 이번에는 4에 0.2를 곱한 값, 0.8을 빼봅시다. x=2.2가 됩니다. 2x-2의 값은 2.4로 양수이므로, 같은 방법으로 2.4에 0.2를 곱한 0.48을 빼봅시다. x=1.72가 됩니다. 이를 반복하면, 최솟값 지점인 x=1에 가까워질 수 있습니다.

이를 코드로 나타내면, 다음과 같습니다.

```
gradient = 2*x -2
x = x - learning_rate * gradient
```

변수 gradient는 기울기라는 의미입니다. 방금 설명에서 0.2라는 값을 곱했습니다. 이 값은 이전에도 살펴보았던 학습률Learning Rate입니다. 만약 학습률이 너무 크면 어떻게 될까요? 이전에 살펴보았던 것처럼 발산해 버려서, 최솟값에 도달할 수 없게 됩니다.

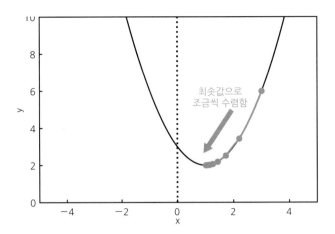

그림 4-27(a) 학습률 0.2

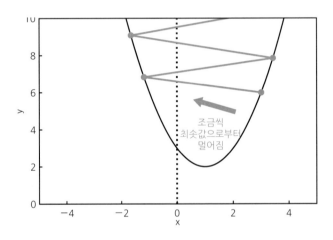

그림 4-27(b) 학습률 1.05

그럼 포물선을 손실 함수로 사용해서, 손실의 최솟값을 찾는 코드를 작성해 봅시다. steps_x와 steps_y라는 변수는 이후에 탐색 과정을 그래프로 그리기 위해서 사용하는 변수입니다. 이 변수에는 어떤 점 x일 때의 손실값 y를 저장하겠습니다.

```
import numpy as np

x = 3.0  # 초깃값
learning_rate = 0.2  # 학습률
```

```python
steps_x = [x]
steps_y = [(x - 1)**2 + 2]
for step in range(10):
  gradient = 2 * x - 2   # 기울기 계산하기
  x = x - learning_rate * gradient   # 기울기로 x 수정하기

  steps_x.append(x)
  steps_y.append((x - 1)**2 + 2)
```

검색 과정을 그래프로 그려 봅시다. Matplotlib에서 수식을 그래프로 그릴 때는 np.array에 X축의 범위를 넣고, 해당 배열의 x 값에 대한 y 값도 np.array로 만들어 둡니다. 이를 실행하면, 그림 4-27(a)처럼 그래프가 그려집니다.

learning_rate의 값을 변경해서 실행해 보기 바랍니다. 값을 크게 만들면 조금씩 빠르게 학습이 수렴되지만, 어느 순간 갑자기 그림 4-27(b)처럼 발산하는 모습을 직접 볼 수 있을 것입니다. 이처럼 손실 함수의 기울기를 사용해서, 기울기의 방향으로 최솟값을 찾는 방법을 경사 하강법Gradient Descent이라고 부릅니다.

수학을 잘하는 사람이라면, 미분으로 구할 수 있는 것은 최솟값이 아니라 극솟값이라는 것을 알고 있을 것입니다. 맞는 말입니다. 기울기만으로는 국소적인 최솟값에 멈추어서, 학습을 반복해도 해당 지점에서 벗어날 수 없는 경우가 있습니다. 이를 해결하기 위해서 탐색을 시작하는 지점을 여러 개 만들고 경사 하강법을 실시하는 확률적 경사 하강법(Stochastic Gradient Descent, SGD)과 이를 개량한 Adagrad, Adam 방법 등을 사용하며, 계속 연구되고 있는 분야입니다.

```python
import matplotlib.pyplot as plt

# 손실 함수를 그래프로 그리기 위한 준비
loss_x = np.array(np.arange(-10, 10, 0.01))
loss_y = eval('(loss_x-1)**2 + 2')

# 그래프 영역 정의하기
plt.xlabel('x')        # X축 레이블
plt.ylabel('y')        # Y축 레이블
plt.xlim(-5, 5)        # X축 범위
plt.ylim(0.0, 10.0)    # Y축 범위
```

```
plt.plot(loss_x, loss_y, color='k', linewidth=1)  # 손실 함수 그리기
plt.plot(steps_x, steps_y, '-bo')  #. 검색 단계 그리기
```

그러면 그림 4-22의 데이터를 로지스틱 회귀의 손실 함수로 식별해 봅시다. 로지스틱 회귀의 손실 함수는 np.log(1-np.exp(-np.dot(w, x)))이었습니다. 그리고 기울기는 np.dot(x.T, y-sigmoid(np.dot(x, w)))로 나타낼 수 있으므로[6], 전체 학습 코드는 다음과 같이 됩니다.

```
def sigmoid(score):
  return 1 / (1 + np.exp(-score))

def train(dataset, epochs=1):
  learning_rate = 1.0
  w = np.array([0.0, 0.0, 1.0])  # 초깃값
  for epoch in range(epochs):
    for i, (x0, x1, y) in dataset.iterrows():
      x = np.array([1.0, x0, x1])
      gradient = np.dot(x.T, y - sigmoid(np.dot(x, w)))

      w += learning_rate * gradient

  return w
```

train(dataset=dataset, epochs=200)을 호출하면, 그림 4-28과 같은 식별 경계를 얻을 수 있습니다. 그림 4-22와 비교해서, 보다 좋은 식별 경계가 구해졌다는 것을 알 수 있을 것입니다. 또한, 이때의 손실 함수의 최솟값 검색을 그래프로 그린 결과가 그림 4-29입니다. 조금씩 손실이 줄어드는 방향으로 내려가고 있다는 것을 알 수 있을 것이라 생각합니다(다만 그래프를 그리기 위해서 w0=0으로 고정하고, 손실의 크기 w1=-10, w2=10부터 탐색을 시작하게 했습니다).

---

6 이 변환과 관련 내용은 생략했습니다. 관심 있다면, 'Stanford CS229 Lecture notes PartII'(http://cs229.stanford.edu/notes/cs229-notes1.pdf)를 참고하세요.

이번 장에서는 인간이 식별하는 방법부터 간단한 머신러닝을 이용한 방법을 소개한 뒤, 손실 함수와 기울기, 최솟값 찾기 등에 대해서 설명했습니다. 머신러닝과 관련된 핵심적인 내용을 대부분 살펴보았습니다. 다음 장에서는 이를 응용해서 보다 현실적인 데이터를 학습시켜 보고, 딥러닝에 대해 알아봅시다.

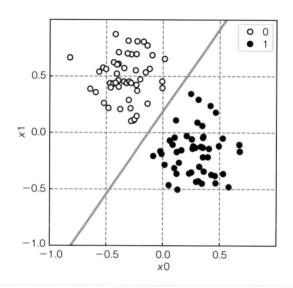

그림 4-28 로지스틱 회귀를 사용한 식별

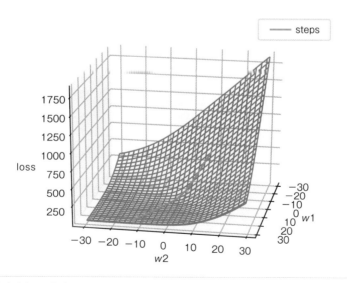

그림 4-29 경사 하강법으로 찾기

5

N-클래스 식별과
다양한 식별기

지금까지 머신러닝의 원리를 살펴볼 수 있게 2-클래스를 구분하는 방법을 알아보았습니다. 지금부터는 클래스 수가 3개가 넘는 경우로 확장해 봅시다. 또한, 더욱 실전과 같은 예를 살펴볼 수 있게 머신러닝 라이브러리 scikit-learn을 사용해 보겠습니다.

1 scikit-learn 간단하게 살펴보기

 이번 절의 키워드 scikit-learn, fit, predict

scikit-learn은 매우 완성도 높은 머신러닝 라이브러리로, 수많은 머신러닝 시스템에서 활용하고 있습니다. 여기에서는 scikit-learn의 기본적인 사용 방법을 살펴봅니다.

scikit-learn이란

scikit-learn은 파이썬 오픈소스 머신러닝 라이브러리입니다. 다양한 식별 및 회귀의 머신러닝 모델뿐만 아니라, 클러스터링이라고 부르는 분류 알고리즘도 탑재하고 있는 굉장히 강력한 라이브러리입니다. 오픈소스이므로 활발하게 코드 유지 및 관리가 이루어지고 있어, 수많은 기업들의 머신러닝 시스템과 데이터 분석 기반으로 사용되고 있습니다[7]. GCP도 표준으로 scikit-learn을 제공하므로 Datalab, Dataflow, ML Engine 등에서 곧바로 사용할 수 있습니다.

로지스틱 회귀를 scikit-learn으로 구현하기

이전 장의 마지막 부분에서 살펴보았던 로지스틱 회귀를 scikit-learn으로 구현해 봅시다. scikit-learn은 지금까지 더미 데이터 세트를 만들 때 계속해서 사용해 왔습니다. 이번 절에서는 학습과 추론까지 scikit-learn으로 수행해 봅시다.

---

7 scikit-learn의 공식 페이지에서 사용하고 있는 기업들을 확인할 수 있습니다. http://scikit-learn.org/stable/testimonials/testimonials.html

```
from sklearn.datasets import make_blobs
X_dataset, y_dataset = make_blobs(centers=[[-0.3, 0.5], [0.3, -0.2]],
                                  cluster_std=0.2,
                                  n_samples=100,
                                  center_box=(-1.0, 1.0),
                                  random_state=42)
```

이는 이전 장의 그림 4-28과 같은 데이터 세트입니다. 이러한 데이터 세트를 학습시킬 때는 다음과 같은 코드를 사용합니다.

```
from sklearn.linear_model import LogisticRegression

# 로지스틱 회귀 모델 인스턴스 만들기
classifier = LogisticRegression()

# 학습하기
classifier.fit(X_dataset, y_dataset)
```

로지스틱 회귀 모델은 linear_model 모듈 내부에 있습니다. LogisticRegression( )으로 classifier라는 이름(식별기라는 의미)의 인스턴스를 만들 수 있습니다. 현재 코드에서는 별도의 설정을 하지 않고, 모두 초깃값을 사용하게 했습니다. 학습은 특징 데이터 리스트와 레이블 리스트를 fit의 매개변수로 넣기만 하면 됩니다.

추론은 다음과 같이 합니다.

```
# 추론 테스트 전용 데이터
test_data = [[0.1, 0.1],
             [-0.5, 0.0]]

print(classifier.predict(test_data))
```

실행 결과는 다음과 같습니다.

```
[1 0]
```

추론을 하는 경우에는 추론 전용 특징 리스트를 predict의 매개변수로 넣습니다. 그림 4-28을 보고, 추론 전용 데이터의 위치를 확인해 보세요. x0=0.1, x1=0.1일 때의 추론 결과는 1이며, x0=-0.5, x1=0.0일 때의 추론 결과는 0이 됩니다. 맞는지 그림을 보면서 다시 확인해 보세요.

간단하게 scikit-learn의 기본적인 사용 방법을 알아보았습니다. 그럼 이를 N-클래스 식별로 확장해 봅시다.

2 N-클래스의 로지스틱 회귀

 이번 절의 키워드 contour, one-vs-rest, one-vs-one

N-클래스를 학습하고 추론하는 경우에도 scikit-learn을 사용하면 거의 비슷한 형태로 수행할 수 있습니다. 그럼 일단 예제를 살펴보고, 원리를 알아보도록 합시다.

scikit-learn으로 3-클래스 식별하기

이해하기 쉽게 일단 3-클래스를 식별하는 내용부터 살펴봅시다. 데이터 세트는 다음과 같이 만듭니다.

```
from sklearn.datasets import make_blobs
X_dataset, y_dataset = make_blobs(centers=[[-0.4, 0.6],
                                           [0.5, 0.4],
                                           [-0.1, -0.5]],
                                  cluster_std=0.1,
                                  n_samples=150,
                                  center_box=(-1.0, 1.0),
                                  random_state=42)
```

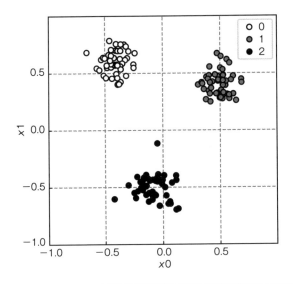

그림 5-1 3-클래스를 지닌 데이터 세트

클래스가 0, 1, 2로 세 가지 있다고 생각해 봅시다. 이는 다음과 같은 형태로 학습시킵니다.

역주 클래스 0, 클래스 1, 클래스 2는 레이블 0, 레이블 1, 레이블 2와 같은 의미입니다. 두 가지를 모두 혼용해서 많이 사용하므로 기억해 두기 바랍니다.

```
from sklearn.linear_model import LogisticRegression

# 로지스틱 회귀 모델 인스턴스 만들기
classifier = LogisticRegression(multi_class='ovr')

# 학습
classifier.fit(X_dataset, y_dataset)
```

이전에 2-클래스를 학습할 때와 다르게 LogisticRegression 인스턴스를 만들 때 매개변수 multi_class에 'ovr'을 설정했습니다. 이 매개변수의 기본값은 'ovr'이므로 따로 입력하지 않아도 되지만, 의미를 명확하게 하기 위해 명시적으로 입력해 보았습니다.

그럼 3-클래스를 구분하는 경우의 식별 경계는 어떻게 될까요? 다음 코드를 사용해 식별 경계를 확인해 봅시다.

```python
# 0.01 간격의 그리드 만들기
xx, yy = np.meshgrid(np.arange(-1.0, 1.0, 0.01),
                     np.arange(-1.0, 1.0, 0.01))
# 생성한 그리드의 점을 하나하나 추론하기
Z = classifier.predict(np.c_[xx.ravel(), yy.ravel()])

# 그래프를 그릴 수 있게 2차원 배열로 변환하기
Z = Z.reshape(xx.shape)

# 식별 경계 그리기
plt.contour(xx, yy, Z, colors='k')
```

식별 경계를 그릴 수 있게, Matplotlib과 관련된 약간의 트릭을 사용했습니다. 일단 NumPy의 meshgrid를 사용해서 X축과 Y축에 각각 -1.0부터 1.0까지 0.01 간격으로 배치되는 점들을 array로 생성했습니다. 그리고 이러한 점들을 이전에 만든 LogisticRegression 모델로 추론했습니다. 그러년 섬 각각에 대해 추론 결과로 클래스 0, 1, 2 중 하나가 결정됩니다. 마지막으로 Matplotlib의 contour를 사용해서 각각의 점을 렌더링했습니다. contour는 등고선을 그리는 함수이므로, 클래스의 경계가 되는 부분에만 선이 그려지게 됩니다. 따라서 **그림 5-2**와 같은 결과를 얻을 수 있습니다.

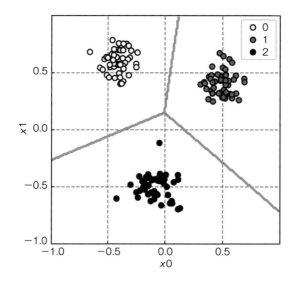

그림 5-2 3-클래스의 식별 경계

굉장히 예쁘게 3개로 분할되어 있는 것을 확인할 수 있습니다. 그런데 어째서 이와 같
은 식별이 가능한 것일까요? 이는 이전의 LogisticRegression의 매개변수 multi_class
에 설정한 'ovr'과 관계 있습니다.

one-vs-rest

multi_class에 설정한 'ovr'은 'one-vs-rest'의 약자입니다[8]. 따라서 '1 대 나머지'라는 의
미입니다. 2-클래스를 식별하는 식별기를 확장하는 방법 중 대표적인 방법으로, '어떤
클래스'와 '다른 클래스'로 나누는 2-클래스를 식별하는 식별기를 조합하는 방법입니
다. 예를 들어 다음과 같습니다.

- 클래스 0과 이외의 것(클래스 1, 2)을 식별하기
- 클래스 1과 이외의 것(클래스 0, 2)을 식별하기
- 클래스 2와 이외의 것(클래스 0, 1)을 식별하기

---

8 'one-vs-all'이라는 의미로 사용되는 경우도 있습니다.

이러한 세 개의 식별 경계를 만들고, 최종적으로 그림 5-2처럼 3-클래스의 식별 경계를 만들어 조합하는 것입니다. 그럼 이러한 세 가지 식별 경계가 어떻게 되는지 그림으로 확인해 봅시다.

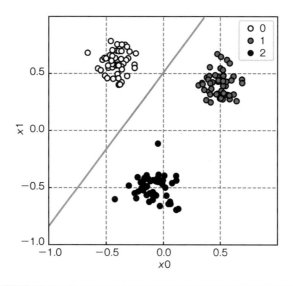

그림 5-3(a) 클래스 0 vs 이외의 것

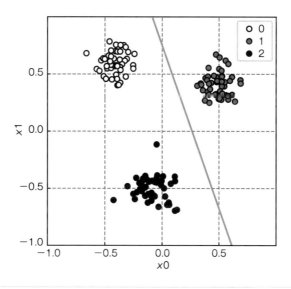

그림 5-3(b) 클래스 1 vs 이외의 것

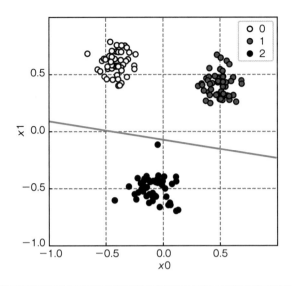

그림 5-3(c) 클래스 2 vs 이외의 것

2-클래스 식별을 세 가지 수행하고 있다는 것을 알 수 있습니다. 이러한 그림을 그리려면 다음과 같은 코드를 사용합니다.

```
# 0.01 간격의 그리드 만들기
xx, yy = np.meshgrid(np.arange(-1.0, 1.0, 0.01),
                     np.arange(-1.0, 1.0, 0.01))
# 생성한 그리드의 점을 하나하나 추론하기
Z = classifier.decision_function(np.c_[xx.ravel(), yy.ravel()])

# 식별 경계 그리기
for c in range(3):
    # 그래프를 그릴 수 있게 2차원 배열로 변환하기
    Zc = Z[:, c].reshape(xx.shape)
    plt.contour(xx, yy, Zc, colors='b', levels=[0])
    plt.show()
```

현재 코드에서는 predict가 아니라, decision_function을 사용했습니다. 이는 4장 '3. 퍼셉트론'에서 배운 식별 경계에서 거리 np.dot(w, x)를 각각의 클래스별로 산출하는 함수입니다. 따라서 이 값이 0일 때는 식별 경계 위에 있다는 것을 의미합니다. Z[:, c]로 각각의 클래스 0, 1, 2의 열을 추출하고, 값이 0이 되는 곳에 contour로 등고선을 그렸습니다.

2-클래스를 N-클래스 식별로 변경하기

그럼 이러한 세 개의 식별 경계를 기반으로, 어떻게 해야 3-클래스 식별을 할 수 있을까요? 답은 굉장히 간단합니다. decision_function으로 구한 세 개의 식별 경계로부터의 거리(np.dot(w, x))가 가장 큰 것을 선택하면 됩니다. 말로는 조금 이해하기 어려울 수 있으므로 그래프로 그려 봅시다. 이전의 코드를 다음과 같이 변경합니다.

```
# plt.contour(xx, yy, Zc, colors='b', levels=[0])
# 위의 한 줄을 다음과 같은 두 줄로 변경하기
cs = plt.contour(xx, yy, Zc, colors='b', levels=[-2, -1, 0, 1, 2])
plt.clabel(cs, inline=1, fontsize=10)
```

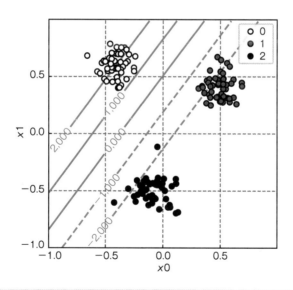

그림 5-4(a) 클래스 0 vs 이외의 것

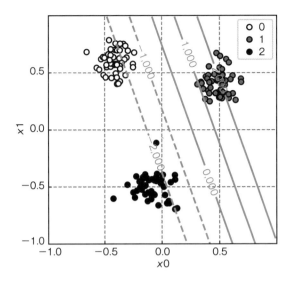

그림 5-4(b) 클래스 1 vs 이외의 것

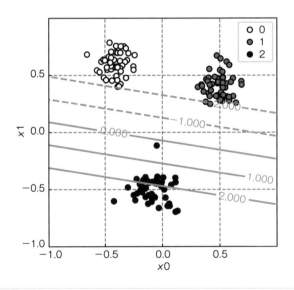

그림 5-4(c) 클래스 2 vs 이외의 것

이처럼 바꾸면, 다음 그림처럼 식별 경계에서 거리가 -2부터 2까지 사이에서 그려집니다. 이 값이 양의 방향에 가까울수록 해당 클래스일 확률이 높으며, 음의 방향일수록 해당 클래스일 확률이 낮다는 의미입니다. 이 그래프를 사용하면 어떤 점을 보았을 때, 해당 점이 각각 클래스 0, 클래스 1, 클래스 2일 확률이 어느 정도인지 알 수 있습니다.

예를 들어 x0=-0.5, x1=0.5으로 생각해 봅시다. 이 점은 클래스 0으로 확정되는 부분입니다. 각각의 클래스일 확률을 그림 5-4로 대충 확인해 보면 다음과 같습니다.

- 클래스 0: +2 근처
- 클래스 1: -2보다 작음
- 클래스 2: -2보다 작음

클래스 0이 가장 크므로 확률이 가장 높습니다. 따라서 클래스 0으로 식별할 수 있는 것입니다.

그럼 이를 한꺼번에 그래프에 그려 봅시다(그림 5-5). 클래스 0, 클래스 1, 클래스 2의 식별 경계로부터 거리가 같은 곳에서 식별 경계가 발생하는 것을 알 수 있습니다. 현재 예에서는 3-클래스이지만, 그 이상의 클래스를 식별해야 하는 경우에도 같은 방법을 사용하기만 하면 됩니다.

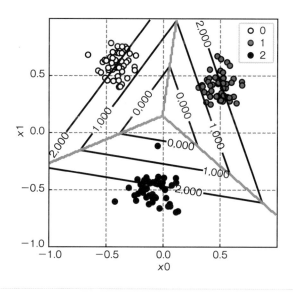

그림 5-5 각 클래스의 등고선이 만나는 지점에서 3-클래스의 식별 경계가 발생

이와 같은 그래프를 그리는 코드는 다음과 같습니다. np.ma.array는 masked array라고 부르는 것으로, 지정한 조건에 해당하는 데이터를 간단하게 마스크해 주는 기능을 갖고 있습니다. 현재 코드에서는 클래스에 속하지 않은 그리드의 점을 array에서 제외하기 위해 사용했습니다.

```python
# 0.01 간격의 그리드 만들기
xx, yy = np.meshgrid(np.arange(-1.0, 1.0, 0.01),
                     np.arange(-1.0, 1.0, 0.01))

# 생성한 그리드의 점을 하나하나 추론하기
Zp = classifier.predict(np.c_[xx.ravel(), yy.ravel()])
Zp = Zp.reshape(xx.shape)

Zd = classifier.decision_function(np.c_[xx.ravel(), yy.ravel()])

plot_dataset(dataset)
for c in range(3):
    # c 클래스에 해당하는 점 추출하기
    Zc = np.ma.array(Zd[:, c].reshape(xx.shape), mask=(Zp != c))
    # 식별 경계로부터의 거리 구하고 등고선 그리기
    cs = plt.contour(xx, yy, Zc, colors='b', levels=[0, 1, 2])
    plt.clabel(cs, inline=1, fontsize=10)

# 3-클래스 식별 경계 그리기
plt.contour(xx, yy, Zp, colors='g')
```

다른 N-클래스 해결 방법과 과제

one-vs-rest 이외의 N-클래스 해결 방법으로 one-vs-one이라는 것이 있습니다. one-vs-rest는 '어떤 클래스'와 '이외의 클래스'를 조합한 것이지만, one-vs-one은 '어떤 클래스'와 '어떤 클래스'를 1대1로 조합합니다. 예를 들어 클래스 A, B, C, D가 있다고 합시다. one-vs-rest의 경우, 다음과 같이 4가지 조합을 만들어 식별합니다.

표 5-1 one-vs-rest의 조합

A	BCD
B	ACD
C	ABD
D	ABC

반면 one-vs-one은 다음과 같은 6개의 종류로 식별합니다.

표 5-2 one-vs-one의 조합

A	B
A	C
A	D
B	C
B	D
C	D

조합의 수가 늘어나는 만큼, one-vs-one은 one-vs-rest보다 시간이 오래 걸립니다.

또한, 당연히 N-클래스 식별은 클래스의 종류가 늘어나면, 연산 시간이 오래 걸리게 됩니다. 따라서 학습을 하기 전에 해당 클래스가 정말 필요한 것인지 생각해 봐야 합니다. 예를 들어 빈도가 적은 클래스들은 그냥 하나로 뭉쳐서 예측한 뒤, 이후에 구분하는 방법 등을 사용하면 학습 시간을 크게 줄일 수 있습니다.

3 서포트 벡터 머신

 **이번 절의 키워드** 일반화 능력, 비선형 식별, 커널 함수, 과학습

퍼셉트론, 로지스틱 회귀에 이어서 **서포트 벡터 머신**(Support Vector Machine: SVM)이라는 식별기를 살펴봅시다. 서포트 벡터 머신은 현재도 굉장히 많이 사용하는 우수한 학습 모델입니다. 식별 경계를 곡선으로 만들 수 있어서, 선형 식별뿐만 아니라 비선형 식별도 가능합니다.

scikit-learn으로 선형 SVM 만들기

일단 곧바로 예제를 만들어 봅시다. 그리고 지금까지 배웠던 퍼셉트론, 로지스틱 회귀와 어떤 차이가 있는지 알아봅시다. 이번 절에서는 다음과 같은 데이터 세트를 사용하도록 하겠습니다.

```
from sklearn.datasets import make_blobs
X_dataset, y_dataset = make_blobs(centers=[[-0.5, 0.5], [0.5, -0.3]],
                                  cluster_std=0.3,
                                  n_samples=20,
                                  center_box=(-1.0, 1.0),
                                  random_state=42)
```

이를 그래프로 그려 보면 다음과 같습니다.

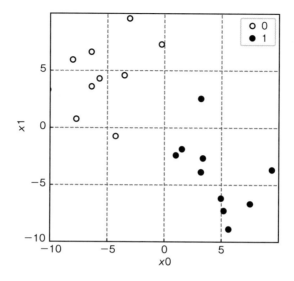

그림 5-6 2-클래스를 지닌 데이터 세트

이어서 학습입니다. SVM은 sklearn.svm 모듈에 있습니다. 조금 헷갈릴 수 있는데, SVC라는 이름을 가지고 있습니다. 이는 Support Vector Classifier의 약자로 SVM에서 회귀 문제를 해결한 Support Vector Regressor(SVR)와 헷갈리지 않게, SVC라는 이름을 사용하는 것입니다. kernel에 'linear'를 설정하면, 선형 SVM이 됩니다. 기본값으로는 이후에 설명하는 비선형 'rbf'가 설정됩니다.

```python
from sklearn.svm import SVC

# 선형 SVM으로 학습하기
classifier = SVC(kernel='linear')
classifier.fit(X_dataset, y_dataset)
```

이 식별 경계는 그림 5-7처럼 그려집니다. 제대로 식별 경계가 만들어졌다고 생각할 수 있는 위치입니다. 그럼 이어서 서포트 벡터와 마진을 살펴보도록 합시다.

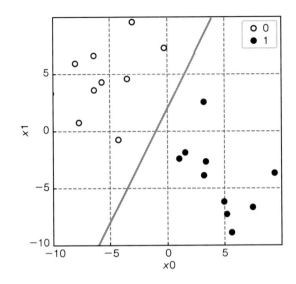

그림 5-7 선형 SVM의 식별 경계

서포트 벡터와 마진

머신러닝은 무엇을 위해 필요한 것일까요? 4장의 첫 부분 제품의 품질 관리 예에서 설명했던 것처럼, 미지의 데이터가 있을 때 결과를 예측하기 위해서입니다. 학습에 사용한 데이터로 정확한 결과가 나오더라도, 미지의 데이터를 제대로 식별할 수 없다면 아무 의미가 없습니다. 이러한 미지의 데이터에 대한 성능을 일반화 능력이라고 표현합니다. SVM은 이러한 일반화 능력을 높이고자, 훈련 데이터의 각 점으로부터 식별 경계까지의 거리가 최대한 멀어지게 합니다.

훈련 데이터 중에 식별 경계에서 가장 거리가 가까운 것을 서포트 벡터라고 부르며, 이러한 거리를 최대한 멀리할 수 있게 식별 경계를 결정합니다. 서포트 벡터를 그래프로 그려 보면, 그림 5-8처럼 됩니다. 식별 경계를 실선, 서포트 벡터의 위치에 있는 평행선을 점선으로 그려 보았습니다. 이러한 점선 사이의 거리를 마진이라고 부릅니다. scikit-learn은 이러한 서포트 벡터의 리스트를 classifier.support_vectors_로 확인할 수 있습니다. 그래프를 그리는 코드는 다음과 같습니다.

```
plt.scatter(classifier.support_vectors_[:, 0],
            classifier.support_vectors_[:, 1],
            facecolor='none', edgecolor='b',
            s=200)
```

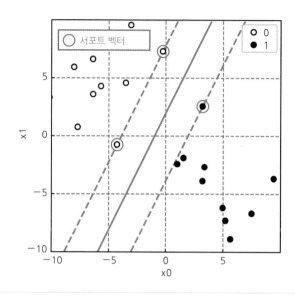

그림 5-8 서포트 벡터

SVM의 손실 함수

SVM의 손실 함수는 마진과 관계 있습니다. SVM의 손실 함수는 피셉드곤과 같은 힌지 함수를 사용하지만, 양의 방향으로 조금 밀려 있습니다. 따라서 제대로 식별할 수 있더라도 식별 경계와 데이터의 거리가 가깝다면 약간의 손실을 더 주게 됩니다.

그림 5-9(a)는 학습하고 있는 중의 SVM 식별 경계를 나타낸 것입니다. 화살표로 나타낸 점은 클래스 0이므로 제대로 식별하고는 있지만, 마진 내부에 들어 있습니다. 이를 손실 함수로 나타내면 그림 5-9(b)와 같습니다. 따라서 약간의 손실이 주어진다는 것을 알수 있습니다. SVM은 이러한 손실을 감소시킬 수 있게 식별 경계를 수정합니다. 제대로 식별할 수 있어도 손실이 발생한다는 것은 로지스틱 회귀와 비슷합니다.

205

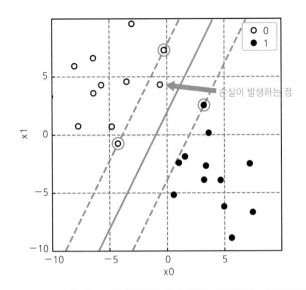

그림 5-9(a) 학습 과정에서의 SVM 식별 경계

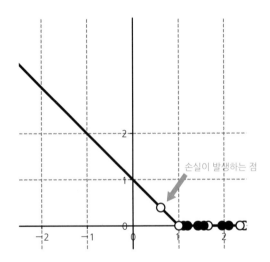

그림 5-9(b) 학습 과정에서의 SVM 손실 함수

비선형 SVM

SVM은 비선형 식별 경계도 지원합니다. 지금까지는 선형 식별 경계만 설명했습니다.
현실의 데이터는 대부분 비선형이므로, scikit-learn의 SVC도 비선형을 사용하는 것이 기본으로 설정되어 있습니다. 이번 절에서는 SVC의 비선형 식별을 살펴봅시다. 우선 선형 분리할 수 없는 더미 데이터를 만들어야 합니다. scikit-learn은 이러한 데이터를 간단하게 생성할 때 사용할 수 있는 기능을 제공합니다. 코드는 다음과 같습니다.

```
from sklearn.datasets import make_moons

X_dataset, y_dataset = make_moons(n_samples=100, noise=0.05,
  random_state=42)
```

이는 이름(moons) 그대로 반달 형태의 데이터를 만드는 함수입니다. 그래프로 그려 보면 그림 5-10처럼 나옵니다.

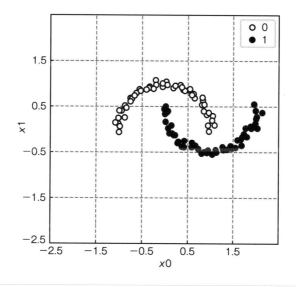

그림 5-10 선형 분리가 불가능한 데이터 세트

학습 코드는 다음과 같습니다. kernel이 "rbf"로 되어 있는 부분 이외에는 선형 SVM 때와 거의 비슷합니다. 식별 경계와 마진을 그래프로 그린 결과는 그림 5-11과 같습니다.

```
from sklearn.svm import SVC
```

```
# 비선형 SVM으로 학습하기
classifier = SVC(kernel='rbf')
classifier.fit(X_dataset, y_dataset)
```

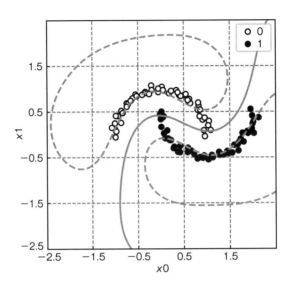

그림 5-11 비선형 SVM의 식별 경계와 마진

실선이 식별 경계, 점선이 마진입니다. 선형일 때였던 **그림 5-8**과 비교해 보세요. 식별 경계가 큰 곡선을 그리고 있다는 것을 알 수 있습니다. 물론 약간 잘못 식별하는 부분이 있지만, 이는 SVC의 매개변수를 조정해서 해결할 수 있는 수준입니다. 어떻게 이러한 비선형 식별 경계가 그려지는지 수학적으로 설명하기에는 이 책의 범위를 벗어나므로, 개념만 설명하겠습니다.

우선 SVM에서 2차원을 선형 식별할 수 없다면, 이를 3차원 또는 4차원으로 확장하면 선형 식별할 수 있지 않을까?라고 생각해 봅시다. 현재 데이터 세트를 **그림 5-12**처럼 3 차원에 배치한다고 생각해 봅시다. 이렇게 하면 식별 경계가 평면으로 만들어집니다. 원래 2차원 데이터를 3차원으로 확장했는데요. 보다 일반적으로 표현하면, 원래 데이터의 차원을 높은 차원으로 확장하면, 선형으로 식별 가능할 수도 있습니다. "가능할 수도 있다"라는 약간 애매한 표현을 사용했는데요. 차원을 확장할 때는 여러 매개변수가 관여합니다. 이때 이러한 매개변수를 제대로 조정하지 않으면, 식별 경계가 제대로 만들어지지 않을 수도 있습니다. 따라서 다음 절에서는 매개변수 조정과 관련된 내용을 살펴보겠습니다.

어쨌거나 확장이라고 표현했지만, 정확하게는 비선형 특징 공간에 투영하는 것입니다. 이처럼 비선형 특징 공간에 투영된 데이터에 선형 식별 함수를 적용해서 비선형 식별 경계를 만드는 것입니다. 이러한 비선형 특징 공간에 투영할 때 사용하는 함수를 커널 함수라고 부르며, rbf radial bases function는 커널 함수 중 하나입니다. 또한, 그림 5-12는 원리를 설명하기 위한 그림일 뿐, rbf 투영이 이러한 형태로 이루어지는 것은 아닙니다.

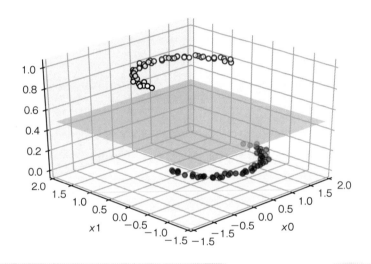

그림 5-12 공간 확장

매개변수 튜닝하기

scikit-learn의 SVC에는 여러 가지 매개변수가 있습니다. 특히 비선형 식별은 이전에 언급했던 것처럼, 매개변수를 제대로 선택하지 않으면 깔끔한 식별 경계를 얻을 수 없습니다. 이번 절에서는 대표적인 매개변수로 C와 gamma를 살펴보며, 이러한 매개변수가 식별 경계에 어떤 영향을 주는지 살펴보겠습니다. 일단 매개변수를 설명하기 전에 코드를 작성해 봅시다. 매개변수는 다음과 같이 지정합니다.

```
from sklearn.svm import SVC

# C와 gamma 지정하기
classifier = SVC(kernel='rbf', C=1.0, gamma=0.5)
```

또한, 매개변수는 다음처럼 설정할 수도 있습니다.

```
from sklearn.svm import SVC

# 다른 매개변수는 기본값 사용하기
classifier = SVC(kernel='rbf')

# C와 gamma 지정하기
classifier.C = 1.0
classifier.gamma = 0.5
```

테스트 전용 데이터 세트로 이전과 같은 make_moons를 사용합니다. 다만 이번에는 노이즈를 조금 늘리겠습니다. 코드와 그래프는 다음과 같습니다.

```
from sklearn.datasets import make_moons

# noise를 0.2로 늘려서 데이터의 분산 늘리기
X_dataset, y_dataset = make_moons(n_samples=100, noise=0.2,
    random_state=42)
```

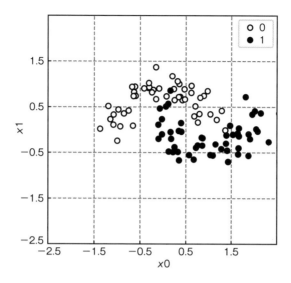

그림 5-13 클래스가 섞여 있는 데이터 세트

반달 형태의 데이터가 조금 섞여 있는 상태입니다. 실제 데이터도 이처럼 노이즈가 존재할 가능성이 높습니다. 어쨌거나 이러한 데이터 세트를 기반으로 식별 경계를 만들때, 매개변수 C와 gamma를 조금씩 변경해서 어떤 형태로 식별 경계가 그려지는지 확인해 봅시다.

```
# 매개변수의 범위 설정하기
c_range = [0.1, 1.0, 100.0]
gamma_range = [0.5, 5.0, 50.0]

# 각 매개변수별로 학습하기
for c in c_range:
  for gamma in gamma_range:
    classifier.C = c
    classifier.gamma = gamma
    classifier.fit(X_dataset, y_dataset)
    # 식별 경계 그리기
```

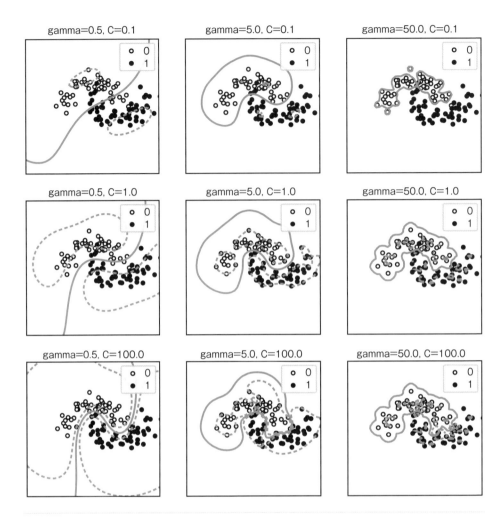

그림 5-14 매개변수에 따른 식별 경계와 마진

C를 3가지, gamma를 3가지로 설정해서 모두 9개의 매개변수 조합에서 식별 경계가 어떻게 그려지는지 나타낸 것입니다. 그림은 세로 방향일 때 C, 가로 방향일 때 gamma가 변하게 배치했습니다.

C가 어떤 영향을 주는지 알기 어려울 수 있는데요. 왼쪽 열의 그림을 주목해 봅시다. C는 노이즈에 얼마나 큰 패널티를 줄지 결정하는 것입니다. C를 크게 설정하면, 패널티도 그만큼 커지므로 학습 때 손실을 줄이기 위해서 마진을 좁게 잡습니다. 따라서 식별

경계가 구불구불한 곡선을 그리게 됩니다. 반면 C를 작게 설정하면, 패널티도 그만큼 줄어들기 때문에 SVM의 기본 전략처럼 마진을 넓게 잡습니다. 따라서 식별 경계가 날렵한 곡선을 그리게 됩니다.

현재 데이터 세트는 클래스끼리 인접하므로, C를 크게 해서 마진을 최대한 세밀하게 만들어야 적절한 식별 경계를 얻을 수 있습니다.

반면 gamma는 비선형 식별에서 설명했던, 고차원으로 확장할 때의 계수로 사용됩니다. 값이 크면 식별 경계를 쉽게 찾을 수 있지만, 결과로 훈련 데이터에 너무 특화된 과학습(Overfitting, 과적합) 결과를 얻게 될 수 있습니다.

두 가지 매개변수 모두 "어떠한 값이 무조건 좋다"라고 말할 수 없으며, 데이터 세트에 따라 최적의 매개변수가 다릅니다. 이러한 특징 때문에 비선형 데이터는 조금 다루기 어렵습니다.

이러한 매개변수 튜닝, 데이터 평가 방법에 대해서는 6장에서 자세하게 설명하겠습니다.

4 **랜덤 포레스트**

 랜덤 포레스트, 앙상블 학습, 결정 트리

> 이번 절에서는 랜덤 포레스트, 랜덤 포레스트의 매개변수를 살펴보고, 이로 인해 그려지는 식별 경계에 대해 살펴보겠습니다.

랜덤 포레스트란?

이번 절에서는 랜덤 포레스트라는 학습기를 살펴보겠습니다. 랜덤 포레스트는 앙상블 학습Ensemble Learning이라고도 부릅니다. 이는 학습기를 여러 개 조합해서 전체의 성능을 끌어 올리는 방법입니다. 이때 결정 트리Decision Tree라는 학습기를 사용합니다. 특징을 무작위로 골라 만든 결정 트리(나무)를 여러 개 뭉쳐 사용하므로, 랜덤 포레스트(숲)라는 이름이 붙은 것입니다.

> 역주 바이올린을 하나 연주하면 이를 바이올린 솔로라고 부르며, 바이올린을 여러 대 같이 연주하면 이를 바이올린 앙상블(Ensemble)이라고 부릅니다. 비슷하게 생각하면 쉽게 용어를 이해할 수 있을 것입니다.

그럼 결정 트리가 무엇일까요? 결정 트리는 단순한 식별 규칙을 여러 개 조합해 놓은 식별기입니다. 개념적으로는 그림 5-15처럼 '질문'을 몇 개 모아 놓은 것이라고 생각해도 됩니다. 이를 사용하면 비선형 식별 경계를 얻을 수 있습니다.

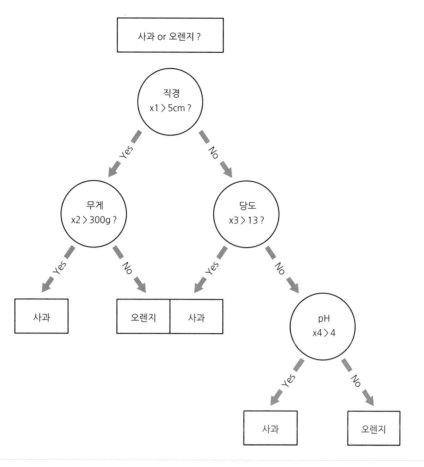

그림 5-15 결정 트리

scikit-learn에서 랜덤 포레스트 사용하기

일단 실제로 식별해 보겠습니다. 데이터는 비선형 SVM 때와 같은 make_moons를 사용하겠습니다.

```
from sklearn.datasets import make_moons

X_dataset, y_dataset = make_moons(n_samples=100, noise=0.2,
    random_state=42)
```

이어서 학습입니다. 랜덤 포레스트는 sklearn.ensemble 모듈에 있는 RandomForest
Classifier를 사용합니다. 난수를 사용하는 식별기이므로, random_state를 사용해 랜덤
시드를 전달해서 학습의 결과가 항상 같게 만들겠습니다. 식별 경계를 그래프에 그려
보면, 그림 5-16과 같습니다.

```
from sklearn.ensemble import RandomForestClassifier

# 랜덤 포레스트로 학습하기
classifier = RandomForestClassifier(random_state=42)
classifier.fit(X_dataset, y_dataset)
```

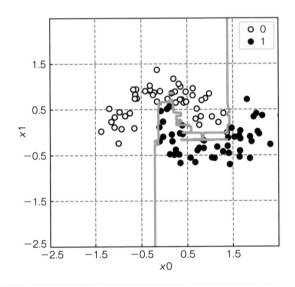

그림 5-16 랜덤 포레스트의 식별 경계

결정 트리의 계층과 식별 경계

랜덤 포레스트의 식별 경계를 보면, SVM과 비교해서 각져 있다는 것을 알 수 있습니
다. 이는 결정 트리가 'x0>-0.4'→'x1<-0.4'→'x0<1.4'→…와 같은 형태로 공간을 직각
으로 자르기 때문입니다. 공간을 자르는 과정을 이해하고 싶다면, 결정 트리의 계층을
제한하는 코드를 작성해 보면 됩니다.

```
# 결정 트리의 수를 1로 제한하기
classifier = RandomForestClassifier(random_state=42, n_estimators=1)

# 결정 트리의 계층을 1부터 4로 변경하기
for depth in range(1, 5):
    classifier.max_depth = depth
    classifier.fit(X_dataset, y_dataset)
    # 식별 경계 그리기
```

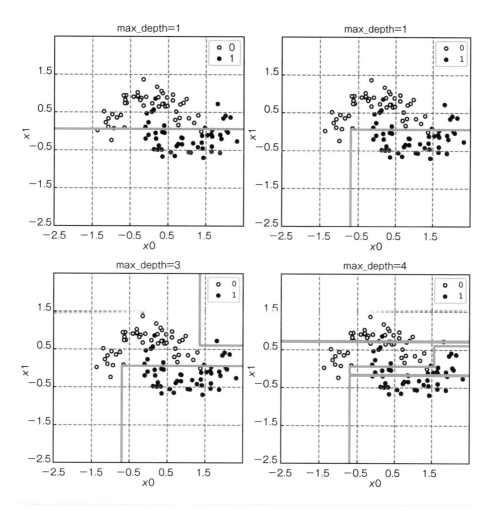

그림 5-17 계층 수와 식별 경계

랜덤 포레스트는 이전에 언급했던 것처럼 결정 트리를 여러 개 조합한 것입니다. 일단 결정 트리 하나만으로 어떻게 구분되는지 살펴볼 수 있게 n_estimators를 1로 설정해서, 결정 트리를 하나만 생성해 보았습니다. 그리고 max_depth로 계층 수를 1부터 4까지 가지게 만들고, 이러한 결정 트리들을 학습시켰습니다.

이렇게 나온 결과가 그림 5-17입니다. 일단 왼쪽 위에 있는 max_depth=1은 계층이 1개 밖에 없으므로, 식별 경계가 수평선 하나만 그리게 됩니다. 오른쪽 위에 있는 max_depth=2는 수직한 식별 경계가 만들어져서, 식별 경계가 직각을 가지게 됩니다. 이처럼 이러한 계층 수를 늘릴수록 식별 경계가 수직하게 각을 가지게 되므로, 최종적으로 그림 5-16처럼 여러 수직한 식별 경계들이 만들어지는 것입니다.

특징량의 중요도

랜덤 포레스트의 장점 중 하나는 특징량의 중요도를 확인할 수 있다는 것입니다. 예를 들어 이전의 데이터 세트는 x0과 x1이라는 2개의 특징량을 입력했습니다. 이러한 x0과 x1이 각각 식별에 얼마나 기여하는지 확인할 수 있다는 것입니다. 특징량이 2개 밖에 없다면 이해하기 어려울 수 있으니, 약간 복잡한 데이터 세트를 사용해서 관련된 내용을 살펴봅시다.

```
import matplotlib.pyplot as plt
from sklearn.datasets import load_digits

# 손글씨 숫자 데이터 세트 읽어 들이기
X_dataset, y_dataset = load_digits(return_X_y=True)

# 첫 번째 데이터(index=0) 출력하기
print(X_dataset[0])

# 첫 번째 데이터(index=0)를 그래프로 그리기
plt.gray()
plt.matshow(X_dataset[0].reshape(8, 8))
```

지금까지는 scikit-learn의 make_blobs와 make_moons를 사용했습니다. 이번에는 load_digits를 사용합니다. 이는 가로세로 8×8 화소를 지닌 그레이 스케일의 작은 이미지 데이터 집합으로, 0부터 9까지의 손글씨 숫자 이미지가 들어 있는 데이터입니다(그림 5-18). 그레이 스케일이란, 색 정보가 없으며 검은색과 흰색으로 명암만 나타나 있는 이미지를 의미합니다.

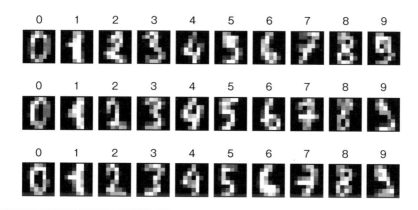

그림 5-18 손글씨 숫자 데이터 세트

일반적으로 그레이 스케일은 하나의 화소가 가진 명암을 256개의 단계로 나타내는 것이 기본이지만, 이 데이터 세트는 0~16까지 17개의 단계로 나타내고 있습니다. print를 사용해서 처음 데이터를 출력해 보면, 다음과 같이 출력합니다.

```
[  0.   0.   5.  13.   9.   1.   0.   0.   0.   0.  13.  15.  10.  15.   5.
   0.   0.   3.  15.   2.   0.  11.   8.   0.   0.   4.  12.   0.   0.   8.
   8.   0.   0.   5.   8.   0.   0.   9.   8.   0.   0.   4.  11.   0.   1.
  12.   7.   0.   0.   2.  14.   5.  10.  12.   0.   0.   0.   0.   6.  13.
  10.   0.   0.   0.]
```

0부터 16까지의 숫자가 64개 출력됩니다. 이것만으로는 어떤 이미지를 출력하는 것인지 제대로 알기 어려울 수 있으므로, Matplotlib의 matshow를 사용해서 시각화해 봅시다. 64개의 요소를 가진 배열을 reshape(8, 8)을 통해 8×8 형태의 배열로 변환하고, 이를 시각화한 것입니다(그림 5-19).

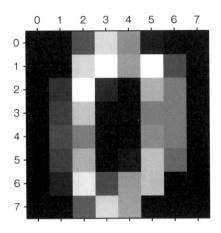

그림 5-19 가장 앞의 손글씨 숫자 데이터 시각화

그럼 이러한 64개의 화소를 하나하나 특징량으로 입력하고, 랜덤 포레스트로 학습해 봅시다. 입력하는 특징량의 차원이 늘어도, 학습과 관련된 코드에는 특별한 변경이 없습니다.

```
from sklearn.ensemble import RandomForestClassifier

classifier = RandomForestClassifier(random_state=42)
classifier.fit(X_dataset, y_dataset)
```

손글씨 숫자의 학습이 모두 끝났습니다. 이러한 64개의 화소에서 어떠한 화소가 중요한지 확인해 봅시다. scikit-learn의 RandomForestClassifier는 feature_importances_라는 멤버 변수에 특징량의 중요도가 저장되어 있습니다. 현재 예제에서는 특징량이 64개이므로, 특징량의 중요도도 64개 있습니다. matshow를 사용하여 시각화해 봅시다.

```
plt.gray()
plt.matshow(classifier.feature_importances_.reshape(8, 8))
```

64개의 요소를 가진 배열이므로, reshape(8, 8)을 통해 8×8 형태의 배열로 변환하고, 이를 시각화한 것입니다(그림 5-20). 밝은 부분(흰색)의 화소가 중요하다는 의미인데요. 양쪽 끝은 완전한 검은색으로 되어 있습니다(그만큼 중요도가 낮다는 의미입니다). 이는 손글씨 문자를 식별할 때 양쪽 끝의 화소는 큰 의미가 없다는 뜻입니다. 그림 5-18을 다시 보면, 양쪽 끝의 화소에는 손글씨가 딱히 그려져 있지 않습니다. 따라서 이런 부분은 보지 않더라도 어떤 숫자인지는 파악할 수 있을 것입니다.

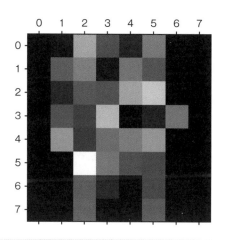

그림 5-20 각 요소(특징량)의 중요도 시각화하기

이처럼 랜덤 포레스트는 특징량의 중요도를 측정할 때 사용할 수 있습니다. 따라서 단순한 식별기뿐만 아니라 데이터 분석에도 많이 사용합니다.

6

데이터 평가 방법과 튜닝

지금까지 의사 데이터(Pseudo Data)로 식별기의 원리를 살펴보았습니다. 지금부터는 보다
실전과 같은 데이터를 다뤄 보면서, 데이터를 평가하는 방법과 튜닝하는 방법에 대해
서 알아보겠습니다.

1 기본적인 학습 흐름

 이번 절의 키워드 클리닝, 가공, 학습 전용 데이터, 테스트 전용 데이터

이번 절에서는 데이터 수집, 클리닝(가공), 학습, 평가, 추론을 차근차근 살펴보며, 머신러닝의 기본적인 학습 흐름을 살펴보도록 하겠습니다.

클리닝과 가공

머신러닝은 단순하게 fit으로 학습시켜서 되는 것은 아닙니다. 일단은 데이터를 수집해야 하며, 이렇게 수집한 데이터를 클리닝하고 가공하는 과정이 필요합니다.

클리닝이란 빠진 데이터를 채우거나 틀린 데이터를 제거하는 과정 등을 의미합니다. 가공이란 문자 데이터를 숫자 데이터로 변환하는 것 등을 의미합니다. 예를 들어 고객 데이터를 기반으로 상품의 수요를 예측한다고 해 봅시다. 식별기는 문자열을 인식하지 못하므로, 고객의 '성별'이라는 특징량을 '남성'과 '여성'이라는 문자열 그대로 사용할 수는 없습니다. 따라서 성별을 남자는 '0', 여자는 '1' 등으로 변환하는 과정이 필요합니다. 이 과정이 바로 가공입니다.

학습, 평가, 추론

이어서 학습을 수행하게 됩니다. 수집하고 클리닝한 데이터를 모두 학습하면 되는 것일까요? 아닙니다. 왜냐하면 추론하고 싶은 미지의 데이터(실제 데이터)만으로는 학습이 제대로 되었는지 판정할 수 없기 때문입니다. 검도를 혼자서 칼을 휘두르며 연습했다고, 실제 대회에서 다른 사람과 대련을 잘할 수 있는 것은 아닙니다. 미리 아는 사람

들과 대련해 보는 과정이 필요합니다.

머신러닝도 마찬가지입니다. 모든 데이터를 가지고 학습했다고, 실제 상황에서 제대로 작동한다고 보장할 수 있는 것은 아닙니다. 따라서 데이터를 학습 전용 데이터와 테스트 전용 데이터로 나누어 두고, 학습 전용 데이터로 학습하고 나서, 학습에 사용하지 않은 테스트 전용 데이터로 추론하고, 실제 답과 비교해 보며 추론의 정답률이 제대로 나오는지 구해 봐야 합니다. 만약 이때 정답률이 괜찮다면, 실제 상황에서도 제대로 작동할 것입니다.

이번 장에서는 테스트 전용 데이터를 분리하는 방법과 정답률을 자세히 살펴보고, 식별기를 튜닝하는 구체적인 방법 등을 알아보도록 하겠습니다.

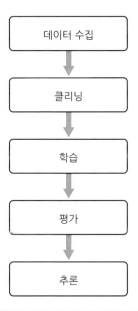

그림 6-1 머신러닝 흐름

2 학습과 테스트

 **이번 절의 키워드** 정규화, K-Fold, 크로스 밸리데이션

> 이번 절에서는 기존의 데이터 세트를 '학습에 사용할 것'과 '테스트(학습이 제대로 되었는지 확인할
> 때)에 사용할 것'으로 구분하는 방법을 알아보겠습니다. 또한, 가공되지 않은 데이터(Raw Data)
> 를 식별기에 입력할 수 있는 데이터 세트 형태로 만드는 방법도 간단하게 살펴보겠습니다.

BigQuery에서 데이터 세트 읽어 들이기

이번에는 더미^{Dummy} 데이터가 아닌 실제 데이터를 사용하겠습니다. 실제 데이터는 일
반적으로 데이터베이스에 저장하는 경우가 많습니다. GCP에서는 데이터를 BigQuery
에 저장해 두면 쉽게 SQL을 사용해서 분석할 수 있고, 머신러닝 기반으로 데이터를 읽
어 들여 분석할 수도 있습니다.

따라서 실무처럼 BigQuery에 저장된 데이터를 읽어 들여 학습에 사용하는 형태로 알
아봅시다. 이 책의 샘플 코드 리포지터리를 보면, datasets 디렉터리에 wdbc.csv라는 파
일이 있습니다. 이를 BigQuery 테이블로 등록합시다. 테이블로 등록할 때는 다음과 같
은 코드를 사용합니다.

```
# testdataset라는 데이터 세트 만들기
!bq mk testdataset

# wdbc 테이블 만들기
!bq load --autodetect testdataset.wdbc ../datasets/wdbc.csv
```

BigQuery 테이블을 만드는 방법은 1장 '6. BigQuery' 참고

이어서 pandas를 사용해서, 이 테이블을 읽어 들입니다.

```
import pandas as pd

# BigQuery 쿼리 결과를 DataFrame으로 읽어 들이기
query = 'SELECT * FROM testdataset.wdbc ORDER BY index'
dataset = pd.read_gbq(project_id='PROJECTID', query=query)

# 상위 데이터 5개만 출력해 보기
dataset.head()
```

이를 실행하면, 다음과 같은 테이블이 출력됩니다.

```
   index diagnostic mean_radius mean_texture ...생략
0   8670    M          15.46        19.48    ...생략
1   8913    B          12.89        13.12    ...생략
2   8915    B          14.96        19.10    ...생략
3   9047    B          12.94        16.17    ...생략
4  85715    M          13.17        18.66    ...생략
5 rows × 32 columns
```

데이터가 무엇인지 간단하게 설명하겠습니다. 이는 유방암 진단 데이터입니다. 세포 조직을 채취해서 다양한 요소를 수치화한 것입니다. 그리고 진단 결과가 '악성' 또는 '양성'인지 레이블이 붙어 있습니다. 따라서 세포 조직의 특징량을 기반으로, '악성' 또는 '양성'을 식별하는 '두 가지 클래스를 식별하는 문제'라고 할 수 있습니다.

이 데이터는 '캘리포니아 대학교 어바인'의 머신러닝 샘플 데이터 리포지터리에서 내려받을 수 있습니다.[9]

---

9 http://archive.ics.uci.edu/ml/index.php

데이터 가공하기

이 데이터를 학습에 곧바로 활용할 수는 없습니다. 악성/양성을 나타내는 레이블 'diagnostic'이 'M'(Malignant, 악성), 'B'(Benign, 양성)라는 문자열로 적혀 있기 때문입니다. 따라서 이러한 레이블을 숫자로 변환합시다. 또한, 'index'라는 이름의 열은 단순히 ID 를 나타내는 열이므로 제거하겠습니다.

```
# 'M'을 0, 'B'를 1로 변환하기
dataset['diagnostic'] = dataset['diagnostic'].apply(
  lambda x: 0 if x == 'M' else 1)

# 'index' 열 제거하기
dataset.drop('index', axis=1, inplace=True)
```

악성을 나타내는 'M'을 0, 양성을 나타내는 'B'를 1로 변경했습니다. 물론 이는 마음 대로 정한 것이므로, 원한다면 반대로 지정해도 상관없습니다. 이어서 데이터 세트를 pandas의 DataFrame 형식에서 array로 변환합니다. scikit-learn은 DataFrame도 데이터 세트로 다룰 수 있지만, 여러 종류의 유틸리티를 함께 사용하는 경우 문제가 발생할 수 있으므로 array로 통일해서 사용하겠습니다.

```
# DataFrame에서 array로 변환하기
X_dataset = dataset.drop('diagnostic', axis=1).as_matrix()
y_dataset = dataset.diagnostic.as_matrix()
```

DataFrame에서 array로 변환할 때는 as_matrix( )를 사용합니다. 레이블 데이터(y_ dataset)은 레이블을 나타내는 열(Series)만 추출했고, 특징량(X_dataset)은 레이블을 제 외한 나머지만 추출했습니다.

학습 데이터와 테스트 데이터 분할하기

데이터 세트를 학습 전용과 테스트 전용으로 분할할 때는 train_test_split()을 사용합니다. 이때 특징량과 레이블을 나타내는 데이터 세트를 매개변수로 전달하기만 하면 됩니다. 다음 코드에서는 학습 전용 특징량 데이터와 레이블 데이터를 X_train과 y_train으로, 테스트 전용을 X_test와 y_test라는 이름으로 지었습니다. 또한, 매개변수 test_size에 0.2를 설정해서, 원래 데이터에서 20%를 테스트 전용 데이터의 크기로 설정했습니다.

```
from sklearn.model_selection import train_test_split

# 학습 전용 데이터와 테스트 전용 데이터 구분하기
X_train, X_test, y_train, y_test = train_test_split(
  X_dataset, y_dataset, test_size=0.2, random_state=42)
```

이어서 학습입니다. 학습은 지금까지와 마찬가지로 fit을 사용합니다. 그런데 이어서 score라는 메서드를 사용했습니다. 이는 매개변수로 전달된 특징량을 기반으로 추론하고, 함께 전달된 레이블과 비교해서 정답률을 구하는 메서드입니다.

이때 중요한 것은 학습 전용 데이터를 fit 메서드로 학습하고, 테스트 전용 데이터를 score 메서드로 정답률을 구한다는 것입니다. 계속해서 반복하지만, 머신러닝에서는 학습에 사용하지 않은 미지의 데이터에 대해 어느 정도의 정답률이 나오는지는 굉장히 중요한 요소입니다.

```
from sklearn.ensemble import RandomForestClassifier

# 식별기 인스턴스 만들기
classifier = RandomForestClassifier(random_state=42)

# 학습 전용 데이터로 학습하기
classifier.fit(X_train, y_train)

# 테스트 전용 데이터로 추론하고, 정답률 계산하기
classifier.score(X_test, y_test)
```

실행하면 다음과 같이 출력합니다.

```
0.92982456140350878
```

약 93%의 정답률입니다. 현재 예제에서는 식별기로 랜덤 포레스트를 사용했는데, 다음 식별기로도 테스트해 봅시다.

```python
from sklearn.svm import SVC

# 식별기 인스턴스 만들기
classifier = SVC()

# 학습 전용 데이터로 학습하기
classifier.fit(X_train, y_train)

# 테스트 전용 데이터로 추론하고 정답률 구하기
classifier.score(X_test, y_test)
```

SVM을 사용하면 어떨까요? 출력 결과는 다음과 같습니다.

```
0.59649122807017541
```

59.6%가 나왔습니다. 이는 SVM의 성능이 나쁘다는 이야기가 아니라, 특징량 범위 차이의 영향입니다. 데이터를 다시 살펴보면, 예를 들어 'mean_area'는 1000을 넘는 값이 있지만, 'mean_smoothness'는 1보다 작은 값으로 되어 있습니다.

SVM과 로지스틱 회귀의 원리를 떠올려 봅시다. 식별 경계를 만드는 직선의 각도를 변경시키면서 학습하는 것이었습니다. 따라서 가로축과 세로축의 데이터 분포가 크게 다르면, 직선의 각도를 제대로 조정할 수 없습니다(그림 6-2).

이때 특징량의 범위를 0부터 1로 변환한다면, 직선의 각도를 쉽게 조정할 수 있게 됩니다(그림 6-3). 이렇게 0 ~ 1처럼 결정된 범위로 값을 변경하는 과정을 정규화Normalize라고 부릅니다.

반면 랜덤 포레스트는 하나의 특징량에 대해 값이 큰지/작은지 질문을 반복하는 결정 트리를 기반으로 만들어지므로, 데이터가 가로축과 세로축으로 넓게 벌어져 있는지와 크게 상관없습니다.

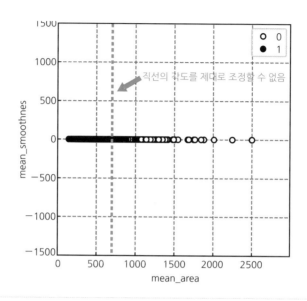

그림 6-2 범위가 크게 차이나는 경우

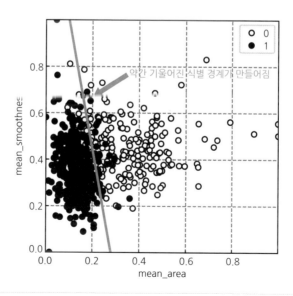

그림 6-3 범위가 같은 경우

특징량의 범위를 비슷하게 조정하면, 이처럼 문제를 해결할 수 있습니다.

scikit-learn은 범위를 조정하는 유틸리티 클래스를 여러 가지 제공합니다. 이번에는 한 번 MinMaxScaler를 사용해 봅시다. 이는 단순하게 최솟값을 0으로, 최댓값을 1로 조정해 주는 기능을 가지고 있습니다.

```python
from sklearn.preprocessing import MinMaxScaler

# 최댓값이 1, 최솟값이 0이 되게 특징량 스케일하기
scaler = MinMaxScaler()
X_train = scaler.fit_transform(X_train)
X_test = scaler.transform(X_test)

# 다시 학습하고 추론하기
classifier.fit(X_train, y_train)
classifier.score(X_test, y_test)
```

MinMaxScaler의 사용 방법은 굉장히 간단합니다. fit으로 전달할 데이터를 미리 transform으로 변환하기만 하면 됩니다. 이때 fit_transform을 사용하면, 조정했던 내용을 기억하게 만들 수 있습니다. 조정한 상태에서 다시 SVM을 학습하고 추론했을 때의 정답률은 다음과 같습니다.

역주 X_train과 X_test에 있는 데이터는 범위가 다를 수 있습니다. 그냥 transform만 적용하면, 조정 범위가 달라질 수 있습니다. 따라서 같은 종류의 데이터를 변환할 때는 일단 fit_transform으로 조정한 뒤 이때의 최솟값과 최댓값을 저장하고, 이후에 transform을 다른 데이터에 적용해서 범위를 맞춥니다. 자주 사용하는 형태이므로 꼭 기억해 두세요.

```
0.9473684210526315
```

조정하지 않았을 때는 59.6%였지만, 조정한 후에는 94.7%의 정답률이 나옵니다. 랜덤 포레스트의 정답률과 거의 비슷합니다. 이처럼 학습 때에는 데이터의 범위에도 꼭 주의를 기울이기 바랍니다.

K-Fold 크로스 밸리데이션

데이터 세트를 학습 전용과 테스트 전용으로 분할하는 방법은 굉장히 많습니다. 이 중에서 K-Fold라는 방법을 살펴봅시다. K-Fold는 데이터 세트를 K개로 분할하고, 이 중에서 하나를 테스트 전용으로 사용하고 나머지를 학습 전용으로 사용하는 방법입니다. K-Fold를 사용하면, 일반적으로 테스트를 한 번만 하지 않고 분할한 만큼(K번) 테스트 합니다. 예를 들어 데이터를 4개로 분할했다면, 테스트를 4번 한다는 의미입니다.

 역주 그림 6-4에 있는 형태처럼 4개로 분할되므로, 각각의 경우에 해당하는 학습 전용 데이터와 테스트 전용 데이터를 사용해 4번 학습하고 4번 테스트합니다.

이처럼 테스트해서 식별기와 매개변수의 타당성을 측정하는 방법을 크로스 밸리데이션(Cross Validation, 교차 검증)이라고 부릅니다.

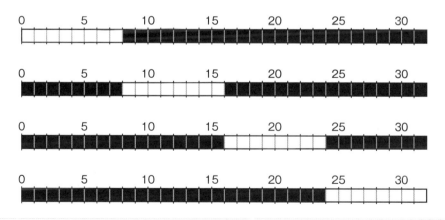

그림 6-4 32개의 데이터를 4개로 분할하는 예 (검은색이 학습 전용, 흰색이 테스트 전용)

그림처럼 32개의 데이터를 4개로 분할하는 코드를 살펴봅시다. K-Fold는 sklearn. model_selection 모듈에 있는 KFold로 사용합니다.

n_splits의 매개변수에 분할 수로 4를 입력해서 인스턴스를 만듭니다. 이어서 split 메서 드로 데이터 세트를 전달하면, 학습 전용 데이터와 테스트 전용 데이터의 인덱스를 반 환합니다. 이를 matshow로 시각화해서, 어떠한 형태로 배열이 만들어지는지 확인해 봅시다.

```python
from sklearn.model_selection import KFold
import matplotlib.pyplot as plt

# 데이터를 4개로 분할하게 만들기
kf = KFold(n_splits=4, random_state=42, shuffle=False)
test_data = np.zeros(32)

# 학습 전용과 테스트 전용으로 분할된 배열의 인덱스 추출하기
for train_index, test_index in kf.split(test_data):
    # test_index에 해당하는 인덱스만 1로 만들고, 나머지는 0으로 설정하기
    dat = np.zeros(32)
    dat[test_index] = 1

    # 데이터를 그래프에 그리기
    plt.gray()
    plt.matshow(dat.reshape(1, 32), extent=[0, 32, 0, 1])
    plt.gca().set_yticks([])
    plt.gca().set_xticks(range(32), minor='true')
    plt.grid(which='minor')
    plt.show()
```

KFold의 매개변수에 shuffle이라는 것이 있다는 것을 인지한 독자가 있을 것입니다. 이 는 데이터 세트를 4개로 분할할 때, 무작위로 섞는다는 의미입니다. 설정을 True로 지 정하면, 그림 6-5처럼 됩니다. 데이터 세트는 일반적으로 날짜 순서, 저장 순서 등의 순 서를 갖게 됩니다. 이러한 순서가 있는 상태에서 테스트 기간을 선택하다 보면, 편향된 데이터를 학습해 버릴 수 있습니다. 하지만 이처럼 무작위로 학습 기간을 선택하면, 그러한 편향을 줄일 수 있습니다.

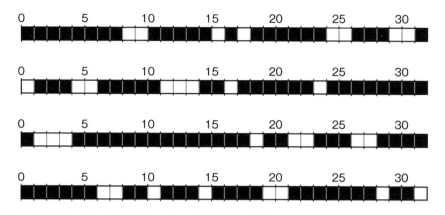

그림 6-5 4개로 셔플 분할한 상태

그럼 K-Fold를 사용해 SVM을 크로스 밸리데이션해 봅시다. 다음은 셔플을 적용해서 4개로 분할하고, 각각의 정답률을 구하는 코드입니다.

```
# 식별기 인스턴스 만들기
classifier = SVC()

kf = KFold(n_splits=4, random_state=42, shuffle=True)
for train_index, test_index in kf.split(X_dataset):
    # 데이터 세트를 학습 전용과 테스트 전용으로 구분하기
    X_train, X_test = X_dataset[train_index], X_dataset[test_index]
    y_train, y_test = y_dataset[train_index], y_dataset[test_index]

    # 최댓값이 1, 최솟값이 0이 되게 특징량 스케일하기
    scaler = MinMaxScaler()
    X_train = scaler.fit_transform(X_train)
    X_test = scaler.transform(X_test)

    # 학습하고 정답률 구하기
    classifier.fit(X_train, y_train)
    print(classifier.score(X_test, y_test))
```

결과는 다음과 같습니다.

```
0.937062937063
0.93661971831
0.964788732394
0.943661971831
```

이전 절에서 나왔던 94.7%라는 정답률은 꽤 높은 것이었습니다. 다만 현재 결과를 보면, 낮은 경우에도 93% 정도의 정답률이 나오므로 큰 차이는 아니며, 학습기와 매개변수가 적당하게 설정되어 있다는 것을 알 수 있습니다. 만약 어떤 하나가 85%가 나왔다면 무언가 문제가 발생했다는 의미이므로 식별기와 매개변수를 조정해야 합니다.

물론 현재 정답률이 마음에 들지 않을 수 있습니다. 95% 이상의 정답률이 필요하다면, 마찬가지로 식별기와 매개변수를 조정해야 할 것입니다. 이처럼 학습과 테스트를 한 번만 하기 보다는 K-Fold를 사용해 여러 번의 학습과 테스트를 반복하면, 훨씬 타당한 결론을 얻을 수 있습니다. 중요한 내용이므로 꼭 기억해 두기 바랍니다.

3 데이터 평가하기

 이번 절의 키워드 · 컨퓨전 매트릭스

> 지금까지 데이터 세트를 학습 전용과 테스트 전용으로 나누어서, 학습 전용 데이터로 학습하고 테스트 전용 데이터로 추론해서 정답률을 구했습니다. 이번 절에서는 이러한 데이터 평가 방법과 관련된 내용을 조금 더 자세하게 살펴보겠습니다.

정답률의 함정

정답률에는 함정이 있을 수 있습니다. 어떤 함정인지 눈으로 직접 살펴보는 것이 좋을 것 같습니다. 실제로 코드를 작성해서 테스트해 봅시다. 다음과 같이 2-클래스의 데이터 세트를 만듭니다. 이 데이터와 관련된 설명은 이후에 하도록 하겠습니다.

```
import numpy as np
np.random.seed(42)

# 더미 데이터 만들기
X_dataset = np.random.rand(1000, 2)
y_dataset = np.random.randint(10, size=1000) // 9
```

이러한 데이터 1000개를 학습 전용 80%와 테스트 전용 20%로 구분한 뒤, SVM으로 학습하고 추론해 봅시다.

```
from sklearn.model_selection import train_test_split
from sklearn.svm import SVC
```

```
# 학습 전용 데이터와 테스트 전용 데이터 구분하기
X_train, X_test, y_train, y_test = train_test_split(
    X_dataset, y_dataset, test_size=0.2, random_state=42)

# 학습하고 추론하기(정답률 구하기)
classifier = SVC()
classifier.fit(X_train, y_train)
classifier.score(X_test, y_test)
```

출력은 다음과 같습니다.

```
0.92500000000000004
```

정답률 92.5%입니다. 어느 정도 잘 식별했습니다. 그럼 추론한 결과는 어떻게 나왔을까요?

```
# 테스트 전용 데이터 세트로 추론하기
classifier.predict(X_test)
```

출력은 다음과 같습니다.

```
array([0, 0, 0, 0, 0, 0, 0, 0, 0, 0, 0, 0, 0, 0, 0, 0, 0, 0, 0, 0, 0,
    ...생략...
    0, 0, 0, 0, 0, 0, 0, 0, 0, 0, 0, 0, 0, 0, 0, 0])
```

모든 레이블이 0으로 추론되었습니다. 두 개의 클래스를 가진 데이터 세트이므로, 0과 1이라는 레이블이 있어야 할텐데, 어떻게 된 것일까요? 이는 이전에 언급했던 것처럼 데이터 세트 때문입니다. 데이터 세트를 그래프에 그려 보면 그림 6-6과 같습니다.

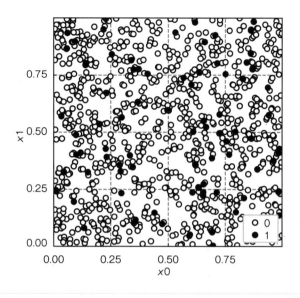

그림 6-6 무작위로 생성한 2-클래스 데이터 세트

대부분의 데이터가 레이블 0인 어떠한 경향도 없는 데이터입니다. 현재 데이터는 NumPy의 rand와 randint라는 난수 생성 함수로 만든 데이터입니다. 그리고 randint로 0부터 9까지의 정수를 만들고, 브로드캐스트를 사용해 9로 나누어 레이블 0이 90%, 레이블 1이 10%가 되게 생성했습니다. 따라서 경향이라는 것 자체가 없는 것입니다.

아무리 노력해도 식별 경계를 정할 수 없으므로, 식별기는 손실이 최대한 적게 되는 위치(모든 레이블이 0이 되는 위치)에 식별 경계를 만듭니다. 90%가 레이블 0이므로, 90%의 데이터에서는 손실이 적게 나는 것입니다.

굉장히 극단적인 예지만, 각각의 레이블 비율이 일정하지 않은 것은 현실에 있는 데이터에서도 충분히 발생할 수 있는 일입니다. 이러한 '함정'을 알아보고 피하려면 어떻게 해야 할까요?

컨퓨전 매트릭스

이전 예를 다시 이야기해 보면, 레이블 0과 레이블 1이 있는데, 추론 결과가 모두 클래스 0이 된다는 문제가 있었습니다. 전체 정답률만 보지 말고 원래 레이블과 추론 결과 레이블의 조합을 표로 만들면, 이러한 '함정'에 빠지지 않을 수 있습니다. 예를 들어 다음과 같은 표를 만들어 봅시다.

		식별기의 추론 결과 클래스	
		0	1
원래 클래스	0	185	0
	1	15	0

테스트 전용 데이터는 train_test_split으로 전체 1000개에서 20%를 사용하게 했으므로, 모두 200개입니다. 원래 클래스와 추론한 클래스가 모두 0인 경우는 185개입니다. 따라서 이는 정답률 100%라는 의미입니다. 반면 원래 클래스와 추론한 클래스가 모두 1인 경우는 0개입니다. 따라서 정답률이 0%라는 것입니다. 이를 정리해 보면 다음과 같습니다.

- 원래 클래스 0, 추론한 클래스 0 → 제대로 된 식별: 185개

- 원래 클래스 0, 추론한 클래스 1 → 잘못된 식별: 0개

- 원래 클래스 1, 추론한 클래스 0 → 잘못된 식별: 15개

- 원래 클래스 1, 추론한 클래스 1 → 제대로 된 식별: 0개

이와 같은 표를 만들면 클래스가 제대로 식별되고 있는지 한눈에 쉽게 알 수 있습니다. 이러한 표를 컨퓨전 매트릭스Confusion Matrix라고 부릅니다.

scikit-learn으로 컨퓨전 매트릭스 만들기

이전에 사용한 유방암 데이터 세트로 컨퓨전 매트릭스를 만들어 봅시다. 학습과 추론을 하는 부분까지는 같은 코드를 사용합니다.

```python
import pandas as pd
from sklearn.model_selection import train_test_split
from sklearn.preprocessing import MinMaxScaler
from sklearn.svm import SVC

# BigQuery 쿼리 결과를 DataFrame으로 읽어 들이기
query = 'SELECT * FROM testdataset.wdbc ORDER BY index'
dataset = pd.read_gbq(project_id='PROJECTID', query=query)

# 'M'을 0, 'B'를 1로 변환하기
dataset['diagnostic'] = dataset['diagnostic'].apply(
  lambda x: 0 if x == 'M' else 1)

# 'index' 열 제거하기
dataset.drop('index', axis=1, inplace=True)

# DataFrame에서 array로 변환하기
X_dataset = dataset.drop('diagnostic', axis=1).as_matrix()
y_dataset = dataset.diagnostic.as_matrix()

# 학습 전용 데이터와 테스트 전용 데이터 구분하기
X_train, X_test, y_train, y_test = train_test_split(
  X_dataset, y_dataset, test_size=0.2, random_state=42)

# 최댓값이 1, 최솟값이 0이 되게 특징량 스케일하기
scaler = MinMaxScaler()
X_train = scaler.fit_transform(X_train)
X_test = scaler.transform(X_test)

# 학습과 추론하기
classifier = SVC()
classifier.fit(X_train, y_train)
classifier.score(X_test, y_test)
```

정답률은 94.7%입니다. 컨퓨전 매트릭스는 다음과 같이 만들 수 있습니다.

```python
from sklearn.metrics import confusion_matrix

# 추론 실행하기
y_pred = classifier.predict(X_test)

# 컨퓨전 매트릭스 만들기
confusion_matrix(y_test, y_pred)
```

sklearn.metrics 모듈의 confusion_matrix를 사용했습니다. 매개변수로는 테스트 전용 레이블 리스트와 추론 결과 리스트를 전달합니다. 출력은 다음과 같습니다.

```
array([[41,  5],
       [ 1, 67]])
```

원래 클래스와 추론한 클래스가 모두 0인 경우는 41, 원래 클래스와 추론한 클래스가 모두 1인 경우는 67이라고 나왔습니다. 원래 클래스가 0이고, 추론한 클래스가 1인 것은 5개 있습니다. 이는 잘못 식별된 것이지만, 두 가지 클래스 모두 어느 정도 잘 맞추기는 한다라고 생각할 수 있습니다.

하지만 굉장히 큰 문제가 있습니다. 만약 데이터가 유방암 진단 데이터였다고 생각해 봅시다. 클래스 0은 'M'으로 악성, 클래스 1은 'B'로 양성입니다. 이때 잘못된 5개는 '악성인데, 양성으로 잘못 판단한 경우'가 되어 버립니다.

물론 '양성인데, 악성으로 잘못 판단한 경우'는 큰 문제는 아닙니다. 이는 이후 정밀 검사 때 식별이 잘못되었다는 것을 알 수 있으니까요. 이처럼 머신러닝의 성능을 판단할 때는, 클래스의 개별적인 정답률도 고려해야 한다는 것도 기억하기 바랍니다.

4 매개변수 튜닝하기

 이번 절의 키워드 그리드 서치, 랜덤 서치

> 보다 높은 정답률이 필요한 경우, 식별기를 바꿔보는 것도 방법이지만 하이퍼 파라미터를 튜닝
> 하는 것도 굉장히 중요합니다. 앞에서도 언급했지만 하이퍼 파라미터란, 사람이 직접 설정해야
> 하는 매개변수를 의미합니다. 지금까지 살펴보았던 '학습률', SVM의 'C'와 'gamma' 등이 하이
> 퍼 파라미터입니다. 이번 절에서는 이러한 매개변수를 어떻게 하면 적절하게 설정할 수 있는지
> 에 대해서 살펴보겠습니다.

그리드 서치

가장 단순 명쾌한 하이퍼 파라미터 튜닝 방법은 그리드 서치Grid Search입니다. 그리드 서
치는 여러 매개변수를 격자 모양으로 결합하여 가장 정답률이 높은 것을 사용하는 방
법입니다. 예를 들어 SVM의 C를 [0.1, 1.0, 10.0]으로 3가지 종류, gamma를 [0.1, 0.5,
1.0]으로 3가지 종류를 두고 조합한다면, 다음과 같은 표로 나타낼 수 있습니다. 3×3이
므로 전부 9개의 조합을 만들 수 있습니다.

표 6-1 매개변수 조합 예

	C=0.1	C=1.0	C=10.0
gamma=0.1	C=0.1, gamma=0.1	C=1.0, gamma=0.1	C=10.0, gamma=0.1
gamma=0.5	C=0.1, gamma=0.5	C=1.0, gamma=0.5	C=10.0, gamma=0.5
gamma=1.0	C=0.1, gamma=1.0	C=1.0, gamma=1.0	C=10.0, gamma=1.0

그럼 그리드 서치를 실행하는 코드를 구현해 봅시다. 이번에도 유방암 데이터 세트를
사용하겠습니다. 데이터를 읽어 들이는 부분은 바로 앞 절을 참고하세요. 그리드 서치

는 sklearn.model_selection 모듈의 GridSearchCV를 사용합니다.

```
from sklearn.model_selection import GridSearchCV

# 그리드 매개변수 정의하기
params = {'C': [0.1, 1.0, 10.0],
          'gamma': [0.1, 0.5, 1.0]
         }

# 학습기 인스턴스와 그리드 매개변수 전달하기
gs = GridSearchCV(classifier, params)

# 그리드 서치 실행하기
gs.fit(X_train, y_train)

# 가장 성능이 좋은 매개변수로 테스트하기
gs.score(X_test, y_test)
```

일단 그리드 서치를 실행할 매개변수를 정의합니다. GridSearchCV에서는 '매개변수의 이름'과 '해당 매개변수의 범위'를 key-value로 정의합니다. 이렇게 하면 표 6-1과 같은 조합이 만들어집니다. 이어서 GridSearchCV에 식별기 인스턴스를 전달합니다. 별도로 지정하지 않은 매개변수는 인스턴스의 설정을 그대로 사용합니다. 예를 들어 다음 코드를 살펴봅시다.

```
classifier = SVC(kernel='rbf')
gs = GridSearchCV(classifier, params)
```

이러한 코드라면 C와 gamma는 변경되지만, kernel의 값은 "rbf"로 고정됩니다. 또한, GridSearchCV는 일반적인 식별기 인스턴스처럼 fit과 score를 사용할 수 있습니다. 이 때의 score에는 가장 성능이 좋은 매개변수가 사용됩니다. 실행 결과는 다음과 같습니다.

```
0.98245614035087714
```

이전에는 94.7%의 정답률이 나왔지만, 이번에는 조금 정답률이 향상된 모습을 볼 수 있습니다. 어떤 매개변수가 가장 좋았던 것일까요? gs.grid_scores_에 결과가 리스트로 저장되어 있습니다.[10]

```
[mean: 0.88571, std: 0.02019, params: {'C': 0.1, 'gamma': 0.1},
 mean: 0.94725, std: 0.00509, params: {'C': 0.1, 'gamma': 0.5},
 mean: 0.95604, std: 0.00845, params: {'C': 0.1, 'gamma': 1.0},
 mean: 0.95824, std: 0.00325, params: {'C': 1.0, 'gamma': 0.1},
 mean: 0.97582', std: 0.00631, params: {'C': 1.0, 'gamma': 0.5},
 mean: 0.97582, std: 0.01131, params: {'C': 1.0, 'gamma': 1.0},
 mean: 0.97582, std: 0.00631, params: {'C': 10.0, 'gamma': 0.1},
 mean: 0.97582, std: 0.00834, params: {'C': 10.0, 'gamma': 0.5},
 mean: 0.97802, std: 0.00832, params: {'C': 10.0, 'gamma': 1.0}]
```

9가지 매개변수와 그때의 정답률이 나오는데, 'mean'과 'std'는 무슨 의미일까요? 이는 '평균'과 '분산'이라는 의미입니다. 사실 GridSearchCV의 'CV'는 Cross Validation을 줄인 것입니다. 따라서 그리드 서치뿐만 아니라, 크로스 밸리데이션까지 수행해 주는 것입니다. 기본적으로 3-Fold 크로스 밸리데이션을 수행하여, 3번의 평가에서 평균 정답률과 분산을 구해 줍니다.

현재 조합에서는 C=10.0, gamma=1.0이 가장 정답률 평균이 높고 분산이 작으므로, 이 조합이 가장 좋은 매개변수라고 할 수 있습니다. 가장 좋은 매개변수만 확인하고 싶은 경우에는 gs.best_params_를 사용합니다.

---

10 보다 자세한 결과는 cv_results_를 확인하면 알 수 있습니다. 현재 코드에서는 간단하게 확인하고자 grid_scores_를 사용했습니다.

조합을 시각화하기

하이퍼 파라미터는 사람이 설정하는 것이지만, 결과가 숫자의 나열로 나온다면 사람이 눈으로 이해하기 약간 어려울 수 있습니다. 이러한 경우에는 히트맵을 사용하면 굉장히 편리합니다. 그럼 그리드 서치의 범위를 약간 늘린 뒤, 매개변수에 따른 경향을 확인해 봅시다.

```python
params = {'C': np.arange(5, 50, 5),
          'gamma': np.arange(0.01, 1.0, 0.1)
         }

# 학습기 인스턴스와 그리드 매개변수 전달하기
gs = GridSearchCV(classifier, params)

# 그리드 서치 실행하기
gs.fit(X_train, y_train)
```

그리드 서치의 결과는 gs.cv_results_에 저장되어 있지만, dict 자료형을 그래프로 그릴 수는 없으므로 일단 DataFrame으로 변환합니다. 그리고 나서 pivot을 사용해서 C와 gamma에 따른 score 행렬을 만듭니다.

히트맵 그래프를 그릴 때는 seaborn을 사용합니다. 그래프 결과는 **그림 6-7**과 같습니다. 이처럼 히트맵을 만들면, C=10.0 근처에서 정답률이 높게 나온다는 것을 쉽게 확인할 수 있습니다. 한편, gamma와 C가 모두 높은 경우(그림의 오른쪽 아래)는 정답률이 제대로 나오지 않습니다. 만약 좀 더 자세히 찾는다면, C=10.0 근처에서 추가로 세부 검색을 하는 것이 좋을 것입니다. 이처럼 히트맵을 만들면 튜닝의 방향을 쉽게 잡아 나갈 수 있습니다.

학습률처럼 값을 변경하면 학습 시간도 변경되는 하이퍼 파라미터를 그리드 서치하는 경우에는 전체 학습 시간을 예측하기 어렵기 때문에 주의해야 합니다. 처음에는 매개변수의 범위를 너무 넓게 잡지 말고, 어느 정도 예측할 수 있는 범위로 잡거나, 랜덤 서치를 사용하는 것이 좋을 수도 있습니다.

```
import seaborn as sns

# 딕셔너리를 DataFrame으로 변환하기
df = pd.DataFrame(gs.cv_results_)

# C와 gamma의 값으로 score 행렬 만들기
hm = df.pivot('param_C', 'param_gamma', 'mean_test_score')

# 히트맵 그리기
sns.heatmap(hm, annot=True)
```

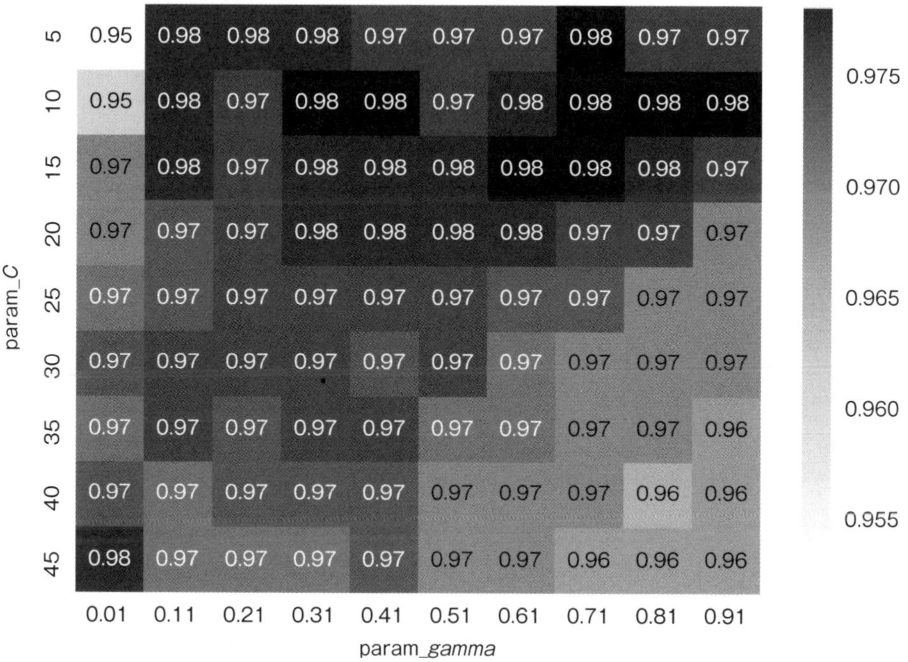

그림 6-7 정답률 히트맵

랜덤 서치

그리드 서치는 조합 수만큼 학습을 반복해야 하므로, 검색해야 하는 매개변수가 많은 경우 또는 데이터 세트가 큰 경우에는 시간이 굉장히 오래 걸립니다. 이럴 때는 그리드 서치 대신 검색할 매개변수의 조합을 무작위로 추출하는 랜덤 서치Random Search를 많이 사용합니다.

랜덤 서치는 굉장히 간단하게 사용할 수 있습니다. GridSearchCV를 Randomized SearchCV로 변경하기만 하면 됩니다. 매개변수도 그리드 서치와 마찬가지로 조합을 전달합니다. RandomizedSearchCV는 이러한 조합 중에서 무작위로 n_iter 수만큼 선택한 뒤, 학습을 실행합니다.

```python
from sklearn.model_selection import RandomizedSearchCV

params = {'C': np.arange(5, 50, 5),
          'gamma': np.arange(0.01, 1.0, 0.1)
          }

# 학습기 인스턴스와 그리드 매개변수 전달하기
rs = RandomizedSearchCV(classifier, params, n_iter=10, random_state=42)

# 랜덤 서치 실행하기
rs.fit(X_train, y_train)

# 가장 성능이 좋은 매개변수로 테스트하기
rs.score(X_test, y_test)
```

GridSearchCV와 마찬가지로 히트맵을 그려 보면 그림 6-8과 같습니다. GridSearchCV는 9× 10의 격자 모두에 정답률이 그려졌지만, RandomizedSearchCV는 n_iter로 설정한 10개만큼만 정답률이 구해졌다는 것을 알 수 있습니다. RandomizedSearchCV에서 random_ state를 제거하고 여러 번 실행해 보세요. 선택되는 매개변수가 실행할 때마다 바뀌는 것을 볼 수 있을 것입니다.

현재 예를 보면 90가지의 조합에서 10개만 학습하고 정답률을 구하므로, 단순하게 시간이 1/9로 줄어든다고 할 수 있습니다. 물론 탐색 범위가 좁아져서 정답률이 약간 감소할 수 있습니다. 따라서 '시간 감소'와 '정답률 감소'의 적당한 균형을 찾아 활용하는 것이 좋습니다.

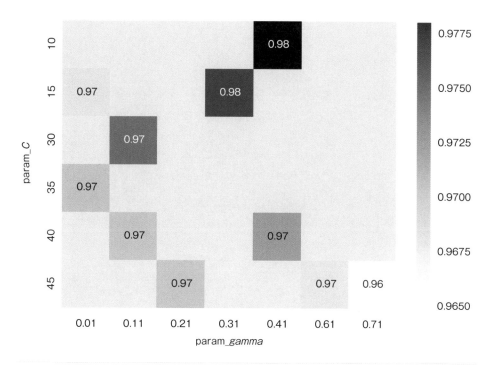

그림 6-8 정답률 히트맵 (무작위로 10개 선택)

데이터 세트에 데이터가 굉장히 많아서 학습에 시간이 오래 걸리는 경우, 랜덤 서치를 제대로 사용하기 어렵습니다. 이러한 경우에는 하이퍼 파라미터 검색에 조금 다른 방법을 사용해야 합니다. 최근에는 베이즈 최적화 등을 사용해서 효율적으로 하이퍼 파라미터를 검색하는 방법이 연구되고 있습니다. 관심이 있다면 관련된 내용을 찾아보기 바랍니다.

Part

3

딥러닝 입문

Part 2에서는 식별이란 무엇인가로 시작해서, 다양한 식별기의 차이점에 대해 알아보았습니다. 이제부터는 딥러닝(심층 학습)에 대해 살펴봅시다. "어려운 내용을 시작하는구나"하며 걱정하는 독자도 있을 것입니다. 하지만 우리는 지금까지 딥러닝의 기초가 되는 대부분의 것들을 살펴보았습니다. 왜냐하면 딥러닝도 머신러닝의 일부이기 때문입니다. 이번 Part에서는 딥러닝이 지금까지 배웠던 것들과 무엇이 다른지, 차근차근 설명하도록 하겠습니다.

7

딥러닝 기초

딥러닝은 대체 무엇이 좋은 것일까요? 일반적으로 간단하게 '비구조화 데이터를 쉽게 처리할 수 있다'라는 것을 강점이라고 내세웁니다.

비구조화 데이터란 이미지 또는 음성처럼 특징이 '사람의 감각으로 파악할 수 있는 데이터'라고 할 수 있습니다. 예를 들어 "이 사진은 고양이의 뒷모습이네" 또는 "이 소리는 인성씨의 목소리네"라는 특징을 가진 데이터를 말합니다.

반면 구조화 데이터란 '털의 길이가 5cm이다' 또는 '주파수가 2000Hz이다'처럼 '수치를 엑셀과 같은 표로 정리할 수 있는 데이터'를 나타냅니다. Part 2에서 살펴보았던 유방암 데이터 세트도 수치가 표로 정리되어 있었으므로 구조화 데이터였습니다.

이번 장에서는 비구조화 데이터의 대표적인 예로 이미지 식별을 다루고, 이를 기반으로 딥러닝에 대해서 알아보겠습니다.

1 이미지 식별하기

 이번 절의 키워드) 구조화 데이터, 비구조화 데이터

이미지 식별이란 고양이 이미지라면 '고양이'라는 레이블, 자동차 이미지라면 '자동차'라고 레이블을 붙이는 것입니다. 지금까지는 클래스가 0 또는 1처럼 두 가지 종류인 것을 살펴보았습니다. N-클래스를 식별할 때도 학습 시점에서 클래스 수를 결정해야 했습니다. 이는 이미지 식별을 할 때도 마찬가지입니다. 따라서 '고양이 식별'이 가능하다는 것은 정확하게 '고양이인지 또는 고양이가 아닌지를 나누는 2-클래스 식별 문제' 또는 '고양이, 자동차, 꽃, … 을 나누는 N-클래스 식별 문제'를 푼다는 것입니다. 따라서 지금까지 배웠던 것과 크게 다르지 않습니다.

이미지의 식별 경계

이미지를 클래스로 식별한다는 것은, 마찬가지로 어딘가 식별 경계가 있다는 의미입니다. 이는 지금까지 배웠던 식별과 같습니다. 이미지도 식별 경계만 제대로 만들면 식별할 수 있습니다. 그런데 어떻게 식별 경계를 만들 수 있을까요? 다음과 같이 이미지를 변환하면, 지금까지 배운 식별 방법으로 식별 경계를 만들 수 있지 않을까요?

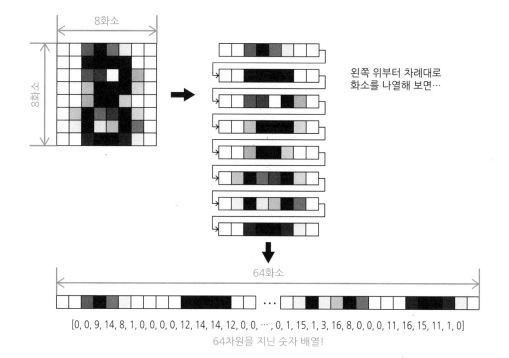

[0, 0, 9, 14, 8, 1, 0, 0, 0, 0, 12, 14, 14, 12, 0, 0, …, 0, 1, 15, 1, 3, 16, 8, 0, 0, 0, 11, 16, 15, 11, 1, 0]
64차원을 지닌 숫자 배열!

그림 7-1 화소를 일렬로 나열하기

그렇습니다. 이렇게 하면 화소도 숫자의 나열로 변환할 수 있습니다. 그림처럼 8×8 화소를 가진 이미지라면, 일렬로 나열했을 때 64개의 화소, 따라서 64차원의 특징량이라고 생각해 볼 수 있습니다.

그럼 특징량의 차원과 식별 경계의 관계를 다시 복습해 봅시다. 특징량이 2가지 종류일 때는 2차원 그래프 위에 직선으로 식별 경계를 그릴 수 있습니다. 3가지 종류일 때는 3차원 그래프 위에 평면으로 식별 경계를 그릴 수 있습니다. 4가지 종류 이상부터는 그래프로 그릴 수 없지만, 4차원 공간에 3차원 식별 경계가 만들어질 것입니다. 따라서 그림 7-1의 이미지에는 64개의 화소가 있으니, 64차원 공간에 63차원의 식별 경계를 만들 수 있다는 의미입니다.

'무슨 말인지 잘 모르겠다'라는 생각이 들 수 있는데요. 입력의 차원과 상관없이, '내적 np.dot(w, x)를 계산하기만 하면 된다'라고 생각하기 바랍니다. 결론적으로 손실 함수를

255

사용해서, 손실이 적어지는 방향으로 식별 경계의 각도를 조정하면 되는 것입니다.

표 7-1 특징량의 차원과 선형 식별 경계의 차원

특징량의 종류(차원)	선형 식별 경계의 차원
2	1차원(직선)
3	2차원(평면)
4	3차원
...	...
64	63차원

그럼 실제로 식별할 수 있는지 테스트해 봅시다. 이 데이터는 사실 랜덤 포레스트를 다룰 때 살펴보았습니다. 그때는 특징량의 중요도를 설명하기 위해서 사용했지만, 이번에는 식별을 할 때 사용하겠습니다.

```python
from sklearn.datasets import load_digits
from sklearn.model_selection import train_test_split
from sklearn.preprocessing import MinMaxScaler

# 데이터 세트 읽어 들이기
X_dataset, y_dataset = load_digits(return_X_y=True)

# 학습 전용 데이터와 테스트 전용 데이터 구분하기
X_train, X_test, y_train, y_test = train_test_split(
    X_dataset, y_dataset, test_size=0.2, random_state=42)

# 최댓값이 1, 최솟값이 0이 되게 특징량 스케일하기
scaler = MinMaxScaler()
X_train = scaler.fit_transform(X_train)
X_test = scaler.transform(X_test)
```

load_digits 함수로 데이터 세트를 읽어 들이고, train_test_split으로 학습 전용 데이터 80%, 테스트 전용 데이터 20%로 분할합니다. 이어서 학습과 추론을 수행합니다. 이번에는 퍼셉트론을 사용해서 식별하겠습니다. 퍼셉트론은 sklearn.linear_model 모듈에 있습니다.

```python
from sklearn.linear_model import Perceptron

# 퍼셉트론으로 식별하기
classifier = Perceptron(random_state=42)

classifier.fit(X_train, y_train)
classifier.score(X_test, y_test)
```

출력 결과는 다음과 같습니다.

```
0.92777777777777781
```

정답률 92.8%입니다. 식별기를 로지스틱 회귀 또는 SVM으로 변경해서도 테스트해 보기 바랍니다.

지금까지의 설명은 사실 딥러닝의 영역이 아니라, 머신러닝과 관련된 전반적인 이야기였습니다. 기존의 머신러닝도 이전의 코드 예처럼 이미지를 식별할 수 있지만, 정확도에서 문제가 있습니다. 정확도 92.8%라는 수치가 높아 보일 수 있지만, 이는 숫자 10개중에 1개는 틀린다는 이야기입니다. 예를 들어 핸드폰 번호 '010-1234-5678'은 11자리 수이므로, 이 중에 하나 정도가 틀린다는 것은 핸드폰 번호도 제대로 식별하지 못한다는 말이 됩니다. 그렇다면 고양이의 이미지를 인식하고 싶은 경우에도 이와 같은 방법을 사용할 수 있을까요? '고양이가 정면을 보고 있을 때'의 화소와 '고양이가 뒤돌아 서서 웅크리고 있을 때'의 화소가 비슷할까요?

이러한 문제를 해결하는 방법이 바로 다음 장에서 살펴보는 CNN(합성곱 신경망)입니다. 일단 해당 내용은 다음 장에서 알아보고, 이번 장에서는 딥러닝과 관련된 기본적인 내용을 계속 알아보도록 합시다.

2 신경망

 이번 절의 키워드 입력층, 출력층, 은닉층, 유닛

> 딥러닝이란 머신러닝 방법 중에 하나인 신경망 중에서 층(Layer)을 '깊게(Deep)' 만든 것을 말합니다. 신경망(Neural Network, 뉴럴 네트워크)이란 신경 세포의 기능을 인공적으로 시뮬레이션한 것으로, 인공 신경망(Artificial Neural Network: ANN)이라고도 부릅니다. 이 책에서는 간단하게 신경망이라고 부르겠습니다. 이번 절에서는 신경망이 무엇인지 차근차근 알아보겠습니다.

퍼셉트론 복습하기

신경망을 이해하려면 퍼셉트론과 관련된 이야기를 먼저 해야 할 것 같습니다. 퍼셉트론이 신경망의 기초가 되기 때문입니다. 그럼 잠시 퍼셉트론을 복습해 봅시다. 퍼셉트론은 2개 이상의 입력에 대해서 0 또는 1(-1 또는 1)이라는 레이블을 출력하는 식별기입니다. 예를 들어 x0과 x1이라는 2개를 특징으로 잡고, 바이어스를 b, 출력 레이블을 y라고 할 때, 퍼셉트론을 코드로 나타내보면 다음과 같습니다.

```
def predict(x0, x1):
    # 가중치 w = [w0, w1]로 설정하기
    X = [x0, x1]   # 배열 형태로 만들기
    score = np.dot(w, X) + b
    if score > 0:
        return 1
    else:
        return 0
```

여기에서 x0과 x1에는 가중치 w0, w1을 곱하며, 이 가중치를 학습에 따라 수정되게 만들면 식별 경계의 각도를 변화시킬 수 있습니다(그림 7-2).

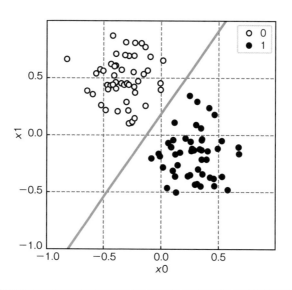

그림 7-2 퍼셉트론의 식별 경계

입력과 출력의 관계를 쉽게 알 수 있게, 다음과 같이 모델화해 봅시다(그림 7-3). 입력 x0에 가중치 w0을, 입력 x1에 가중치 w1을, 그리고 바이어스는 고정값 1에 b를 곱하게 만들었습니다. 그리고 이를 모두 더한 값을 출력 y로 출력하게 합니다. 이렇게 모델화하면, 이후에 퍼셉트론을 연결할 때 쉽게 이해할 수 있습니다.

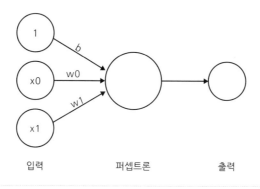

그림 7-3 퍼셉트론 모델

259

다층 퍼셉트론

하나의 퍼셉트론은 굉장히 단순한 식별기라서, 복잡한 식별 경계를 만들 수 없습니다. 따라서 선형 식별밖에 할 수 없습니다. 그런데 퍼셉트론을 여러 개 쌓으면, 비선형 식별 경계를 만들 수 있습니다. 여러 층으로 쌓아 올린 퍼셉트론을 다층 퍼셉트론 Multi Layer Perceptron, MLP 또는 신경망Neural Network이라고 부릅니다. 이 책에서는 신경망으로 통일해서 부르겠습니다.[1]

퍼셉트론을 쌓아 올렸다는 이유만으로 어떻게 비선형 식별 경계를 만들 수 있는 것일까요? 간단한 예부터 생각해 봅시다(그림 7-4). x0, x1이라는 입력으로 이루어진 층을 만들고(입력층), y라는 출력으로 이루어진 층을 만든 뒤(출력층), 사이에 퍼셉트론 2개(A1, A2)를 넣은 층을 배치해 봅시다. 이 층은 입력과 출력 위치에서 볼 수 없으므로, 은닉층 (Hidden Layer: 또는 중간층)이라고 부릅니다. 또한, 이때의 퍼셉트론을 유닛Unit[2]이라고 부릅니다.

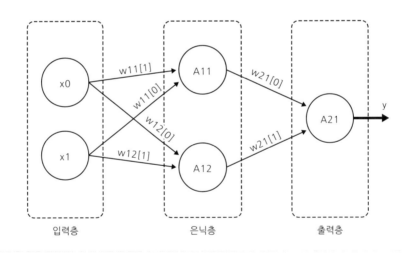

그림 7-4 신경망의 예 (바이어스 생략)

---

1 일반적으로 이후에 설명하는 활성화 함수 등을 추가한 신경망을 다층 퍼셉트론이라고는 부르지 않기 때문입니다.
2 이 책에서는 이후에 설명하는 활성화 함수를 추가한 퍼셉트론도 유닛이라고 부릅니다.

# 7장

입력하는 특징량은 x0과 x1이라는 두 가지 종류입니다. 이를 퍼셉트론 A11, A12에 입력합니다. 예로 A11은 x0>0이 되게 가중치 w11=[1.0, 0.0]으로 지정하고, A12는 x1>0이 되게 가중치 w12=[0.0, 1.0]으로 지정해 봅시다. 입력이 퍼셉트론에 들어갈 때 이러한 가중치를 그림 7-4처럼 곱하면, 식별 경계는 그림 7-5처럼 수직선, 수평선으로 만들어집니다.

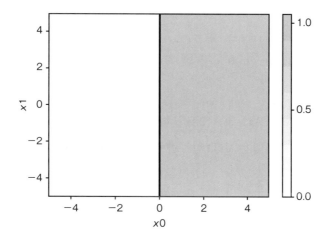

그림 7-5(a) A11 x0 > 0인 식별 경계

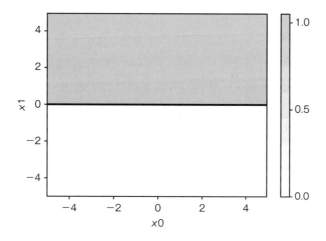

그림 7-5(b) A12 x1 > 0인 식별 경계

이러한 A11, A12의 출력은 각각 0 또는 1 밖에 없으므로, A21의 입력 조합은 **표 7-2**처럼 나타낼 수 있습니다.

표 7-2 A11과 A12의 출력 조합

A11	A12	조건
0	0	not(x0 > 0) and not(x1 > 0)
0	1	not(x0 > 0) and x1 > 0
1	0	x0 > 0 and not(x1 > 0)
1	1	x0 > 0 and x1 > 0

표 7-3처럼 A21의 출력을 A11=1, A12=1일 때 1, 이외의 경우 0이 되게 A21의 가중치를 조정해 봅시다. 이러한 조합은 AND 회로와 같은 동작입니다.

표 7-3 A11, A12의 출력과 A21의 출력 조합

A11	A12	A21
0	0	0
0	1	0
1	0	0
1	1	1

이러한 입력과 출력의 관계만 보고 가중치를 곧바로 생각하기는 약간 어려울 수 있으므로, 그림으로 그린 뒤 살펴봅시다. A11과 A12의 출력을 각각 그래프로 그리고, A11과 A12가 모두 1이 되는 위치만 레이블 1이 되게 식별 경계를 그려 봅시다.

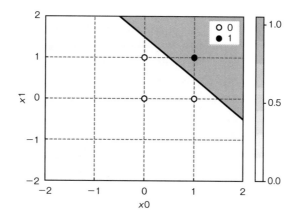

그림 7-6 A21 AND 회로의 식별 경계

이는 x1=-x0 + 1.5인 직선입니다. 물론 이 이외에도 수많은 식별 경계가 나올 수 있습니다. 가중치를 구하기 위한 식을 w0*x0+w1*x1+b=0의 형태로 바꿔봅시다. 이렇게 만들면 x0+x1-1.5=0이 되므로, 가중치 w0=1.0, w1=1.0, 바이어스 b=-1.5라는 것을 알 수 있습니다.

A11, A12, A21의 가중치와 바이어스를 모두 결정했습니다. 이러한 신경망 전체의 식별 경계는 어떻게 될까요? 코드를 작성해서 확인해 봅시다.

```python
import numpy as np
import pandas as pd
import matplotlib.pyplot as plt

def plot_boundary():
    # 0.05간격으로 그리드 점 생성하기
    xx, yy = np.meshgrid(np.arange(-5, 5, 0.05),
                         np.arange(-5, 5, 0.05))
    # 생성한 그리드 점을 기반으로 추론하기
    Z = predict(np.c_[xx.ravel(), yy.ravel()])

    # 그래프를 그릴 수 있게 2차원 배열로 변환하기
    Z = Z.reshape(xx.shape)
```

```
# 식별 경계를 기준으로 영역을 색칠하기
plt.contourf(xx, yy, Z, cmap=plt.cm.Greys, alpha=0.5)
plt.colorbar(ticks=[0, 0.5, 1])

# 식별 경계 그리기
plt.contour(xx, yy, Z, colors='k', levels=[0], linestyles=['-'])
```

식별 경계를 그래프로 그리는 함수는 이전과 거의 같지만, 식별 영역을 색으로 구분해서 그리는 부분이 추가되었습니다. Matplotlib의 contour와 거의 같은 방법으로 사용할 수 있는 contourf를 사용했습니다. 이는 등고선을 그리는 함수이지만, 선을 넣지 않으면 색을 칠하는 단순한 목적으로 사용할 수 있습니다.

```
# 추론하는 함수
def predict(X_dataset):
  pred = []
  for X in X_dataset:
    a11_out = 1 if (np.dot(w11, X) + b11) > 0 else 0
    a12_out = 1 if (np.dot(w12, X) + b12) > 0 else 0
    a21_out = 1 if (np.dot(w21, [a11_out, a12_out]) + b21) > 0 else 0
    pred.append(a21_out)
  return np.array(pred, dtype=np.float32)

# 가중치와 바이어스 설정하기
w11 = [1., 0.]
w12 = [0., 1.]
w21 = [1., 1.]
b11 = 0.
b12 = 0.
b21 = -1.5
plot_boundary()
```

이어서 추론하는 코드입니다. A11, A12, A21의 출력이 각각 a11_out, a12_out, a21_out입니다. 클래스 0과 1로 변환할 때는 if 조건문 대신, 삼항 연산자를 사용해 보았습니다. 코드를 실행하면 그림 7-7처럼 출력합니다. x0 > 0 and x1 > 0일 때 클래스 1, 이외의 경우는 클래스 0이 되는 그래프가 식별 경계로 만들어졌습니다. 이러한 형태의 식별 경계도 비선형 식별 경계입니다. 선형 식별 경계밖에 만들 수 없었던 퍼셉트론이, 여러 개를 뭉치니 비선형 식별 경계를 만들 수 있는 것입니다.

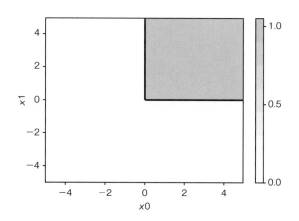

그림 7-7 그림 7-4에 있던 신경망의 식별 경계

다양한 형태의 식별 경계

신경망은 그림 7-7과 같은 식별 경계 이외에도 다양한 식별 경계를 만들 수 있습니다. 예를 들어 다음과 같이 가중치를 설정하고 그래프를 그려 봅시다.

```
# 대각선 식별 경계를 AND로 연결하기
w11 = [0.5, 0.2]
w12 = [0.2, 0.5]
w21 = [1.0, 1.0]
b11 = 0.
b12 = 0.
b21 = -1.5

plot_boundary()
# 또 다른 대각선 식별 경계를 OR로 연결하기
w11 = [0.5, 0.2]
w12 = [0.2, -0.5]
```

```
w21 = [1.0, 1.0]
b11 = 0.
b12 = 0.
b21 = -0.5

plot_boundary()
```

A11과 A12의 가중치를 변경해 보면, 식별 경계의 각도가 변한다는 것을 알 수 있습니다. 또한, 출력층 A21의 가중치를 변경하면 AND뿐만 아니라 OR 등도 할 수 있습니다.

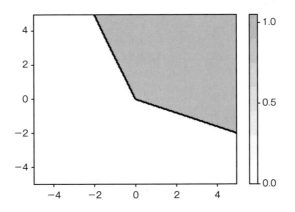

그림 7-8(a) 대각선 식별 경계를 AND로 연결하기

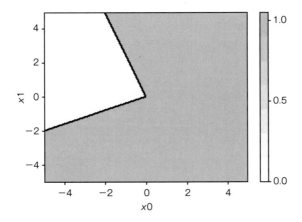

그림 7-8(b) 또 다른 대각선 식별 경계를 OR로 연결하기

이어서 은닉층의 유닛 수를 2에서 3으로 늘려 봅시다. 추론 코드는 다음과 같습니다.

```python
def predict(X_dataset):
    pred = []
    for X in X_dataset:
        a11_out = 1 if (np.dot(w11, X) + b11) > 0 else 0
        a12_out = 1 if (np.dot(w12, X) + b12) > 0 else 0
        a13_out = 1 if (np.dot(w13, X) + b13) > 0 else 0   # 1유닛 추가
        a21_out = 1 if (np.dot(w21, [a11_out, a12_out, a13_out]) +
            b21) > 0 else 0
        pred.append(a21_out)
    return np.array(pred, dtype=np.float32)
```

은닉층에 유닛 A13을 추가하고, 해당 출력 a13_out을 출력층 A21에 입력하게 했습니다. 따라서 A21은 모두 3개의 입력을 받게 됩니다. 가중치는 다음과 같이 설정합니다.

```python
# 3개의 식별 경계를 AND로 연결하기
w11 = [0.2, 0.2]
w12 = [-0.2, 0.5]
w13 = [0.6, -0.2]
w21 = [1.0, 1.0, 1.0]
b11 = -0.2
b12 = 0.5
b13 = 0.6
b21 = -2.5

plot_boundary()
```

A11, A12, A13은 각각 적당한 기울기를 가진 식별 경계를 만들고, A21에서 그러한 3개의 입력을 AND로 연결하게 가중치를 설정했습니다. A21의 가중치 w21은 입력이 3개이므로, 3개의 요소를 가져야 한다는 점에 주의하세요. 이러한 신경망의 식별 경계는 그림 7-9처럼 됩니다.

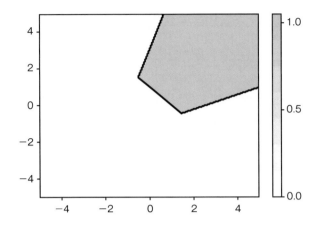

그림 7-9 은닉층에 유닛을 3개 놓을 때의 식별 경계

은닉층에 유닛을 3개 만드니 더 복잡한 식별 경계가 만들어졌습니다. 유닛을 늘리면 식
별 경계를 더 복잡하게 만들 수 있습니다. 심지어 원형 식별 경계도 만들 수 있답니다.
하지만 단순하게 유닛 수를 늘려서 식별 경계를 복잡하게 만든다고 좋은 것은 아닙니
다. 훈련 데이터에 과도하게 적합한 형태(과학습)가 될 수 있기 때문입니다. 일단 이번 절
에서는 유닛 수에 따라 식별 경계의 복잡도가 어떻게 되는지, 그 관계를 꼭 기억하기 바
랍니다.

3 활성화 함수

 이번 절의 키워드　활성화 함수, tanh, ReLU, 시그모이드 함수

> 신경망은 유닛을 늘리거나 층을 더 중첩해서, 식별 경계를 비선형으로 복잡하게 만들 수 있습니다. 이번 절에서는 추가로 신경망의 표현력을 높이는 방법에 대해서 알아보겠습니다.

활성화 함수의 등장

신경망은 일반적으로 유닛의 출력을 0, 1로 곧바로 내보내지 않고, 그림 7-10처럼 함수를 적용한 뒤 내보냅니다. 이는 4장 5절 '확률과 시그모이드 함수'에서 등장했던 시그모이드 함수Sigmoid Function입니다. 이 함수를 사용하면, 0과 1로 밖에 나올 수 없는 출력이 0.6224593312처럼 0 ~ 1의 범위를 갖게 됩니다. 0과 1로 밖에 나올 수 없다면, 입력이 2개일 때 조합이 4개 밖에 나올 수 없습니다. 하지만 이처럼 함수를 적용해서 출력하면, 수많은 조합이 나올 수 있습니다. 이렇게 유닛의 출력에 적용하는 함수를 활성화 함수라고 부릅니다.

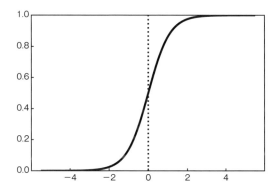

그림 7-10 활성화 함수 (시그모이드 함수)

이러한 활성화 함수를 사용할 경우, 식별 경계가 어떻게 변화하는지 확인해 봅시다. 일단 그래프를 그리는 부분을 살펴보겠습니다. 시그모이드 함수의 식별 경계는 0.5의 위치에 있으므로, 등고선을 그래프로 그릴 때 임곗값을 매개변수 levels로 지정하게 코드를 약간 변경했습니다.

```python
def plot_boundary(levels):
    # 0.05간격으로 그리드 점 생성하기
    xx, yy = np.meshgrid(np.arange(-5, 5, 0.05),
                         np.arange(-5, 5, 0.05))
    # 생성한 그리드 점을 기반으로 추론하기
    Z = predict(np.c_[xx.ravel(), yy.ravel()])

    # 그래프를 그릴 수 있게 2차원 배열로 변환하기
    Z = Z.reshape(xx.shape)

    # 식별 경계를 기준으로 영역을 색칠하기
    plt.contourf(xx, yy, Z, cmap=plt.cm.Greys, alpha=0.5)
    plt.colorbar(ticks=[0, 0.5, 1])

    # 식별 경계 그리기
    plt.contour(xx, yy, Z, colors='k', levels=levels, linestyles=['-'])
```

이제 현재 코드의 매개변수 levels에 0.5를 전달하면, 시그모이드 함수를 사용할 때의 식별 경계를 그리게 됩니다. 신경망은 그림 7-7과 같은 구성, 같은 가중치로 설정합니다. 그럼 활성화 함수로 시그모이드 함수를 사용했을 때와 사용하지 않았을 때를 비교해 봅시다.

```python
def sigmoid(score):
    return 1. / (1. + np.exp(-score))

def predict(X_dataset):
    pred = []
    for X in X_dataset:
```

```
    a11_out = sigmoid(np.dot(w11, X) + b11)
    a12_out = sigmoid(np.dot(w12, X) + b12)
    a21_out = sigmoid(np.dot(w21, [a11_out, a12_out]) + b21)
    pred.append(a21_out)
  return np.array(pred, dtype=np.float32)
```

추론 부분의 코드입니다. 삼항 연산자를 사용해 0과 1로 구분하던 부분을 시그모이드 함수로 변경하기만 했습니다. 이렇게 하면 각 유닛의 출력값이 0과 1에서 0 ~ 1의 범위로 넓어집니다. 그럼 다음과 같이 가중치와 바이어스를 설정하고, 식별 경계를 그려 봅시다.

```
# 가중치와 바이어스 설정하기
w11 = [1.0, 0.0]
w12 = [0.0, 1.0]
w21 = [1.0, 1.0]
b11 = 0.
b12 = 0.
b21 = -1.5

# 그래프 그리기
plot_boundary([0.5])
```

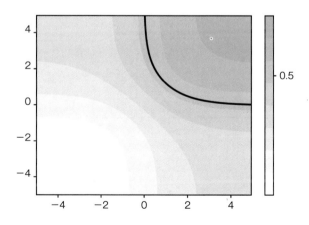

그림 7-11 활성화 함수로 시그모이드 함수를 사용한 경우

271

그림 7-7과 비교해 봅시다. 직각이었던 식별 경계가 곡선으로 휘어 있는 것을 볼 수 있습니다. 또한, 클래스 0, 클래스 1의 영역도 굉장히 부드럽게 바뀌었다는 것을 알 수 있습니다.

다양한 활성화 함수

활성화 함수로 시그모이드 함수를 사용하는 데는 역사적인 배경이 있습니다. 원래 신경망은 뇌의 신경 세포 기능을 모방하는 것부터 시작했습니다. 시그모이드 함수는 그러한 신경 세포 전달을 모델화한 것이라서 신경망에 많이 사용되었던 것입니다.

하지만 최근에는 활성화 함수가 원점을 지나는 것이 좋다고 생각해서, 쌍곡 탄젠트 Hyperbolic Tangent; tanh (그림 7-12), ReLU 함수 Rectified Linear Unit Function (그림 7-13) 등도 많이 사용합니다. 특히 ReLU는 연산이 쉬워서 학습할 때 부담이 없다 보니, 현재 가장 많이 사용하는 활성화 함수입니다. 또한, 퍼셉트론의 기본적인 출력(0과 1)은 그림 7-14와 같은 계단 함수를 활성화 함수로 사용한 것이라고 보기도 합니다.

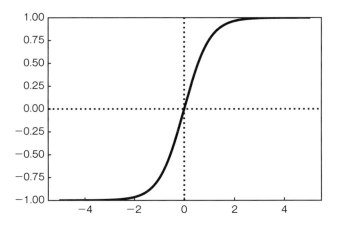

그림 7-12 tanh 함수

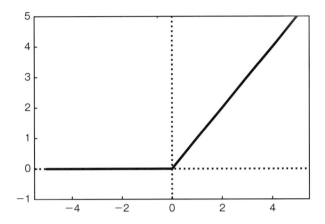

그림 7-13 ReLU 함수

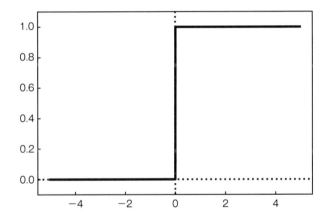

그림 7-14 계단 함수

4 N-클래스 대응하기

one-hot-vector, 소프트맥스 함수, 교차 엔트로피 오차

Part 2에서는 2개의 클래스를 식별하는 식별기를 확장하는 방법으로, one-vs-rest와 one-vs-one을 살펴보았습니다. 신경망에서는 N-클래스로 확장할 때, 단순히 출력층의 유닛 수를 클래스 수만큼 늘리면 됩니다(**그림 7-15**). 출력층의 유닛 중에서 가장 큰 값을 출력한 유닛의 번호가 추론한 클래스가 됩니다. 그런데 다른 방법도 있을 텐데, 왜 이런 방법을 사용하는 것일까요? 이유를 이해하려면 알아야 하는 것들이 몇 가지 있으므로, 해당 내용부터 먼저 살펴보겠습니다.

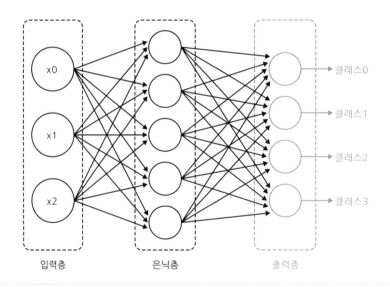

그림 7-15 출력층의 유닛 수와 클래스 수

one-hot-vector

N-클래스일 때, 예를 들어 4-클래스라면 레이블로 0, 1, 2, 3 등의 숫자를 할당할 수 있습니다. 이 책에서도 scikit-learn을 사용할 때 이러한 숫자 레이블을 사용했습니다. 그런데 신경망을 사용해서 N-클래스 문제를 푸는 경우, 레이블로 one-hot-vector라는 형식을 사용하면, 더 좋은 결과가 나옵니다. one-hot-vector란 클래스 수만큼을 길이로 가지는 배열입니다. 이때 이 배열은 내부에 요소 하나만 1이고, 나머지는 0이어야 합니다.

> 역주 scikit-learn은 숫자를 레이블로 입력할 경우, 이것이 연속된 값이라고 생각합니다. 레이블이 '어떤 등급'처럼 실제로 연속된 값이라면 상관없지만, '파란색, 검은색, 붉은색'과 같은 색상처럼 연속의 의미가 없는 경우에는 '이것은 딱히 연속된 값이 아니다'라고 나타내 주는 것이 좋습니다. 이 방법이 바로 one-hot-vector입니다.

예를 들어 4-클래스 데이터 세트를 생각해 봅시다. 어떤 데이터 레이블이 2일 때, 이를 one-hot-vector로 나타내 봅시다. 일단 one-hot-vector로 나타냈을 때 배열의 길이는 클래스 수만큼이므로 4가 됩니다. 그리고 레이블은 2이므로, <인덱스>=2인 요소만 1로 만들고, 나머지는 0으로 만들면 됩니다. 따라서 [0, 0, 1, 0]이 됩니다(그림 7-16).

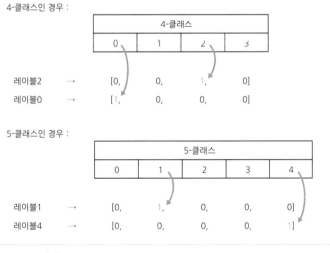

그림 7-16 one-hot-vector의 예

마찬가지로 5-클래스 데이터 세트에서 레이블 1을 one-hot-vector로 나타내면, [0, 1, 0, 0, 0]이 됩니다.

one-hot-vector를 숫자 레이블로 변환하는 방법은 굉장히 간단합니다. 다음과 같이 argmax를 사용하면 됩니다. argmax는 배열 요소 중 값이 가장 큰 요소의 인덱스를 반환하는 함수입니다.

```python
# 하나만 변환하는 경우
onehot = [0, 0, 1, 0]   # 4-클래스, 레이블은 2입니다.
label = np.argmax(onehot)  # label = 2

# 여러 개를 변환하는 경우
onehot = [[1, 0, 0, 0],
          [0, 0, 1, 0]]
labels = np.argmax(onehot, axis=1)  # labels = [0, 2]
```

반대로 숫자 레이블을 기반을 one-hot-vector로 변환할 때는 다음과 같이 합니다.

```python
label = 2
onehot = np.zeros(4)  # [0, 0, 0, 0]
onehot[label] = 1     # [0, 0, 1, 0]
```

또는 scikit-learn의 OneHotEncoder를 사용해서 다음과 같이 작성합니다.

```python
from sklearn.preprocessing import OneHotEncoder

# 클래스 수 4로 인코더 만들기
enc = OneHotEncoder(n_values=4)

labels = [[0],
          [2]]

# 숫자로 된 클래스를 one-hot-vector로 변환하기
```

```
enc.fit_transform(labels).toarray()
# array([[ 1.,  0.,  0.,  0.],
#        [ 0.,  0.,  1.,  0.]])
```

소프트맥스 함수

출력층의 활성화 함수에 ReLU나 tanh를 사용하지 않고, 소프트맥스 함수Softmax Function라는 것을 사용합니다. 이 함수는 단순하게 출력층의 모든 출력(4개의 클래스라면 4개의 출력)의 크기를 합해서 1이 되게 변환하는 함수입니다. 따라서 일반적인 활성화 함수는 하나의 유닛에 하나의 활성화 함수를 적용하지만, 소프트맥스 함수는 여러 개의 유닛을 모아 적용하게 됩니다.

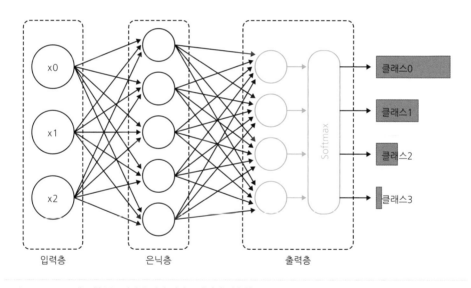

그림 7-17 소프트맥스 함수는 여러 유닛이 있어도 하나만 사용함

그럼 어떻게 값이 변화하는지, 실제로 적당한 값을 변환한 뒤 출력을 확인해 봅시다. 소프트맥스 함수는 다음과 같은 함수입니다.[3]

---

3 이 코드는 스탠퍼드 대학의 <CS231n> 강좌를 참고했습니다.

```
def softmax(scores):
    f = scores
    f -= np.max(f)
    return np.exp(f) / np.sum(np.exp(f))
```

그럼 4개의 유닛으로 구성되어 있는 출력층의 출력[1, 2, 788, 189]를 변환해 봅시다. 이 값은 특별한 의미가 있는 것이 아니라, 그냥 크게 범위가 다른 값을 선택한 것입니다.

```
outputs = np.array([1, 2, 788, 789])  # 출력층의 출력(4 유닛)
pred = softmax(outputs)

# print 때의 형식 갖추기
np.set_printoptions(formatter={'float': '{: 0.6f}'.format})
print(pred)  # [ 0.000000  0.000000  0.268941  0.731059]
```

이 코드를 실행하면, [1, 2, 788, 789]가 [0.000000, 0.000000, 0.268941, 0.731059]로 변환됩니다. 합계가 1이 되므로, 각각의 요소(추론한 클래스)를 '예측 확률'처럼 사용할 수 있습니다. 예를 들어 현재 코드에서 클래스 0, 1, 2, 3의 확률은 각각 0%, 0%, 26.8941%, 73.1059%가 됩니다.

소프트맥스 함수를 사용한 것은 확률을 구하고 싶은 이유뿐만이 아닙니다. 이 함수는 신경망의 출력층에 있으므로, 추론 결과를 확률로 나타낼 수 있게 됩니다. 그럼 추론 결과와 정답 레이블을 비교해 봅시다.

```
[0,        0,        0,        1       ]  # 정답 레이블3
[0.000000, 0.000000, 0.268941, 0.731059]  # 추론 결과
```

일단 정답 레이블을 3으로 가정해 봅시다. 이때, 레이블을 one-hot-vector로 표현한 이유를 확인할 수 있습니다. one-hot-vector는 정답 레이블의 인덱스만 1이고 나머지는 0

이므로, 정답 레이블에 해당하는 것만 확률이 100%, 나머지는 0%가 됩니다. 즉, 정답과 추론 확률의 차이를 신경망의 손실로 표현할 수 있다는 것입니다.

손실 함수

'one-hot-vector로 표현된 정답 레이블'과 '소프트맥스 함수에서 출력된 추론 결과 레이블'을 모두 구했으므로, 이제 손실 함수를 정의해서 손실을 구해 봅시다. 가장 단순한 손실 함수로는 평균 제곱 오차Mean Squared Error, MSE가 있습니다. 이는 정답과 추론의 차이를 제곱하여 더한 것입니다.

```python
# 평균 제곱 오차
def mse(pred, label):
    return 0.5 * np.sum((pred - label)**2)

pred = np.array([0.000000, 0.000000, 0.268941, 0.731059])  # 추론
label = np.array([0, 0, 0, 1])  # 정답 레이블

print(mse(pred, label))  # 0.072329261481
```

현재 코드에서는 소프트맥스 함수의 출력 최대 인덱스와 정답 레이블이 일치하므로, 손실이 0.0723…으로 작게 나옵니다. 정답 레이블을 [0, 0, 1, 0] 또는 [1, 0, 0, 0] 등으로 변경해서 실행해 봅시다. 소프트맥스 함수의 출력과 일치하지 않으므로, 손실이 크게 나오는 것을 확인할 수 있을 것입니다.

자주 사용하는 또 다른 손실 함수로 교차 엔트로피 오차Cross Entropy Error가 있습니다. 소프트맥스 함수와 함께 사용할 때는 일반적으로 교차 엔트로피 오차를 더 많이 사용합니다. 추론 결과에 로그Log를 취하므로, 정답 확률이 낮아질수록 지수적으로 손실이 증가한다는 특징을 갖습니다(그림 7-18). 따라서 손실이 클수록 학습이 더 많이 진행됩니다.

```
def cross_entropy(pred, label):
    # np.log(0)은 -inf가 될 수 있으므로 clip으로 0이 되지 않게 조정하기
    return -np.sum(label * np.log(pred.clip(1e-6)))


pred = np.array([0.000000, 0.000000, 0.268941, 0.731059])   # 추론
label = np.array([0, 0, 0, 1])   # 정답 레이블

print(cross_entropy(pred, label))   # 0.313261111135
```

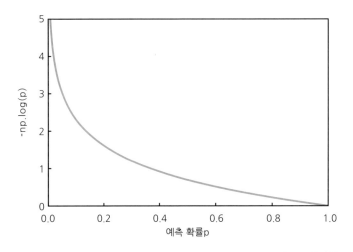

그림 7-18 정답 예측 확률 p와 -np.log(p)의 함수 (확률이 0에 가까울수록 무한대에 가까워진다.)

이쪽도 정답 레이블을 [0, 0, 1, 0] 또는 [1, 0, 0, 0] 등으로 변환해서 실행해 봅시다. 평균 제곱 오차와 비교해서 손실이 크게 차이난다는 것을 확인할 수 있습니다.

5 다양한 경사 하강법

 **배치 경사 하강법, 확률적 경사 하강법, 미니배치 경사 하강법**

> 이번 절에서는 경사 하강법으로 많이 사용하는 3가지 방법을 소개하고, 매개변수를 최적화하는 최신 방법도 소개하겠습니다.

3가지 경사 하강법

Part 2에서는 손실을 감소시키는 방법으로, 손실 함수의 경사(기울기)가 가장 크게 떨어지는 부분으로 내려오는 경사 하강법을 설명했습니다. 그런데 딥러닝을 할 때는 일반적으로 훈련 데이터의 양이 굉장히 많으므로, 어느 정도의 단위로 경사를 내려올지(기울기를 줄일지)를 고려해야 합니다. 그럼 경사를 하강할 때 사용하는 3가지 방법을 소개하겠습니다.

배치 경사 하강법(Batch Gradient Decent)

이 방법은 훈련 데이터 전체에 대해 손실 함수의 경사(기울기)를 계산합니다. 모든 데이터만큼 처리를 계속 반복해야 하므로, 처리 속도가 느리고 메모리를 많이 사용합니다. 따라서 대규모 데이터 세트에 사용할 수 없습니다. 의사 코드Pseudo Code로 나타내면 다음과 같습니다.

```
for i in range(epochs):  # 에포크 수
    gradient = # 모든 데이터를 기반으로 구한 경사
    param = param - learning_rate * gradient
```

281

확률적 경사 하강법(Stochastic Gradient Descent : SGD)

반면 확률적 경사 하강법은 모든 데이터에 대한 경사가 아니라, 데이터 하나하나의 경사를 살펴보고 그때마다 매개변수를 변경합니다. 경사 계산에 모든 데이터 세트를 사용하는 것이 아니므로, 하나의 반복 계산 속도도 빠르고 메모리도 적게 사용합니다. 확률적 경사 하강법을 의사 코드로 나타내면 다음과 같습니다.

```
for i in range(epochs):   # 에포크 수
  for data in dataset:
    gradient = # 데이터 1개를 기반으로 구한 경사
    param = param - learning_rate * gradient
```

미니배치 경사 하강법(Mini-Batch Gradient Decent)

이 방법은 앞의 두 방법을 조합해서 사용하는 것입니다. 훈련 데이터를 일정한 크기의 미니배치로 분할하고, 미니배치 단위로 기울기 계산과 매개변수 조정을 수행합니다. 데이터의 크기가 고정되어서 행렬 연산이 가능하므로, 하나하나 변경하는 경우보다 안정적으로 수렴하게 만들 수 있습니다. 미니배치 경사 하강법을 의사 코드로 나타내면 다음과 같습니다.

```
for i in range(epochs):   # 에포크 수
  for data in np.split(dataset, len(dataset)/50): # 50개씩 분할하기
    gradient = # 데이터 50개를 기반으로 구한 경사
    param = param - learning_rate * gradient
```

지금까지 3가지 방법을 살펴보았는데, 일반적으로 신경망과 딥러닝 학습에는 미니배치 경사 하강법을 많이 사용합니다. 하지만 미니배치 경사 하강법을 사용해도 매개변수 변경에 확률적 경사 하강법(SGD)를 사용하면, 단순하게 "SGD를 사용하고 있구나"라고 부르는 경우가 많습니다. 이 책에서도 미니배치 경사 하강법도 간단하게 SGD라고 부르겠습니다.

최적화 방법

학습은 손실을 최소로 할 수 있게 매개변수를 변경하는 것입니다. 따라서 손실이 경사를 따라 내려가게 매개변수를 변경하는 것도 최적화 방법이라고 할 수 있습니다. 이번 절에서는 최근 많이 사용하는 최적화 방법을 몇 가지 소개하겠습니다.

SGD
· · · · · ·

SGD는 현재 위치에서 경사가 가장 급한 방향으로 매개변수를 변경합니다. 굉장히 합리적인 발상이지만 **그림 7-19**와 같이 골짜기의 낮은 지점에 도착할 때 문제가 발생합니다. 그림을 보면 경사가 골짜기를 이루고 있으며 바닥도 약간 구부러져 있습니다. 이러한 경우 SGD는 골짜기 바닥의 중심부가 아니라, 골짜기의 경사를 오르락내리락하며 곤두박질치게 됩니다. 골짜기가 깊지만 폭이 너무 좁아서, 골짜기의 반대편까지 넘어가서 지그재그 형태로 골짜기 바닥까지 떨어지는 것입니다. 물론 학습률을 낮추면 지그재그가 발생하지는 않지만, 골짜기 바닥까지 떨어지는 데 시간이 너무 오래 걸리게 됩니다.

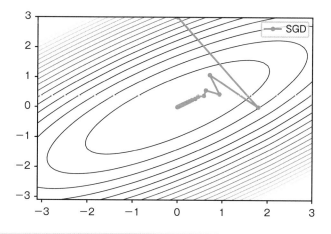

그림 7-19(a) SGD 경사 하강 (등고선)

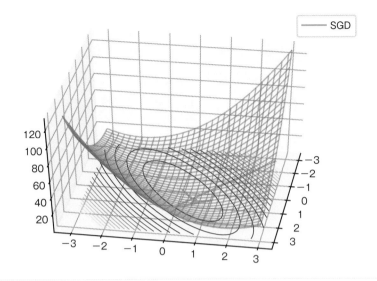

그림 7-19(b) SGD 경사 하강 (3D)

Adagrad

학습률을 고정하지 않고 조금씩 줄이는 방법도 있습니다. Adagrad는 각각의 매개변수에 적용되는 학습률을 계속 조정합니다. 다음과 같은 의사 코드[4]처럼 과거의 경사(기울기)를 제곱해서 저장해 두고, 매개변수를 얼마나 변경할지 조절할 때 사용합니다(eps는 단순히 0으로 나누는 것을 막기 위한 작은 값입니다). SGD와 마찬가지로 손실 함수로 학습 과정을 살펴봅시다. SGD처럼 꺾인 선 형태가 아니라, 부드러운 곡선으로 경사를 내려가는 것을 확인할 수 있습니다(그림 7-20).

```
eps = 1e-8
cache += gradient**2
param += - learning_rate * gradient / (np.sqrt(cache) + eps)
```

4 http://cs231n.github.io/neural-networks-3/

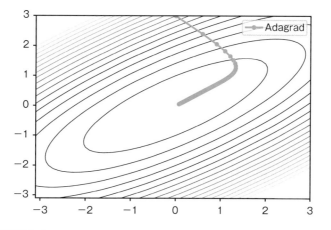

그림 7-20(a) Adagrad 경사 하강 (등고선)

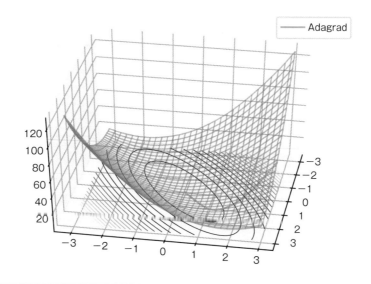

그림 7-20(b) Adagrad 경사 하강 (3D)

RMSprop

Adagrad처럼 경사(기울기)를 계속 누적해서 학습을 진행하게 만들면, 학습률도 낮아지게 됩니다. 따라서 많은 단계를 거쳐야 경사를 내려올 수 있습니다. 이러한 문제를 해결하기 위해 만들어진 방법이 RMSprop이라는 방법입니다. RMSprop은 Adagrad처럼 경사를 제곱해서 곧바로 사용하는 것이 아니라, 감소율^{Decay Rate}을 곱해서 과거의 경사를
조금씩 잊어버리게 만듭니다. 이를 통해 현재의 경사가 과거의 것보다 크게 적용되게
만듭니다.

```
dacay_rate = 0.99
cache = decay_rate * cache + (1 - decay_rate) * gradient**2
param += - learning_rate * gradient / (np.sqrt(cache) + eps)
```

학습 과정을 그래프로 그려 보면 Adagrad와 굉장히 비슷하지만, Adagrad보다 빠르게
경사를 내려가는 모습을 볼 수 있습니다(그림 7-21)✦.

역주 그림을 보면 Adagrad보다 찍혀 있는 점의 수가 적은 것을 볼 수 있습니다. 각각
의 점이 단계 수를 나타내므로, 점이 적다는 것은 훨씬 적은 단계만에 경사를 내려왔
다는 의미입니다.

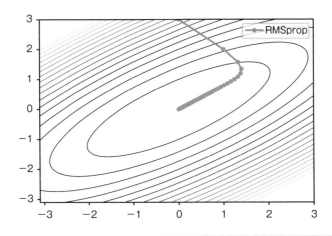

그림 7-21(a) RMSprop의 경사 하강 (등고선)

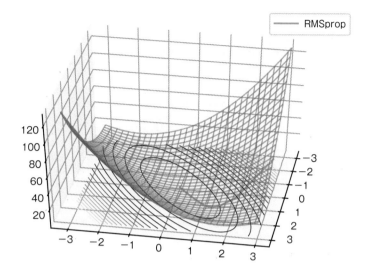

그림 7-21(b) RMSprop의 경사 하강 (3D)

Adam

Adam은 RMSprop에 모멘텀 Momentum 이라는 개념을 추가한 것입니다. 모멘텀이란 운동량을 의미하는데, 경사를 내려올 때 관성이 적용되는 것이라고 생각하면 좋습니다. 의사 코드를 살펴봅시다.

```
beta1 = 0.9
beta2 = 0.999
m = beta1*m + (1-beta1)*gradient
v = beta2*v + (1-beta2)*(gradient**2)
param += - learning_rate * m / (np.sqrt(v) + eps)
```

v가 RMSprop의 cache에 해당합니다. 그리고 새롭게 m이라는 변수가 추가되었습니다. 이는 과거의 경사(기울기)를 줄이면서, 새로운 경사를 추가하게 되어 있습니다. 따라서 과거에 경사를 내려오던 속도가 점점 줄어들어, 관성의 법칙이 적용된 움직임처럼 됩니다. 학습 과정을 그래프로 그려 보면 그림 7-22와 같습니다.

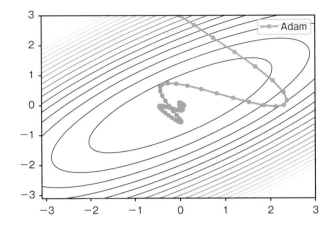

그림 7-22(a) Adam의 경사 하강 (등고선)

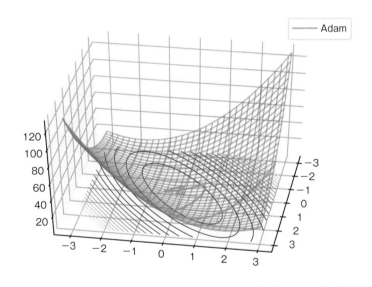

그림 7-22(b) Adam의 경사 하강 (3D)

최적화 방법 비교하기

지금까지 4개의 최적화 방법에 대해서 설명했습니다. 모든 최적화 방법을 한꺼번에 그 래프로 그리면 그림 7-23처럼 됩니다. 4개 중에서 어떤 것이 가장 좋을까요? 아쉽게도 어떠한 것이 무조건 좋다라고는 말할 수 없습니다. 최근에는 Adam이 효과적이라 가장 좋다고 해서 많이 사용되지만, 가장 단순한 SGD도 많이 사용됩니다. 일단 처음에는 Adam으로 진행해 보고, 시간이 너무 걸린다 싶으면 다른 최적화 방법을 테스트해 보는 것이 좋을 것이라 생각합니다.

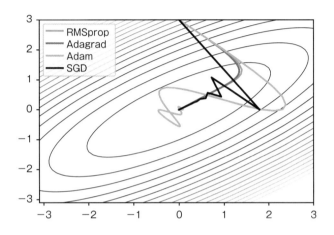

그림 7-23(a) 4가지 경사 하강 방법 (등고선)

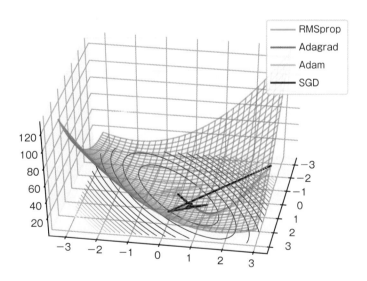

그림 7-23(b) 4가지 경사 하강 방법 (3D)

6 TensorFlow 준비하기

 이번 절의 키워드 계산 그래프, 세션, 플레이스홀더

지금부터는 TensorFlow를 사용해 신경망을 모델링하는 방법을 설명하겠습니다. TensorFlow는 Google이 2015년에 공개한 머신러닝 오픈소스 프레임워크입니다(원래는 행렬 연산 프레임워크지만, 머신러닝 모델링을 간단하게 할 수 있는 다양한 고수준 API를 함께 제공합니다). GCP와 상성이 매우 좋으며 GCS와 입출력을 연동하는 기능, Dataflow와 ML Engine과 같은 TensorFlow를 풀 매니지드로 운용할 수 있는 환경도 제공합니다.

Datalab에서 TensorFlow 사용하기

Datalab에는 TensorFlow가 이미 설치되어 있으므로, 곧바로 사용할 수 있습니다. 그럼 간단한 연산을 해 봅시다.

```
# 패키지 불러오기
import tensorflow as tf

with tf.Graph().as_default():
  # 상수 정의하기
  x = tf.constant(10, name="x")
  y = tf.constant(32, name="y")

  # 더하기
  op = tf.add(x, y)

  # 연산 실행하기
  with tf.Session() as sess:
    result = sess.run(op)

print(result)  # -> 42
```

이는 10 + 32라는 덧셈을 수행하는 코드입니다. 실행해 보면 답으로 42를 출력합니다. TensorFlow에는 기억해야 하는 항목이 굉장히 많으므로, 매우 간단한 예제부터 살펴보았습니다. 이 정도 예제는 외워서 사용할 수 있게 기억하기 바랍니다.

일단 tf.constant입니다. 이는 상수를 정의하는 함수입니다. x=tf.constant(10, name="x")는 "x"라는 이름으로 10이라는 값을 상수로 정의한 것입니다. name="x"처럼 꼭 이름을 붙일 필요는 없습니다. 하지만 이름을 붙여 두면, 7장 '9. TensorBoard 활용하기'에서 설명하는 TensorBoard에 이름이 출력되므로, 붙여 주는 것이 편리합니다.

이어서 tf.add로 x와 y를 더합니다. 여기까지의 계산을 그림으로 나타내면, 그림 7-24처럼 됩니다. 이처럼 계산을 회로 같은 모양의 그래프로 만든 것을 계산 그래프(Computational Graph, 또는 연산 그래프)라고 부릅니다. 이렇게 만든 계산 그래프를 tf.Graph( ).as_default( )로 기본(디폴트) 그래프로 정의합니다. with 구문으로 정의했으므로, 구문을 벗어날 때 자동으로 해제됩니다.

Datalab(Jupyter)을 사용할 경우 특정 블록을 여러 번 실행할 수도 있으므로, with 구문을 사용하지 않으면 실행할 때마다 네트워크가 다른 이름으로 생성되어 버립니다(예: x_1, y_1 등).

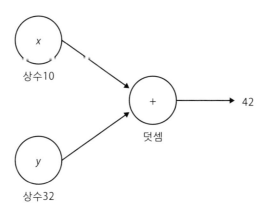

그림 7-24 덧셈의 계산 그래프

이어서 tf.Session( )으로 세션을 정의합니다. 세션이란 '계산을 실행하는 단위'입니다. 세션의 run( )을 호출해서 계산 그래프 계산을 실행합니다. 현재 코드에서는 변수 op를 매개변수로 전달해서, 덧셈 결과를 변수 result에 반환하게 했습니다.

지금까지의 흐름을 정리해 보면, 다음과 같습니다.

① 계산 그래프 정의하기

② 세션 정의하기

③ 연산 실행하기

①과 ②의 단계는 아직 어떠한 연산도 일어나지 않은 상태입니다. ③에서 run을 할 때 연산이 시작됩니다.

변수와 플레이스홀더

이전의 예는 x와 y에 상숫값을 설정했습니다. 하지만 실제 계산에서는 상수뿐만 아니라, 변화하는 값을 다루어야 하는 경우가 많습니다. 이를 지원하기 위해 위해 변수Variable와 플레이스홀더Placeholder라는 기능이 있습니다.

변수란 일반적인 프로그래밍 언어의 변수[5]처럼 다양한 값을 넣을 수 있는 상자입니다. 계산 그래프 내부에서, 예를 들어 '가중치'는 학습에 따라 계속 변화하게 됩니다. 따라서 이러한 것은 변수로 정의해서 사용합니다.

플레이스홀더란 계산 그래프의 외부에서 입력을 받아 변수로 사용하는 상자입니다. 학습 또는 추론을 수행할 때, 특징량을 입력하는 경우 플레이스홀더를 사용합니다. 간단한 예로 각각의 사용 방법에 대해 알아봅시다. 다음 예는 입력된 x와 상수 y를 더하고, 결과를 변수 z에 저장합니다(그림 7-25).

---

5 변수라는 의미는 같지만, 여기에서의 변수는 계산 그래프 내부에만 존재하는 것입니다. Python의 변수와 다른 것이므로 구분하기 바랍니다.

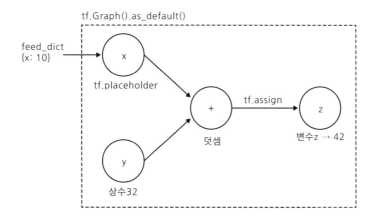

그림 7-25 입력과 변수가 있는 그래프

```python
with tf.Graph().as_default():
    # x는 입력을 받는 상자
    x = tf.placeholder(tf.int32, name="x")
    y = tf.constant(32, name="y")

    # 더하기
    op1 = tf.add(x, y)

    # 더하기 결과를 저장할 변수
    z = tf.Variable(0, name="z")

    # 더하기 결과를 변수에 넣기
    op2 = tf.assign(z, op1)

    # 변수 초기화하기
    init_op = tf.global_variables_initializer()

    # 연산 실행하기
    with tf.Session() as sess:
        # 변수 초기화하기
        sess.run(init_op)
        # x에 10을 feed_dict로 입력해서 결과 얻기
        result = sess.run(op2, feed_dict={x: 10})

print(result)  # -> 42
```

일단 입력 부분입니다. tf.placeholder(tf.int32, name="x")로 플레이스홀더를 tf.int32 자료형으로 정의했습니다. sess.run으로 feed_dict={x: 10}과 같은 값을 전달하면, 플레이스홀더에 값을 넣을 수 있습니다.

이어서 변수입니다. tf.Variable(0, name="z")로 초깃값을 0으로 지정했습니다. 하지만 이렇게 지정하는 것만으로는 상태가 초기화되지 않으며, tf.global_variables_initializer( )를 실행해야 초기화됩니다. 변수에 값을 대입할 때는 tf.assign을 사용합니다. 현재 예제에서는 변수 z에 덧셈 연산 op1을 대입했습니다.

로지스틱 회귀로 식별하기

그럼 로지스틱 회귀를 TensorFlow를 사용해 구현해 봅시다. 이 책에서 여러 번 나왔던 내용이므로, 이전 내용과 비교해 보면서 내용을 진행하면 좋을 것입니다. 데이터 세트는 이전과 마찬가지로 make_blobs를 사용하겠습니다. 레이블 데이터를 reshape해서 [[0], [0], …] 형태로 변환한다는 부분만 다릅니다. 이는 TensorFlow가 기본적으로 읽어 들이는 입력 형태이기 때문입니다(계산 그래프 내부에서 이러한 변환을 할 수도 있지만, 연산을 진행하기 이전에 데이터가 어떠한 형태로 되어 있는지 print 등으로 확인하기 쉽게 미리 변환했습니다).

```
import pandas as pd
from sklearn.datasets import make_blobs

X_dataset, y_dataset = make_blobs(centers=[[-0.3, 0.5], [0.3, -0.2]],
                                  cluster_std=0.2,
                                  n_samples=100,
                                  center_box=(-1.0, 1.0),
                                  random_state=42)
y_dataset = y_dataset.reshape(-1, 1)
```

이어서 계산 그래프입니다. 입력할 것은 2차원 특징량과 레이블이지만, shape는 [None, 2], [None, 1]이 됩니다. 이때 None은 NumPy에서의 -1과 같은 의미로, 임의의 숫자 데이터를 넣을 수 있게 한다는 의미입니다.

로지스틱 회귀를 사용해서 학습하는 가중치와 바이어스는 Variable로 정의합니다. 손실 함수는 미리 여러 가지가 제공됩니다. 현재 예제에서는 로지스틱 회귀를 하고 있으므로, sigmoid_cross_entropy_with_logits를 사용했습니다. 이외에도 softmax_cross_entropy_with_logits 등도 있습니다.

마지막으로 손실을 최소화하기 위한 연산을 정의합니다. 여기에서는 경사 하강법을 수행하는 GradientDescentOptimizer를 학습률 1.0으로 사용했습니다.

```python
# 특징량과 레이블 입력하기
x = tf.placeholder(tf.float32, shape=[None, 2], name="x")
y = tf.placeholder(tf.float32, shape=[None, 1], name="y")

# 가중치와 바이어스를 변수로 정의하기
w = tf.Variable(tf.zeros([2, 1]), name="w")
b = tf.Variable(tf.zeros([1]), name="b")

# 식별 경계로부터 거리 구하기
score = tf.sigmoid(tf.matmul(x, w) + b)

# 손실 구하기
loss = tf.reduce_mean(
    tf.nn.sigmoid_cross_entropy_with_logits(logits=score, labels=y))

# 경사 하강법으로 손실 최소화하기
train_step = tf.train.GradientDescentOptimizer(1.0).minimize(loss)

# 변수 초기화하기
init_op = tf.global_variables_initializer()
```

마지막으로 학습 실행 부분입니다. sess.run으로 플레이스홀더 x와 y에 데이터 세트를 전달하고, 손실을 낮추는 연산인 train_step을 실행합니다. train_step 이외에도 loss, w, b를 리스트에 넣어서, 중간에 이러한 값들을 추출하게 했습니다.

```python
# 연산 실행하기
with tf.Session() as sess:
  # 변수 초기화하기
  sess.run(init_op)

  # 400번 학습하기
  for i in range(400):
    _, _l, _w, _b = sess.run([train_step, loss, w, b],
                             feed_dict={x: X_dataset, y: y_dataset})
    # 100번 반복에 한 번 출력하기
    if i % 100 == 0:
        print(_l, _w, _b)
```

이렇게 추출한 가중치 _w와 바이어스 _b의 값을 사용해 식별 경계를 그려 보면, 그림 7-26처럼 됩니다. 조금씩 손실이 줄어드는 위치로 식별 경계가 이동하는 것을 확인할 수 있습니다. 그런데 현재 예제는 경사 하강법으로 손실을 줄이고 있습니다. 기울기가 크게 변화하지 않아도 되는 현재와 같은 데이터 세트라면, GradientDescentOptimizer 대신 AdamOptimizer를 사용하는 것이 보다 빠르게 학습시킬 수 있습니다. 직접 변경해서 얼마나 빠르게 학습하는지 확인해 보기 바랍니다.

지금까지 간단한 덧셈과 로지스틱 회귀 등을 알아보며, TensorFlow의 연산 방법을 살펴보았습니다. 신경망을 구축하는 경우에도 비슷한 방법을 사용합니다. 그런데 복잡한 구성을 만들 때는 고급 API의 도움을 받을 수도 있습니다. 굉장히 간단하므로 재미있게 공부할 수 있을 것입니다. 그럼 곧바로 다음 절로 넘어갑시다.

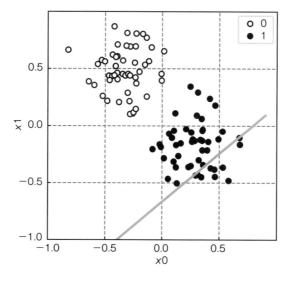

그림 7-26(a) 100번째

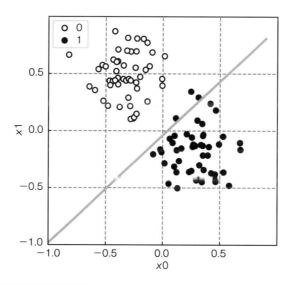

그림 7-26(b) 200번째

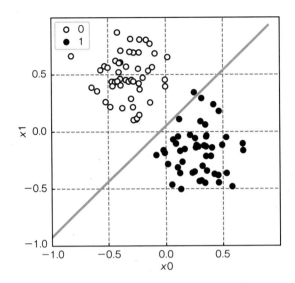

그림 7-26(c) 300번째

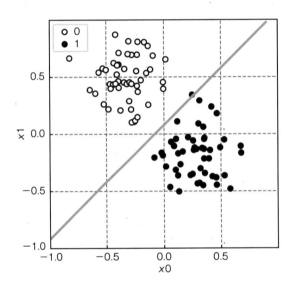

그림 7-26(d) 400번째

7 신경망 구현하기

 이번 절의 키워드) 전결합층, tf.layers, tf.matmul

TensorFlow의 기본적인 사용 방법을 이해했으므로, 이제 신경망을 구현해 봅시다. 데이터 세트는 6장 '2. 학습과 테스트'에서 살펴보았던 유방암 데이터를 사용하겠습니다. 층을 깊게 (Deep) 구성해야 하므로, **그림 7-27**처럼 4개의 유닛을 가진 은닉층 2개를 추가한 신경망을 만들어 보겠습니다.

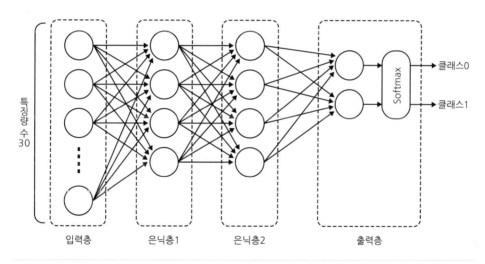

그림 7-27 4개의 유닛을 가진 은닉층 2개를 추가한 신경망

일단 입력층입니다. 입력은 그래프 외부에서 받아야 하므로 플레이스홀더로 정의합니다. X는 특징량을 입력하는 플레이스홀더, y는 정답 레이블을 입력하는 플레이스홀더입니다. 레이블 shape는 계산 그래프 내부에서 one-hot-vector로 변환합니다.

```
NUM_FEATURES = 30  # wdbc 특징량의 수
# 특징량과 레이블 입력하기
X = tf.placeholder(tf.float32, shape=[None, NUM_FEATURES], name="X")
y = tf.placeholder(tf.float32, shape=[None,], name="y")
```

이어서 은닉층입니다. tf.layers를 사용하면 굉장히 간단하게 구현할 수 있습니다. tf.layers.dense는 전결합층Fully Connected Layer이라고 부르는 모든 유닛이 연결된 층을 의미합니다. 층의 유닛 수과 각 유닛의 활성화 함수(현재 예제에서는 ReLU)를 지정하기만 하면됩니다.

```
NUM_UNITS_H1 = 4  # 은닉층1의 유닛 수
NUM_UNITS_H2 = 4  # 은닉층2의 유닛 수

# 은닉층
hidden1 = tf.layers.dense(
    inputs=X, units=NUM_UNITS_H1, activation=tf.nn.relu, name='hidden1')
hidden2 = tf.layers.dense(
    inputs=hidden1, units=NUM_UNITS_H2, activation=tf.nn.relu,
    name='hidden2')
```

tf.layer.dense는 내부적으로 유닛 사이 결합의 가중치를 나타내는 변수Variable를 저장하고 있으며, 학습 처리에 따라 가중치 값을 자동으로 최적화해 줍니다. tf.layer.dense를 사용하지 않는 경우, 다음과 같이 가중치를 나타내는 변수Variable로 w1과 b1을 명시적으로 정의하고, 유닛 내부의 연산을 하나하나 작성해야 합니다.

```
# 은닉층1
w1 = tf.Variable(tf.truncated_normal(
    [NUM_FEATURES, NUM_UNITS_H1], stddev=0.1), name='w1')
b1 = tf.Variable(tf.zeros([NUM_UNITS_H1]), name='b1')
hidden1 = tf.nn.relu(tf.matmul(X, w1) + b1)

# 은닉층2
```

```
w2 = tf.Variable(tf.truncated_normal(
    [NUM_UNITS_H1, NUM_UNITS_H2], stddev=0.1), name='w2')
b2 = tf.Variable(tf.zeros([NUM_UNITS_H2]), name='b2')
hidden2 = tf.nn.relu(tf.matmul(h1, w2) + b2)
```

truncated_normal은 절단 정규 분포를 의미하는 말입니다. 여기서는 임의의 초깃값을 전달하기 위해서 사용합니다. tf.matmul은 행렬 곱을 계산하는 것으로, np.dot과 같은 목적으로 사용합니다(차이점과 자세한 설명은 이후에 살펴보겠습니다).

역주 정규 분포에서 음수 부분을 절단한 것을 '절단 정규 분포(Truncated Normal Distribution)'라고 부릅니다.

현재 코드를 보면, 유닛의 수를 설정하거나 하는 별도의 코드가 없어서, 약간 의아하게 생각할 수 있습니다. 하지만 입력으로 여러 개를 넣었으므로, 입력 수만큼의 유닛이 생성됩니다. 예를 들어 그림 7-28처럼 입력층에서 5와 6이라는 2개의 데이터를, 다른 두 유닛에 각각 입력한다고 합시다.

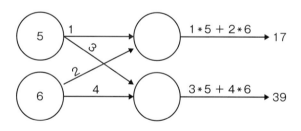

그림 7-28 2개의 입력과 2개의 유닛

각각의 유닛의 가중치가 [1, 2], [3, 4]일 때, 각각의 유닛에서의 계산은 1*5+2*6과 3*5+4*6이 됩니다. 이를 코드로 작성하면, 다음과 같이 됩니다.

```
x = tf.constant([[5, 6]])

w1 = tf.constant([[1],
                  [2]])

w2 = tf.constant([[3],
                  [4]])

op1 = tf.matmul(x, w1)  # -> 1*5 + 2*6 = 17
op2 = tf.matmul(x, w2)  # -> 3*5 + 4*6 = 39
```

이러한 방법으로 유닛 수를 늘린다면, 유닛 수를 늘릴 때마다 작성해야 하는 코드가 많아집니다. 그런데 코드를 다음과 같이 수정한다면 어떨까요? matmul은 행렬 곱을 연산하므로, 다음과 같이 변경하면 한 번에 계산할 수 있습니다.

```
x = tf.constant([[5, 6]])

w = tf.constant([[1, 3],
                 [2, 4]])

op = tf.matmul(x, w)  # -> 1*5 + 2*6 = 17,
                      #    3*5 + 4*6 = 39
```

가중치 w에 유닛 2개를 한꺼번에 넣어도 같은 결과가 나옵니다. 따라서 가중치의 shape를 변경하기만 하면, 유닛 수를 간단하게 변경할 수 있습니다.

이어서 은닉층 다음은 출력층입니다. 클래스 수가 2개이므로, 2개의 유닛을 만듭니다. 소프트맥스 함수를 넣지 않았는데, 이는 이후에 손실을 구할 때 처리하기 때문입니다.

```
NUM_CLASSES = 2  # 클래스 수
# 출력층
logits = tf.layers.dense(inputs=hidden2, units=NUM_CLASSES,
  name='output')
```

이어서 손실을 구합니다. softmax_cross_entropy_with_logits에 출력층의 출력 경과와 정답 레이블을 전달하고 있습니다. 이때 정답 레이블은 tf.one_hot을 사용해 one-hot-vector 형식으로 변환했습니다.

```
# 손실
onehot_labels = tf.one_hot(indices=tf.cast(y, tf.int32),
  depth=NUM_CLASSES)
cross_entropy = tf.nn.softmax_cross_entropy_with_logits(
  labels=onehot_labels, logits=logits, name='xentropy')
loss = tf.reduce_mean(cross_entropy, name='xentropy_mean')
```

마지막으로 손실을 최소화하는 처리와 테스트 전용 데이터의 정답률을 계산하는 부분입니다. tf.argmax는 NumPy의 argmax와 같으며, 배열 요소의 가장 큰 인덱스를 반환합니다.[6] 이를 정답 레이블과 추론 결과에 적용하고, tf.equal로 값들이 일치하는지 판별합니다. 이어서 tf.reduce_mean을 사용하여 레이블 일치 결과의 평균을 계산해서 정답률을 구합니다.

```
# 손실 최소화하기
train_op = tf.train.AdamOptimizer(0.01).minimize(loss)

# 테스트 전용 데이터를 기반으로 정답률 계산하기
correct_prediction = tf.equal(tf.argmax(logits, 1),
  tf.argmax(onehot_labels, 1))
accuracy = tf.reduce_mean(tf.cast(correct_prediction, tf.float32))
```

그래프를 모두 만들었습니다. 세션을 만들고 학습시켜 봅시다. feed_dict로 훈련 데이터인 X_train과 y_train을 전달하고, train_op를 실행합니다. 현재 예제에서는 훈련 데이터의 크기가 작으므로 모두 전달해 보았지만, 일반적으로는 100 정도의 배치 크기로 분

---

6 one-hot-vector에서 레이블로 변환하는 동작입니다(그림 7-16 참고).

할해서 전달합니다. 1000회 학습을 하고 나면 테스트 전용 데이터로 정답률을 구하게 합니다.

```
with tf.Session() as sess:
  sess.run(tf.global_variables_initializer())

  for step in range(1000):
    _, loss_value = sess.run([train_op, loss],
                             feed_dict={X: X_train, y: y_train})
    if step % 100 == 0:
      print('Step: %d, Loss: %f' % (step, loss_value))

  # 테스트 전용 데이터로 정답률 구하기
  _a = sess.run(accuracy, feed_dict={X: X_test, y: y_test})
  print('Accuracy: %f' % _a)
```

모든 코드를 정리해 보면, 다음과 같습니다.

```
NUM_FEATURES = 30
NUM_UNITS_H1 = 4
NUM_UNITS_H2 = 4
NUM_CLASSES = 2

with tf.Graph().as_default():
  # 입력층
  X = tf.placeholder(tf.float32, shape=[None, NUM_FEATURES],
    name="X")
  y = tf.placeholder(tf.float32, shape=[None, ], name="y")

  # 은닉층
  hidden1 = tf.layers.dense(
      inputs=X, units=NUM_UNITS_H1, activation=tf.nn.relu,
      name='hidden1')
  hidden2 = tf.layers.dense(
```

```
    inputs=hidden1, units=NUM_UNITS_H2, activation=tf.nn.relu,
    name='hidden2')

# 출력층
logits = tf.layers.dense(inputs=hidden2, units=NUM_CLASSES,
    name='output')

# 손실
onehot_labels = tf.one_hot(indices=tf.cast(y, tf.int32),
    depth=NUM_CLASSES)
cross_entropy = tf.nn.softmax_cross_entropy_with_logits(
    labels=onehot_labels, logits=logits, name='xentropy')
loss = tf.reduce_mean(cross_entropy, name='xentropy_mean')

# 손실 최소화하기
train_op = tf.train.AdamOptimizer(0.01).minimize(loss)

# 테스트 전용 데이터를 기반으로 정답률 계산하기
correct_prediction = tf.equal(
    tf.argmax(logits, 1), tf.argmax(onehot_labels, 1))
accuracy = tf.reduce_mean(tf.cast(correct_prediction, tf.
    float32))

with tf.Session() as sess:
    sess.run(tf.global_variables_initializer())

    for step in range(1000):
        _, loss_value = sess.run([train_op, loss],
                                feed_dict={X: X_train, y: y_train})
        if step % 100 == 0:
            print('Step: %d, Loss: %f' % (step, loss_value))

    # 테스트 전용 데이터로 정답률 구하기
    _a = sess.run(accuracy, feed_dict={X: X_test, y: y_test})
    print('Accuracy: %f' % _a)
```

이를 실행하면 다음과 같이 출력합니다. 100회마다 손실을 출력하며, 최종적으로 테스트 전용 데이터로 정답률 95.6%라고 출력하는 모습을 볼 수 있습니다. 이것으로 간단하게 TensorFlow를 사용하여 신경망을 구축하고 학습한 뒤, 추론하는 과정에 대해 모두 살펴보았습니다. 입력층의 shape를 변경하면, 다른 데이터도 간단하게 학습할 수 있으므로 다양하게 활용해 보기 바랍니다.

```
Step: 0, Loss: 0.701905
Step: 100, Loss: 0.041793
Step: 200, Loss: 0.023070
Step: 300, Loss: 0.015927
Step: 400, Loss: 0.010672
Step: 500, Loss: 0.007115
Step: 600, Loss: 0.005560
Step: 700, Loss: 0.003148
Step: 800, Loss: 0.002190
Step: 900, Loss: 0.001556
Accuracy: 0.956140
```

8 DNNClassifier로 간단하게 학습하기

 이번 절의 키워드 DNNClassifier, SKCompat

> 이번 절에서는 DNNClassfier를 사용해서 신경망을 간단하게 만드는 방법을 소개하겠습니다.

지금까지 계속 어려운 이야기를 했으니, 잠시 휴식 시간을 가지겠습니다. 이전에 구축한 신경망을 굉장히 간단하게 구현할 수도 있습니다. 일단 코드를 살펴봅시다.

```python
from tensorflow.contrib.learn.python import SKCompat

# 특징량의 수 정의하기
feature_columns = [tf.contrib.layers.real_valued_column("",
  dimension=30)]

# 은닉층 2개(각각 4개의 유닛)
classifier = tf.contrib.learn.DNNClassifier(
            feature_columns=feature_columns,
            hidden_units=[4, 4],
            n_classes=2,
            model_dir="./dnnmodel/")
# scikit-learn과 비슷한 SKCompat로 변환하기
classifier = SKCompat(classifier)

# 학습하기
classifier.fit(x=X_train, y=y_train, steps=1000, batch_size=50)

# 테스트 전용 데이터를 기반으로 정답률 구하기
classifier.score(X_test, y_test)
```

전결합층만으로 구성된 신경망라면, TensorFlow의 DNNClassifier를 사용해서 간단하게 작성할 수 있으며, scikit-learn처럼 fit과 score를 사용할 수 있습니다. hidden_units에는 은닉층의 유닛 수를 층 개수만큼의 리스트로 작성합니다.

예를 들어 첫 번째 층은 20유닛, 두 번째 층은 30유닛, 세 번째 층은 10유닛이라고 할 때는 [20, 30, 10]이라고 작성하기만 하면 됩니다. 또한, n_classes에는 클래스 수를 집어넣습니다. tf.Graph와 tf.Session 모두 따로 작성하지 않아도 됩니다. 물론 모든 그래프를 이렇게 구축할 수 있는 것은 아니지만, 이것만으로도 충분한 경우가 아주 많습니다.

이어서 SKCompat는 DNNClassifier를 scikit-learn 라이브러리에서 사용할 수 있게 변환해 주는 기능입니다. 이를 활용하면 fit으로 학습하고, score로 정답률을 계산할 수 있습니다. 그럼 이전과 같은 데이터 세트를 사용해서 실행해 봅시다.

```
INFO:tensorflow:Create CheckpointSaverHook.
INFO:tensorflow:Saving checkpoints for 1 into ./dnnmodel/model.ckpt.
INFO:tensorflow:loss = 0.683607, step = 1
INFO:tensorflow:global_step/sec: 605.83
INFO:tensorflow:loss = 0.341605, step = 101
INFO:tensorflow:global_step/sec: 620.239
...생략...
INFO:tensorflow:global_step/sec: 485.654
INFO:tensorflow:loss = 0.0305475, step = 901
INFO:tensorflow:Saving checkpoints for 1000 into ./dnnmodel/model.ckpt.
INFO:tensorflow:Loss for final step: 0.0948733.
{'accuracy': 0.97368419,
 'accuracy/baseline_label_mean': 0.69298244,
 'accuracy/threshold_0.500000_mean': 0.97368419,
 'auc': 0.98553342,
 'global_step': 1000,
 'labels/actual_label_mean': 0.69298244,
 'labels/prediction_mean': 0.69364429,
 'loss': 0.10457193,
 'precision/positive_threshold_0.500000_mean': 0.97500002,
 'recall/positive_threshold_0.500000_mean': 0.98734176}
```

정답률 이외에도 다양한 테스트 항목이 출력됩니다. 또한, DNNClassifier의 model_dir를 사용해 지정한 디렉터리에는 학습 경과와 함께 이후에 설명하는 TensorBoard로 모니터링할 수 있게 해 주는 정보들이 출력됩니다. 이때 로컬 경로를 지정할 수 있는 것은 물론이고, GCS 경로도 지정할 수 있습니다. model_dir="gs://<BUCKET>/dnnmodel/"이라고 바꿔서 실행해 보세요. GCS 위에 파일이 출력될 것입니다. 물론 DNNClassifier를 사용하지 않아도 GCS 위에 저장하는 과정은 매우 간단하지만, 알아 두면 나쁠 것 없습니다.

이어서 TensorBoard와 GCS에 저장하는 방법을 살펴보겠습니다.

9 TensorBoard 활용하기

 **이번 절의 키워드** TensorBoard, tf.name_scope, tf.summary

> TensorBoard는 TensorFlow의 계산과 학습 과정을 시각화하는 도구입니다. 이번 절에서는 TensorBoard를 활용하는 기본적인 예를 소개하겠습니다.

신경망은 깊어질수록 매개변수도 많아지고 내부에서 무슨 일이 일어나는지 알기 어려워집니다. 또한, 학습 시간도 길어지며 때에 따라서는 며칠이 걸리는 경우도 있습니다. 며칠을 기다리고 문제를 찾는 과정을 반복하는 것은 굉장히 비효율적인 일입니다. 따라서 학습 중에 상태를 모니터링하고 틀린 부분을 곧바로 찾을 수 있어야 합니다.

TensorBoard는 TensorFlow 계산을 간단하게 모니터링할 수 있게 해 주는 도구입니다. TensorFlow에 포함되어 있으므로 따로 설치하지 않아도 사용할 수 있습니다. TensorBoard를 사용하면 계산 그래프를 시각적으로 볼 수 있는 형태로 출력하거나, 손실과 정답률의 추이, 가중치의 분산 추이 등을 쉽게 확인할 수 있습니다. 매우 많은 기능을 지원하는 유용한 도구입니다.

기본 준비와 계산 그래프 출력하기

TensorBoard를 사용한다고 그래프를 곧바로 출력할 수 있는 것은 아닙니다. 어떤 것을 출력할지, 어떤 시점에서 데이터를 모니터링하고 싶은지 등을 정의해야 합니다. 일단 간단한 계산 그래프를 출력해 봅시다. 계산 그래프는 앞서 '7. 신경망 구현하기'에서 구성한 은닉층 2개, 각각 4개의 유닛으로 구성된 신경망을 사용해 보겠습니다. 이전 코드를 그대로 사용하므로, 변경해야 하는 부분만 설명하겠습니다.

일단 세션을 시작한 직후, 다음과 같이 한 줄을 실행하게 만들어 봅시다.

```
with tf.Session() as sess:
  writer = tf.summary.FileWriter('gs://<BUCKET>/dnnmodel',
    sess.graph)  # 추가한 줄
```

tf.summary.FileWriter는 계산 그래프의 정보를 파일로 출력하는 클래스입니다. 매개변수로 파일의 저장 위치와 tf.Graph를 전달합니다. 파일의 저장 위치는 로컬 경로를 사용할 수도 있고, GCS 경로를 사용할 수도 있습니다. 현재 코드에서는 GCS 경로를 사용하고 있습니다(<BUCKET> 부분에는 자신의 Bucket 이름을 지정하세요). 준비가 모두 끝났습니다. 코드를 실행하고, GCS에 파일이 만들어지는지 확인하기 바랍니다.

이어서 TensorBoard를 실행합니다. 이번 절에서는 Cloud Shell에서 실행해 보겠습니다. 이미 Datalab을 Cloud Shell로 실행하고 있다면, 탭 바의 [+] 아이콘을 클릭해서 추가로 탭을 열고, 다음과 같은 명령어를 입력합니다(그림 7-29).

그림 7-29 CloudShell에서 TensorBoard 실행하기

```
tensorboard --logdir=gs://<BUCKET>/dnnmodel --port 8082
```

실행하면 콘솔에 다음과 같이 출력될 것입니다.

```
Starting TensorBoard 29 on port 8082
(You can navigate to http://172.17.0.2:8082)
```

이는 TensorBoard가 실행 중이라는 의미입니다. Datalab과 마찬가지로 Cloud Shell의 웹 미리보기에서 [Port 8082]를 선택하면, TensorBoard가 브라우저에 출력됩니다. 화면 위에 있는 탭 중에서 [GRAPHS]를 클릭하면, 계산 그래프를 볼 수 있습니다(그림 7-30).

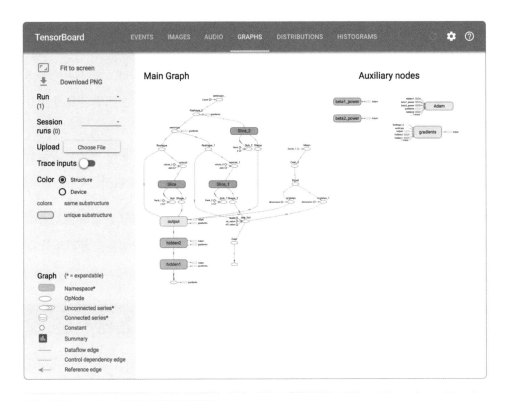

그림 7-30 TensorBoard로 계산 그래프 출력하기

계산 그래프를 보면 복잡하다는 느낌을 받을 수 있습니다. 이는 손실과 정답률을 계산하는 저수준의 계산까지 출력하기 때문입니다. tf.name_scope를 사용하면, 어느 정도 기능적으로 비슷한 부분을 그룹으로 묶어 출력할 수 있습니다. 다음과 같은 두 위치를 tf.name_scope를 사용해 그룹으로 묶어 줍니다.

```
onehot_labels = tf.one_hot(indices=tf.cast(y, tf.int32),
    depth=NUM_CLASSES)
cross_entropy = tf.nn.softmax_cross_entropy_with_logits(
    labels=onehot_labels, logits=logits, name='xentropy')
```

```
      loss = tf.reduce_mean(cross_entropy, name='xentropy_mean')

    # 손실
    with tf.name_scope('calc_loss'):
      onehot_labels = tf.one_hot(indices=tf.cast(y, tf.int32),
        depth=NUM_CLASSES)
      cross_entropy = tf.nn.softmax_cross_entropy_with_logits(
        labels=onehot_labels, logits=logits, name='xentropy')
      loss = tf.reduce_mean(cross_entropy, name='xentropy_mean')

    correct_prediction = tf.equal(
      tf.argmax(logits, 1), tf.argmax(onehot_labels, 1))
    accuracy = tf.reduce_mean(tf.cast(correct_prediction, tf.float32))

    # 테스트 전용 데이터를 기반으로 정답률 계산하기
    with tf.name_scope('calc_accuracy'):
      correct_prediction = tf.equal(
        tf.argmax(logits, 1), tf.argmax(onehot_labels, 1))
      accuracy = tf.reduce_mean(tf.cast(correct_prediction, tf.float32))
```

그룹으로 묶고 싶은 부분을 tf.name_scope를 사용한 with 구문 내부에 넣습니다. tf. name_scope의 매개변수에는 그룹의 이름을 지정합니다. 이처럼 수정하고 다시 코드 를 실행하면, 그림 7-31처럼 그래프가 출력됩니다. 그룹으로 묶은 부분을 클릭하면 내 부의 내용을 자세하게 확인할 수 있습니다. 코드만 보고 의도한 대로 그래프가 만들어 지는지 잘 모를 경우, 이와 같은 TensorBoard를 사용하면 편리합니다.

참고로 여러 번 실행하면 GCS의 같은 경로에 파일이 여러 개 만들어집니다. 파일이 많 아지면 어떤 파일이 어떤 파일인지 알기 어려워질 수 있으므로, 실행 전에 필요 없는 파 일은 제거하는 것이 좋습니다.

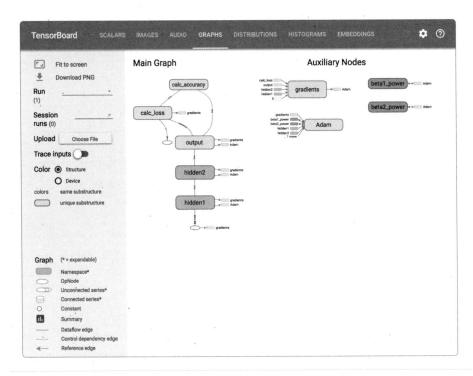

그림 7-31 name_scope로 그룹을 만든 계산 그래프

매개변수 모니터링

정답률과 손실률의 추이는 학습의 진척 상태를 확인하는 데 매우 중요합니다. 또한, 가중치 또는 각 유닛의 출력값의 분포도 학습이 제대로 진행되고 있는지 확인할 때 사용할 수 있는 중요한 정보입니다(학습을 하면 가중치가 변화하므로, 반대로 가중치가 변화하지 않으면 학습이 진행되지 않고 있다는 것을 알 수 있습니다).

매개변수 모니터링은 다음과 같은 코드만 추가하면 되는 매우 간단한 작업입니다.

- 어떤 매개변수를 모니터링할 것인지
- 언제 매개변수를 추출할 것인지

일단 정답률(accuracy), 손실(loss), 은닉층의 출력(hidden1, hidden2)을 모니터링해 봅시다. 그래프를 그리는 부분 아래에 다음과 같은 코드를 추가합니다.

```
tf.summary.scalar('loss', loss)
tf.summary.scalar('accuracy', accuracy)
tf.summary.histogram('hidden1', hidden1)
tf.summary.histogram('hidden2', hidden2)
merged_summary = tf.summary.merge_all()
```

tf.summary.scalar를 사용해서 스칼라값을 모니터링 리스트에 추가합니다. tf. summary.histogram은 어떤 shape의 실숫값이라도 모니터링 리스트에 추가할 수 있지만, 히스토그램 형태로 값의 분포를 확인하고 싶을 때 사용합니다. tf.summary.merge_ all로 이러한 리스트를 병합할 수 있습니다. 원래 sess.run을 사용할 때 매개변수를 하나하나 추출하지만, 이렇게 병합해 두면 이 한 줄로 모든 매개변수를 추출할 수 있게 되므로 매우 편리합니다.

다음은 매개변수를 추출하는 예입니다. 매개변수는 학습 중간중간 계속해서 변화하므로, 어떤 시점에 추출하는지에 따라서 볼 수 있는 값이 바뀝니다. 현재 코드에서는 100 번 반복에 한 번, 매개변수를 추출하게 했습니다.

```
if step % 100 == 0:
  s = sess.run(merged_summary, feed_dict={X: X_train, y: y_train})
  writer.add_summary(s, step)
  writer.flush()
```

if 조건문 아래에 3줄만 추가했습니다. sess.run으로 병합한 매개변수를 한 번에 추출하고, writer.add_summary로 데이터를 추가합니다. 마지막으로 writer.flush()로 명시적으로 파일을 출력하게 만들었습니다.

코드를 실행하고, TensorBoard를 살펴봅시다.

위에 있는 탭 중에서 [SCALARS]를 클릭하면, tf.summary.scalar으로 만들었던 매개변수의 시간 기반 그래프가 출력됩니다. 이번 예제는 모두 1000단계 중에서 '100회에 1번'만 모니터링하게 했으므로, 그래프의 점 개수도 10개입니다.

315

위에 있는 탭 중에서 [HISTOGRAMS]를 클릭하면, tf.summary.histogram으로 만들었던 매개변수의 분포가 10개마다 출력됩니다. 현재 예를 보면 학습 단계가 진행될수록 분포가 넓어지고 있으므로, 무언가 학습되고 있다는 것을 알 수 있습니다. 이 값들에 아무런 변화가 없다면, 무언가 문제가 있는 것이라는 의미입니다.

시행 착오를 반복하며 학습 모델을 만드는 단계에서는 그래프에 잘못된 부분이 있을 수 있으며, 보다 정밀도를 높이기 위한 정보 수집도 필요합니다. TensorBoard는 이럴 때 활용할 수 있는 매우 유용한 도구입니다. 다만 모니터링 전용 매개변수를 추출할 때도 연산이 필요하며, 파일 입출력을 할 때도 시간이 걸립니다. 따라서 모든 단계를 모니터링하지 말고, '몇 회에 1번'으로 매개변수를 추출하고, 시행착오 과정에서만 매개변수를 많이 추출하여 확인하기 바랍니다.

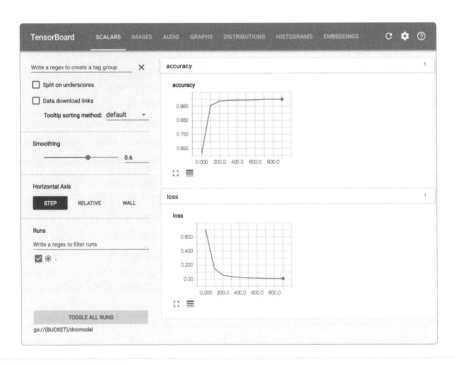

그림 7-32 정답률과 손실의 추이

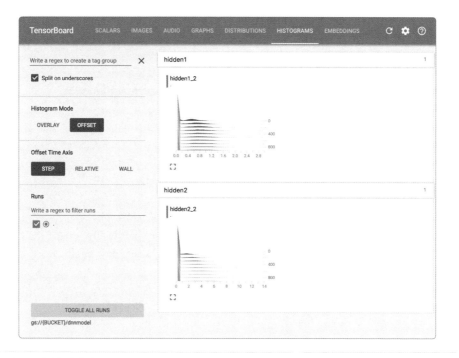

그림 7-33 은닉층의 출력 분포

지금까지의 코드를 정리해 보면, 다음과 같습니다.

```
NUM_FEATURES = 30
NUM_UNITS_H1 = 4
NUM_UNITS_H2 = 4
NUM_CLASSES = 2

with tf.Graph().as_default():
  # 입력층
  X = tf.placeholder(tf.float32, shape=[None, NUM_FEATURES], name="X")
  y = tf.placeholder(tf.float32, shape=[None, ], name="y")

  # 은닉층
  hidden1 = tf.layers.dense(
    inputs=X, units=NUM_UNITS_H1, activation=tf.nn.relu, name='hidden1')
  hidden2 = tf.layers.dense(
```

```
  inputs=hidden1, units=NUM_UNITS_H2, activation=tf.nn.relu,
  name='hidden2')

# 출력층
logits = tf.layers.dense(inputs=hidden2, units=NUM_CLASSES,
  name='output')

# 손실
with tf.name_scope('calc_loss'):
  onehot_labels = tf.one_hot( indices=tf.cast(y, tf.int32),
    depth=NUM_CLASSES)
  cross_entropy = tf.nn.softmax_cross_entropy_with_logits(
    labels=onehot_labels, logits=logits, name='xentropy')
  loss = tf.reduce_mean(cross_entropy, name='xentropy_mean')

# 손실 최소화하기
train_op = tf.train.AdamOptimizer(0.01).minimize(loss)

# 테스트 전용 데이터를 기반으로 정답률 계산하기
with tf.name_scope('calc_accuracy'):
  correct_prediction = tf.equal(
    tf.argmax(logits, 1), tf.argmax(onehot_labels, 1))
  accuracy = tf.reduce_mean(tf.cast(correct_prediction, tf.float32))

# 매개변수 모니터링
tf.summary.scalar('loss', loss)
tf.summary.scalar('accuracy', accuracy)
tf.summary.histogram('hidden1', hidden1)
tf.summary.histogram('hidden2', hidden2)
merged_summary = tf.summary.merge_all()

with tf.Session() as sess:
  writer = tf.summary.FileWriter(
    'gs://<BUCKET>/dnnmodel', sess.graph)

  sess.run(tf.global_variables_initializer())

  for step in range(1000):
    _, loss_value = sess.run([train_op, loss],
                  feed_dict={X: X_train, y: y_train})
    if step % 100 == 0:
```

```
    s = sess.run(merged_summary, feed_dict={X: X_train, y: y_train})
    writer.add_summary(s, step)
    writer.flush()
    print('Step: %d, Loss: %f' % (step, loss_value))

# 테스트 전용 데이터로 정답률 구하기
_a = sess.run(accuracy, feed_dict={X: X_test, y: y_test})
print('Accuracy: %f' % _a)
```

📋 Column │ 드롭아웃층

신경망은 표현력이 매우 좋지만, 그러한 강한 표현력 때문에 과학습이 쉽게 일어납니다. 이러한 과학습을 방지하고자 일반적으로 드롭아웃Dropout이라는 개념을 사용합니다. 이는 신경망의 연결을 무작위로 제거한 뒤 학습하는 것입니다. 이렇게 제거된 결합은 신호를 전달하지 못하므로, 가중치 계산도 이루어지지 않습니다.

왼쪽 그림에서 특정 유닛을 제거하는 것이 기본 개념입니다. 하지만 이렇게 구현하는 것보다는 오른쪽과 같이 신호를 막는 층(드롭아웃층)을 추가해서 구현하는 것이 쉬우므로, 이런 형태로 구현합니다.

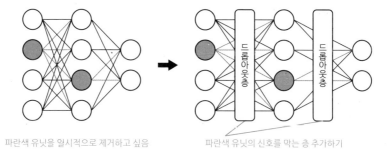

파란색 유닛을 일시적으로 제거하고 싶음   파란색 유닛의 신호를 막는 층 추가하기

그림 드롭아웃의 개념과 구현

'과학습을 방지하기 위해 학습을 멈춘다'라는 것은 아주 당연한 발상입니다. 그런데 드롭아웃층을 추가하면 앙상블 학습과 같은 효과가 발생한다는 장점이 생깁니다.

앙상블 학습이란 여러 학습기를 조합하는 방법입니다. 5장 '4. 랜덤 포레스트'에서 설명했던 랜덤 포레스트도 앙상블 학습의 예입니다. 무작위로 신경망의 일부를 제거해서 학습하면, 다른 여러 신경망을 조합해서 사용하는 것과 비슷한 효과를 얻을 수 있다는 것입니다.

8

CNN(합성곱 신경망)

이번 장에서는 CNN(Convolutional Neural Network, 합성곱 신경망)에 대해서 살펴보겠습니다. '이미지 식별에는 CNN을 사용한다'라는 말을 많이 들어 보았을 것입니다. 최근 이미지 식별 대회 등에서도 매우 많이 사용하고 있습니다(보다 복잡한 모델 이름으로 발표하는 경우도 있지만, 대부분 기반은 CNN입니다). 지금까지 살펴보았던 신경망(유닛을 모두 연결해서 사용하는 전결합 신경망)과 무엇이 다른지 차근차근 살펴봅시다.

1 지금까지 살펴본 이미지 식별의 문제점

 이번 절의 키워드 MNIST, 컨퓨전 매트릭스

지금까지 살펴보았던 이미지 식별에서는 이미지를 이미지로 다루지 않는다는 문제가 있었습니다. 그래도 꽤 높은 정답률이 나왔던 것은 머신러닝의 힘이라고 할 수 있겠네요.

이번 절에서는 이미지를 이미지로 다루지 않으면 어떤 문제가 일어나는지를 실제로 확인해 보겠습니다.

7장에서는 이미지의 화소를 특징량으로 잡아서 식별에 사용했습니다. 각각의 화소들이 독립된 특징량이므로, 순서를 조금 변경해도 식별에 특별한 영향을 주지 않습니다. 하지만 이처럼 일렬로 정렬된 이미지를 보고, 사람이 이미지가 무엇을 나타내는지 제대로 식별할 수 있을까요? 물론 가능한 사람이 있을지도 모르겠지만, 일반적으로는 어려울 것입니다.

이미지는 단순하게 화소 하나하나로 나열된 것이 아니며, 각각의 화소가 가로세로 방향으로 연결되어 어떤 '형태'를 만들게 됩니다. 전결합층을 지닌 신경망에서는 이러한 것을 전혀 고려하지 않았습니다.

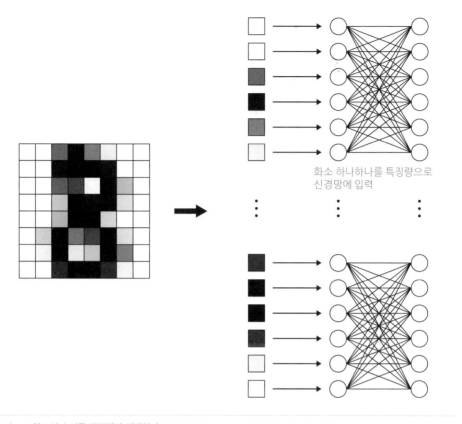

화소 하나하나를 특징량으로
신경망에 입력

그림 8-1 화소의 순서를 변경해서 식별하기

화소의 가로세로 나열을 생각하지 않으면, 어떤 문제가 발생할까요?

구체적인 예를 살펴봅시다. 그림 8-2는 MNIST('엠니스트'라고 발음합니다)라고 부르는 유명한 데이터 세트입니다. 이 데이터 세트에는 0부터 9까지의 손글씨 숫자 이미지(28×28 화소)가 훈련 전용으로 60,000개, 테스트 전용으로 10,000개 들어 있습니다. 이를 전결합 신경망으로 식별해서 어떤 '식별 문제'가 발생하는지 확인해 봅시다.

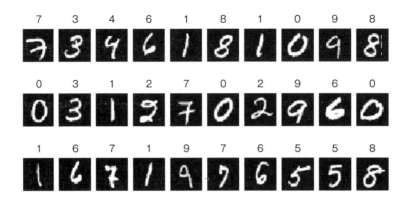

그림 8-2 MNIST 데이터 세트

MNIST 데이터 세트 읽어 들이기

MNIST 데이터 세트는 TensorFlow의 함수를 사용해 쉽게 읽어 들일 수 있습니다. 다음과 같이 read_data_sets 함수로 데이터 세트의 저장 대상 경로를 지정하면, 자동으로 데이터를 다운로드하고 읽어 들입니다. 만약 MNIST 데이터 세트가 이미 다운로드되어 있다면, 데이터를 읽어 들이기만 합니다.

```
from tensorflow.examples.tutorials.mnist import input_data
mnist = input_data.read_data_sets("./mnist/")
```

실행하면 다음과 같이 출력합니다.

```
Successfully downloaded train-images-idx3-ubyte.gz 9912422 bytes.
Extracting ./mnist/train-images-idx3-ubyte.gz
Successfully downloaded train-labels-idx1-ubyte.gz 28881 bytes.
Extracting ./mnist/train-labels-idx1-ubyte.gz
Successfully downloaded t10k-images-idx3-ubyte.gz 1648877 bytes.
Extracting ./mnist/t10k-images-idx3-ubyte.gz
Successfully downloaded t10k-labels-idx1-ubyte.gz 4542 bytes.
Extracting ./mnist/t10k-labels-idx1-ubyte.gz
```

훈련 전용 데이터는 mnist.train, 테스트 전용 데이터는 mnist.test로 참조할 수 있습니다. 훈련 전용 데이터를 사용해 이미지와 레이블이 어떠한 형태로 저장되어 있는지 확인해 봅시다.

```
mnist.train.images[0]
# ->
# array([0.        , 0.        , 0.        , 0.        , 0.        ,
#        0.        , 0.        , 0.        , 0.        , 0.        ,
#        0.        , 0.        , 0.        , 0.        , 0.        ,
# ... 생략
#        0.        , 0.        , 0.35294119, 0.5411765 , 0.92156869,
#        0.92156869, 0.92156869, 0.92156869, 0.92156869, 0.92156869,
#        0.98431379, 0.98431379, 0.97254908, 0.99607849, 0.96078438,
# ... 생략
#        0.        , 0.        , 0.        , 0.        , 0.        ,
#        0.        , 0.        , 0.        , 0.        , 0.        ,
#        0.        , 0.        , 0.        , 0.        ], dtype=float32)
```

mnist.train.images에는 이미지 리스트가, mnist.train.labels에는 레이블 리스트가 저장되어 있습니다. mnist.test도 마찬가지로 이미지와 레이블 리스트가 들어 있습니다. mnist.train.images[0]은 훈련 전용 데이터 중에 인덱스가 0인 이미지를 나타냅니다. 그리고 이 값은 28×28개의 화소에 해당하는 784화소만큼의 float 리스트입니다. 미리 0 ~ 1의 범위로 값이 스케일링되어 있으므로, 데이터 전처리를 따로 하지 않아도 학습에 사용할 수 있습니다. float 리스트로는 어떻게 그림이 그려져 있는지 약간 이해하기 어려울 수 있으므로, 간단하게 출력해 봅시다.

```
import matplotlib.pyplot as plt

plt.gray()   # 그레이 스케일로 변환하기
plt.matshow(mnist.train.images[0].reshape(28, 28))
```

코드를 실행해 보면 그림 8-3처럼 출력됩니다. 이와 같은 이미지에 대응하는 레이블은 mnist.train.labels[0]에 저장되어 있습니다. 이 값은 7이므로, 숫자 7이라는 것을 알 수 있습니다(3으로 보일 수도 있지만, 이는 7의 세로 선에 가로 선을 긋는 작성 방식입니다).

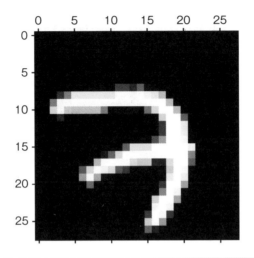

그림 8-3 훈련 전용 데이터의 인덱스 0에 들어 있는 이미지

전결합층만 사용한 신경망으로 식별하기

그럼 MNIST 데이터 세트를 전결합층만 사용한 신경망으로 학습하고 식별해 봅시다. 이번 절에서는 결과를 알아보기만 할 것이므로, 간단하게 DNNClassifier를 사용해서 구현하겠습니다.

```python
from tensorflow.contrib.learn.python import SKCompat

# 특징량의 수 정의하기
feature_columns = [tf.contrib.layers.real_valued_column("",
  dimension=28 * 28)]

# 은닉층 3개
classifier = tf.contrib.learn.DNNClassifier(
            feature_columns=feature_columns,
```

```
            hidden_units=[10, 20, 10],
            n_classes=10,
            model_dir="./dnnmnist/")

# scikit-learn과 비슷한 SKCompat로 변환하기
classifier = SKCompat(classifier)

# 학습하기
classifier.fit(x=mnist.train.images, y=mnist.train.labels.astype(
  np.int32), steps=20000, batch_size=50)

# 테스트 전용 데이터를 사용해서 추론하기
pred = classifier.predict(mnist.test.images)['classes']

# 테스트 전용 데이터로 정답률 구하기
classifier.score(mnist.test.images, mnist.test.labels.astype(np.int32))
```

은닉층은 3개이며, 유닛 수는 각각 10, 20, 10으로 설정했습니다. 입력하는 특징량은
28×28요소이므로 784차원으로 설정했습니다. 훈련 전용 데이터 mnist.train으로 학습
하고, 테스트 전용 데이터 mnist.test로 추론하여 정답률을 구했습니다. 필자의 환경에
서는 0.9359998 정도의 정답률이 나오지만, 랜덤 시드를 따로 지정하지 않았으므로 실
행할 때마다 조금씩 변동이 있을 수 있습니다.

문제가 있는 데이터 분석하기

어떤 레이블에서 문제가 발생한 것일까요? 자세히 살펴봅시다. 이번 장에서는 6장 '3.
데이터 평가하기'에서도 설명했던 컨퓨전 매트릭스를 사용해서 추론 결과가 어떤 레이
블이 되었는지, 그리고 맞았는지 틀렸는지 등을 확인해 보겠습니다. 정답률과 마찬가
지로 랜덤 시드를 따로 지정하지 않았으므로, 실행할 때마다 조금씩 변동이 있을 수 있
습니다.

```
from sklearn.metrics import confusion_matrix
import seaborn as sns

# 컨퓨전 매트릭스 계산하기
cm = confusion_matrix(mnist.test.labels, pred)

# 히트맵 그리기
sns.heatmap(cm, annot=True, fmt='d', vmin=0, vmax=50, cmap='Blues')
```

confusion_matrix 실행 결과는 array로 반환됩니다. 해당 값에 seaborn의 heatmap을 사용하면, 그림 8-4와 같이 출력됩니다. vmax를 설정하면 색상 바의 상한을 설정할 수 있습니다. 따라서 작은 값의 차이를 보다 명확하게 확인할 수 있습니다.

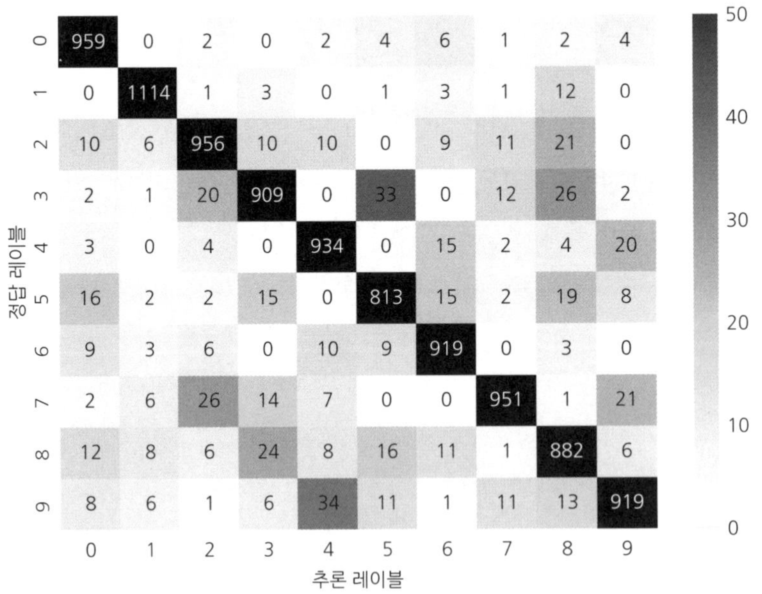

그림 8-4 컨퓨전 매트릭스

5, 8, 9처럼 비슷한 것에서 실수가 많이 발생합니다. 그럼 단순한 형태라서 거의 실수가 없는 1을 자세하게 살펴봅시다.

그림 8-5 레이블 1의 손글씨

이는 mnist.test.images[3906]에 있는 1의 손글씨입니다. DNNClassifier를 사용하면 다음과 같은 방법으로 하나하나 추론해 볼 수 있습니다.

```
# mnist.test.images[3906] 추론하기
classifier.predict(mnist.test.images[3906:3907])
# -> 3
```

추론 결과를 보면 '3'이 나옵니다. 위를 보면 7처럼도 보이지만, 사람은 아래 부분에 수평선이 그어져 있어서 1이라는 것을 알 수 있습니다. 하지만 전결합층만 사용한 신경망은 이러한 개별적인 특징을 잡지 못하고, 화소 하나하나의 특징밖에 볼 수 없습니다. 이러한 손글씨 문자의 화소 하나하나는 1과 3 중에서 어디에 가까울까요(그림 8-6)?

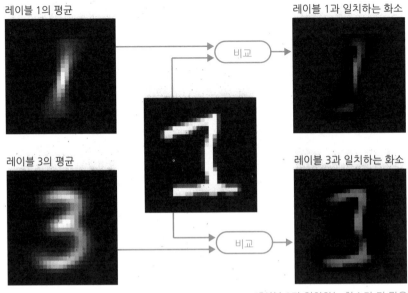

레이블 1의 평균

레이블 1과 일치하는 화소

비교

레이블 3의 평균

레이블 3과 일치하는 화소

비교

레이블 3과 일치하는 화소가 더 많음

그림 8-6 화소 단위로 유사도 비교하기

그림 8-6의 왼쪽에 있는 것은 mnist.train에 있는 1과 3의 모든 화소를 평균 낸 것입니다. 그리고 중간에는 현재 '1'의 이미지를 놓았습니다. 이를 화소 단위로 보았을 때 1로 식별할까요? 3으로 식별할까요? 비교해 보면 3의 화소와 더 많이 일치한다는 것을 알 수 있습니다. 따라서 신경망은 이를 3으로 분류하는 것입니다.

이처럼 화소 하나하나를 비교해서는 이미지의 특징을 제대로 추출할 수 없습니다. 그렇다면 어떻게 화소의 특징을 추출해야 좋을까요? 이때 사용하는 것이 CNN입니다. 그럼 이어서 CNN이 어떻게 이미지의 특징을 추출하는지 살펴봅시다.

2 합성곱층

 이번 절의 키워드   합성곱, 이미지 필터, 특징 추출

> CNN(Convolution Neural Network: 합성곱 신경망)란 이름 그대로 합성곱층을 포함하고 있는 신경
> 망을 의미합니다. **합성곱**(Convolution)이란 함수를 조금씩 평행 이동하면서 곱하는 계산을 의미
> 합니다. 이는 머신러닝뿐만 아니라 사진 수정 애플리케이션 등에서 사진 필터를 만들 때도 많이
> 사용하는 계산입니다. CNN도 사실 합성곱층을 사용해 **이미지에 필터를 적용하는 것**뿐이라고 할
> 수 있습니다.

이미지 필터란?

이미지 필터는 이미지를 흐리게 만든다든지, 경계를 추출한다든지, 세피아 색조로 변
경한다든지 하는 기능[7]을 나타냅니다. 스마트폰에 있는 카메라와 사진 애플리케이션
에 기본적으로 탑재되어 있는 기능이므로, 대부분 사용해 보았을 것이라고 생각합니
다. 이번 절에서는 이미지 필터가 어떻게 이미지를 변환하는지에 대해서 간단하게 살
펴보겠습니다. 이미지 필터 처리는 다음과 같은 과정을 거쳐 실행됩니다.

① 입력 화소에서 하나에 초점을 맞춥니다.

② 초점을 맞춘 화소 주변의 화솟값에 필터 계수를 곱합니다.

③ 곱한 결과를 더하고, 이를 변환 후의 화소로 저장합니다.

④ 하나 옆 화소로 초점을 이동하고, ①번으로 돌아가서 모든 화소를 돌 때까지 반복합니다.

---

7 이미지 필터는 합성곱 이외에도 여러 방법을 사용합니다.

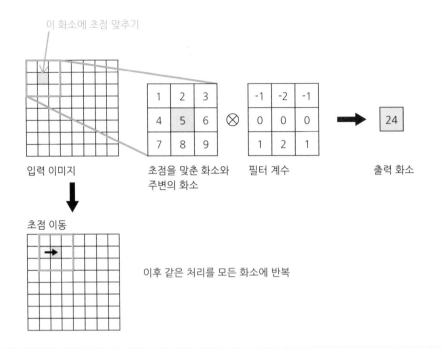

이 화소에 초점 맞추기

1	2	3
4	5	6
7	8	9

⊗

-1	-2	-1
0	0	0
1	2	1

→ 24

입력 이미지   초점을 맞춘 화소와   필터 계수   출력 화소
                    주변의 화소

초점 이동

이후 같은 처리를 모든 화소에 반복

그림 8-7 이미지 필터 처리

①부터 ④까지의 과정을 모든 화소에 처리하면, 이미지 필터 처리가 완료됩니다. 간단하게 코드로 확인해 봅시다. 다음 코드는 MNIST 이미지에 크기 3×3의 필터를 적용하는 코드입니다.

```
import numpy as np
import matplotlib.pyplot as plt
from tensorflow.examples.tutorials.mnist import input_data

# MNIST 데이터 세트 읽어 들이기
mnist = input_data.read_data_sets("./mnist/")

# 레이블 1인 입력 이미지: 28×28배열
img_in = mnist.test.images[3906].reshape(28, 28)

# 3×3 필터
filt = [[-1, -2, -1],
        [0, 0, 0],
```

```
                [1, 2, 1]]

# 이미지에 필터 적용하기
def apply_filter(img, filt):
  # 모든 값이 0인 28×28배열 만들기
  img_out = np.zeros((28, 28))
  # 초점을 맞출 화소를 왼쪽 위부터 차례대로 밟기
  for y in range(1, 27):
    for x in range(1, 27):
      # 좌표(x, y) 주변의 3×3영역
      im = img[y - 1:y + 2, x - 1:x + 2]
      # 필터 처리 결과를 img_out에 저장하기
      img_out[y, x] = np.multiply(filt, im).sum()
  return img_out

img = apply_filter(img_in, filt)

# 결과 그리기
plt.gray()
plt.matshow(img)
plt.axis('off')
```

그림 8-8 왼쪽 그림과 같은 3906번째 이미지에 필터를 적용하고 있는 코드입니다. 이러한 이미지에 필터를 적용하면, 그림 8-8의 오른쪽 그림처럼 수평선이 강조된 이미지가 됩니다.

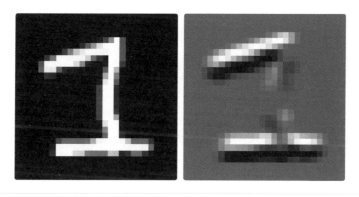

그림 8-8 이미지 필터 처리 전과 처리 후

for 반복문을 도는 부분이 합성곱 처리를 수행하는 부분입니다. 이 부분이 바로 이미지 필터를 적용하는 부분이라고 할 수 있습니다. 반복 변수 x와 y는 초점을 맞추고 있는 화소의 x 좌표와 y 좌표를 나타냅니다. 현재 코드에서는 이미지의 왼쪽 위에서 오른쪽 아래를 향해 초점을 이동하고 있습니다(반복을 1부터 시작하는 이유는 다음 절에서 설명합니다). im=img[y-1:y+2, x-1:x+2] 부분은 초점을 맞춘 이미지 주변의 화소 3×3만큼을 자르는 코드입니다(그림 8-9).

여기에 같은 3×3 크기의 필터값 filt를 곱합니다. 곱셈은 3×3에서 같은 위치에 있는 화소와 필터값에 적용합니다. 그리고 마지막으로 이러한 값을 더합니다(그림 8-10). 이러한 처리를 모든 화소에 반복하는 것입니다.

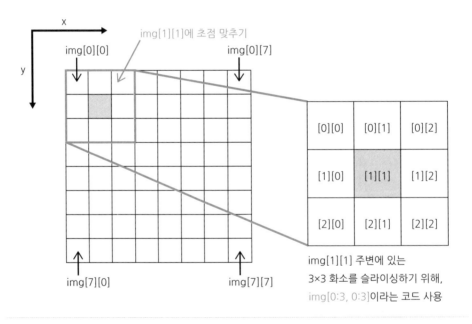

그림 8-9 초점을 맞춘 화소와 주변의 화소

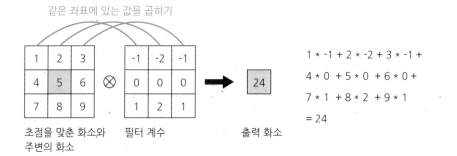

그림 8-10 필터 계수를 곱하는 방법

이미지 필터로 특징 추출하기

이처럼 이미지 필터를 적용하면, 화소의 진하고 연함에 지나지 않았던 특징량에 '양옆에 다른 화소가 어느 정도 있는가'라는 정보가 추가됩니다. 물론 가로 방향의 윤곽을 강조하는 필터 이외에 세로, 대각선 방향을 강조하는 필터를 추가로 적용하면, 이미지의 더 세세한 특징을 다룰 수 있습니다. 이미지의 세부적인 특징을 전결합층에 전달하면 (그림 8-11), 화소 하나하나를 단순하게 입력한 때보다 이미지의 '형상'을 제대로 파악하여 식별할 수 있을 것입니다.

이것이 바로 CNN의 합성곱층이 하는 일입니다. 그리고 학습을 통해 손실이 적어지는 방향으로 필터의 값을 조정합니다(특징을 더욱 잘 추출하는 필터를 찾는다는 말입니다). 실제로는 그림처럼 4개의 필터 정도가 아니라, 수십 개에서 수백 개의 필터를 적용합니다. 또한 합성곱층을 늘려, 필터링된 이미지를 또 필터링해서 더욱 많은 특징을 추출해서 사용합니다.

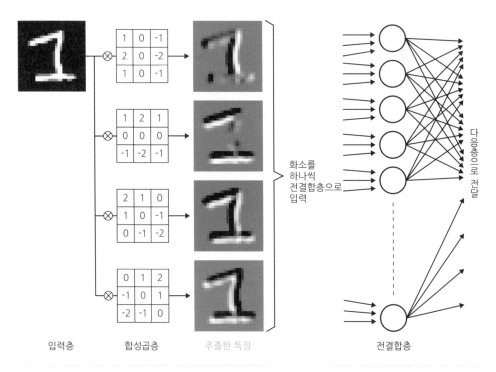

입력층 　　　 합성곱층 　　　 추출한 특징 　　　　　 전결합층

화소를
하나씩
전결합층으로
입력

다음층으로 전달

그림 8-11 이미지 필터 출력을 전결합층으로 입력해서 식별하기

합성곱층의 학습

합성곱층의 각 이미지 필터는 학습에 따라 값이 변해야 합니다(그렇지 않으면 '머신러닝' 이라고 말할 수 없겠지요).

그럼 어떻게 값을 변하게 해야 좋을까요? 지금까지의 내용을 다시 떠올려 봅시다. 퍼셉 트론과 신경망은 모두 가중치가 학습에 따라서 변화했습니다. 합성곱층도 마찬가지로 '가중치'가 학습에 따라 변화하는 요소입니다.

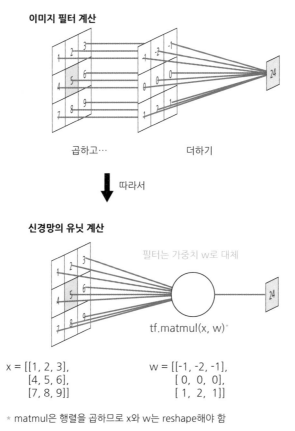

이미지 필터 계산

곱하고…　　　　　더하기

따라서

신경망의 유닛 계산

필터는 가중치 w로 대체

tf.matmul(x, w)*

```
x = [[1, 2, 3],        w = [[-1, -2, -1],
     [4, 5, 6],             [ 0,  0,  0],
     [7, 8, 9]]             [ 1,  2,  1]]
```

* matmul은 행렬을 곱하므로 x와 w는 reshape해야 함

그림 8-12 이미지 필터와 가중치의 관계

이미지 필터 계산은 입력 화소(초점을 맞춘 화소와 주변의 화소)에 필터 계수를 곱하고, 이 값을 더하는 것입니다. 반면 신경망에서 유닛 계산은 입력값과 가중치의 내적(곱하고 더한 것)을 구하기만 하면 됩니다. 따라서 이미지 필터의 계수를 가중치로 두면, 둘을 같은 계산으로 볼 수 있습니다(그림 8-12). 그림 8-12의 계산을 TensorFlow로 구현하면 다음과 같습니다.

```
import tensorflow as tf

with tf.Graph().as_default():
  x = tf.constant([[1, 2, 3],
```

```
                    [4, 5, 6],
                    [7, 8, 9]], shape=[1, 9])
  w = tf.constant([[-1, -2, -1],
                    [0, 0, 0],
                    [1, 2, 1]], shape=[9, 1])
  op = tf.matmul(x, w)
  with tf.Session() as sess:
    sess.run(tf.global_variables_initializer())
    result = sess.run(op)
print(result)  # -> [[24]]
```

현재 코드에서는 결과가 하나만 필요하므로, x를 행 벡터 shape=[1,9], w를 열 벡터 shape=[9,1]로 가공했습니다. 행렬 계산으로 해 두면 매우 편리합니다. 이미지 필터의 수가 늘어난 경우, 가중치 w의 차원을 증가시키고 그에 맞는 필터 수를 설정하기만 하면 대응할 수 있습니다.

예를 들어 색상이 있는 이미지의 경우 R, G, B라는 3개의 채널이 있으므로, 가중치 w의 차원 수를 늘려서, 채널 수 3개로 설정하기만 하면 됩니다. 코드 예로 나타내면 다음과 같습니다.

```
# 다음 예는 가중치를 모두 0으로 초기화하고 있지만
# 일반적으로는 0으로 초기화하지 않으므로 주의하기

# 3×3 필터, 1채널, 필터수10
w = tf.Variable(tf.zeros([3, 3, 1, 10]))
# 5×5 필터, 3채널, 필터 수20
w = tf.Variable(tf.zeros([5, 5, 3, 20])),
```

구체적인 코드 예는 8장 '4. TensorFlow로 2층 CNN 구현하기'에서 자세하게 살펴보도록 합시다. 이번 절에서는 필터의 크기, 채널 수, 필터 수와 가중치의 관계만 확실하게 기억하기 바랍니다.

3 합성곱 계산의 종류와 풀링

합성곱 연산을 단순하게 이미지 필터라고 설명했지만, 필터를 곱하는 방법에 따라서 여러 가지 방식이 있습니다. 이번 절에서는 합성곱층에서 사용하는 합성곱 연산과 관련된 키워드를 살펴보고, 최종적으로 합성곱층과 함께 사용하는 풀링층에 대해서 설명하겠습니다.

패딩

패딩[Padding]이란 포장한다는 의미입니다. 합성곱층에서 사용하는 패딩이라는 용어는 입력 이미지의 '가장자리'에 무언가를 포장한다는 의미입니다. 이미지 필터는 초점을 맞춘 화소 주변 N×M(3×3 화소, 5×5 화소, 3×5 화소 등)에 계수를 곱해 다양한 효과를 얻습니다. 그런데 입력 이미지의 가장 외곽 부분은 주변에 화소가 일부 없습니다(그림 8-13 왼쪽). 이러한 경우, 입력 이미지의 가장자리에 0[8]이라는 화소를 채워 넣어 사용합니다(그림 8-13 오른쪽). 이것이 바로 패딩입니다.

물론 패딩을 하지 않아도 되기는 합니다. 초점을 맞추는 화소를 가장 왼쪽부터 시작하지 말고, 약간 어긋난 위치(3×3의 필터의 경우 [1, 1], 5×5 필터의 경우 [2, 2])부터 시작하게 하면 됩니다. 하지만 이렇게 하면 출력 이미지의 크기가 입력 이미지보다 작아지게 됩니다. 따라서 합성곱층을 여러 번 사용하는 경우, 이미지가 작아지지 않게 패딩을 꼭 넣어주는 것이 좋습니다.

---

8 합성곱의 패딩에는 일반적으로 0이 많이 사용되지만, 일반적인 이미지 필터의 경우 0 이외에도 여러 값이 사용됩니다.

참고로 앞선 절에서는 패딩 처리를 안 했습니다. 따라서 x, y=[1, 1]부터 합성곱 처리를 수행하게 했습니다. 다만 출력 이미지의 크기를 입력층과 같은 크기로 처음부터 만들어서 사용했으므로, 이미지 크기가 작아지지 않았던 것입니다.

역주　앞선 절의 코드를 보면, for 반복문에 range(1, 27)이라는 범위를 넣었습니다. 이때 0부터가 아니라, 1부터 시작하게 한 부분이 바로 패딩 처리를 하지 않은 것에 해당합니다.

또한, img_out=np.zeros((28, 28))이 출력 이미지의 크기를 입력층과 같게 만든 부분입니다.

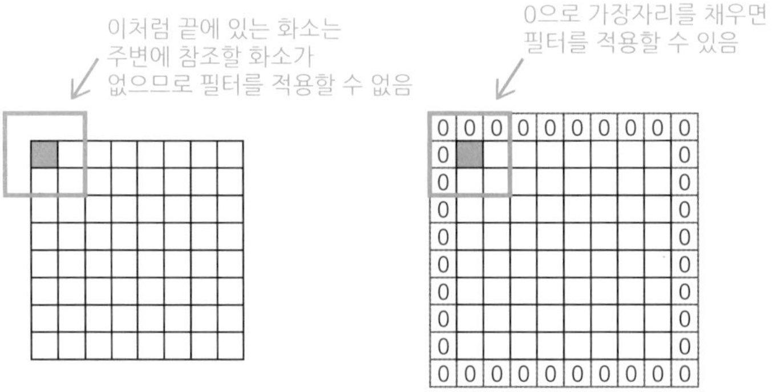

이처럼 끝에 있는 화소는
주변에 참조할 화소가
없으므로 필터를 적용할 수 없음

0으로 가장자리를 채우면
필터를 적용할 수 있음

그림 8-13 입력 이미지의 '가장자리'에 0을 채우기

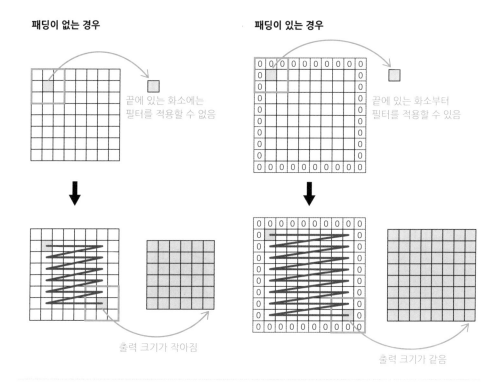

패딩이 없는 경우

끝에 있는 화소에는
필터를 적용할 수 없음

출력 크기가 작아짐

패딩이 있는 경우

끝에 있는 화소부터
필터를 적용할 수 있음

출력 크기가 같음

그림 8-14 패딩 여부에 따라서 출력 이미지의 크기가 변함

스트라이드

스트라이드Stride는 '보폭'이라는 의미입니다. 지금까지는 '초점을 맞추는 화소'를 한 칸 씩 이동시켰습니다. 하지만 한 칸씩 이동할 필요는 없습니다. 한 칸을 건너뛰어 두 칸씩 이동할 수도 있습니다(그림 8-15). 이처럼 '한 번에 이동하는 칸의 수'를 스트라이드라 고 부릅니다. 물론 일부 화소를 무시하고 건너 뛰므로, 특징이 제대로 추출되지 않을 수 도 있습니다. 따라서 일반적으로는 스트라이드 1, 따라서 한 칸씩 이동하는 것이 좋습 니다.

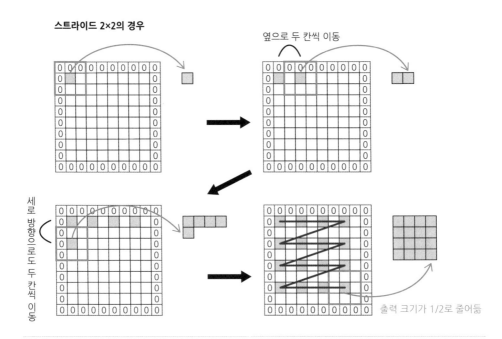

스트라이드 2×2의 경우

옆으로 두 칸씩 이동

세로 방향으로도 두 칸씩 이동

출력 크기가 1/2로 줄어듦

그림 8-15 스트라이드 2(두 칸씩 이동하기)의 예

풀링층

풀링층Pooling Layer은 일반적으로 합성곱층 바로 뒤에 붙여서 사용합니다. 풀링층은 이미지를 정해진 규칙대로 축소하는 층입니다. 따라서 학습시켜야 하는 매개변수가 따로 없습니다. 풀링은 일반적으로 최대 풀링Max Pooling과 평균 풀링Average Pooling라는 두 가지로 구분할 수 있습니다. 이미지 인식에서는 최대 풀링을 많이 사용합니다. 따라서 그냥 풀링이라고 부르면, 일반적으로 최대 풀링을 의미합니다.

예를 들어 **그림 8-16**처럼 2×2라는 4개의 화소를 하나의 화소로 집약해서 크기를 절반으로 작게 만듭니다. 이때 4개의 화소 중에 값이 가장 큰 값을 선택하는 것이 최대 풀링, 평균을 선택하는 것이 평균 풀링입니다. 또한, 풀링 크기(예를 들어 2×2)와 풀링층의 스트라이드는 일치시키는 것이 일반적입니다.

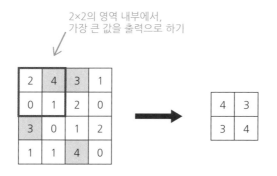

2×2의 영역 내부에서,
가장 큰 값을 출력으로 하기

그림 8-16 풀링 2×2의 예

풀링은 입력 이미지(특징)의 미묘한 위치 흔들림을 완화하기 위해 사용합니다. 그림 8-17처럼 '1'이라는 손글씨 문자를 생각해 봅시다. 왼쪽 이미지와 오른쪽 이미지의 차이를 알 수 있나요?

오른쪽 이미지는 왼쪽 이미지를 화소 하나만큼 아래로 시프트한 것입니다. 사람의 눈으로는 완전히 같은 이미지처럼 보이지만, 데이터를 시프트하면 요소에는 굉장히 큰 변화가 발생합니다. 풀링을 하면, 이미지가 미묘하게 시프트되어 있어도 거의 같은 결과를 출력하게 됩니다(그림 8-18).

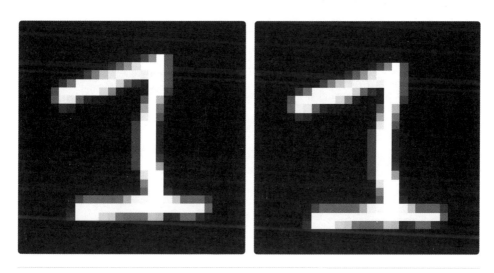

그림 8-17 화소 하나만큼 아래로 시프트한 입력 이미지

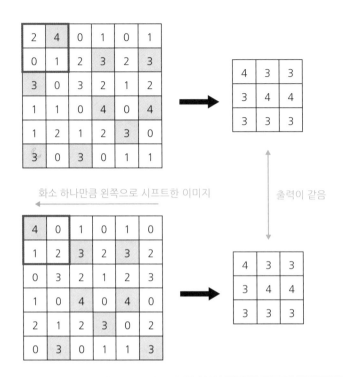

그림 8-18 풀링으로 이미지 시프트 완화하기

TensorFlow로 합성곱층 구현하기

합성곱 연산에 사용되는 요소를 이해했다면, TensorFlow를 사용해 이러한 매개변수들을 결정하고, 합성곱층으로 이미지에 필터를 적용해 봅시다. 테스트 전용 이미지는 이전과 마찬가지로 '1'을 나타내는 손글씨 문자입니다.

```
import tensorflow as tf
import numpy as np
import matplotlib.pyplot as plt

# MNIST 데이터 세트 읽어 들이기
from tensorflow.examples.tutorials.mnist import input_data
mnist = input_data.read_data_sets("./mnist/")
```

```
# 레이블 1의 입력 이미지
img_in = mnist.test.images[3906]
```

이어서 이러한 입력 이미지에 합성곱층으로 이미지 필터를 적용한 이미지를 출력하는 코드입니다. 실행하면, 이전 절의 그림 8-11에 있는 가장 위의 필터와 같은 결과를 냅니다.

그럼 코드를 차근차근 살펴봅시다. 일단 입력 이미지에 tf.reshape를 적용해서, [<배치 크기>, <높이>, <너비>, <채널 수>] 형태로 변경합니다. 이는 TensorFlow에서 합성곱 연산을 하는 tf.nn.conv2d를 사용하기 위해 필요한 형태입니다.

이어서 tf.constant로 가중치를 정의합니다. 이는 그림 8-12에서 설명한 대로 이미지 필터를 가중치로 표현하는 것입니다. 이번에는 필터 학습을 따로 하지 않으므로 tf.constant를 사용했지만, 학습시킬 경우에는 tf.Variable을 사용합니다. 또한, 이때도 여러 연산을 한 번에 할 수 있게, 형태를 [<높이>, <너비>, <입력 채널 수>, <출력 채널 수>]로 변환합니다.

이어서 합성곱층입니다. tf.nn.conv2d로 연산을 수행합니다. 입력 이미지와 가중치를 매개변수로 전달하고, 스트라이드와 패딩을 설정합니다. 스트라이드는 [<배치>, <높이>, <너비>, <채널 수>] 방향의 이동 보폭으로 지정합니다. 예를 들어 이미지의 높이, 너비 방향으로 스트라이드 2(두 칸씩 이동)한다면, [1, 2, 2, 1]을 지정합니다. 패딩이 'SAME'이라는 것은 출력 이미지 크기를 '같게' 한다는 의미입니다. 따라서 (0으로) 패딩을 적용한다는 의미입니다. 참고로 패딩을 적용하지 않을 경우에는 'VALID'를 지정합니다.

```
with tf.Graph().as_default():
  x = tf.placeholder(tf.float32, shape=[784])
  x_image = tf.reshape(x, shape=[-1, 28, 28, 1])  # <배치 수>, <높이>,
                                                   #  <너비>, <채널 수>

  # 필터로 사용할 가중치 정의하기
  # shape는 [<높이>, <너비>, <입력 채널 수>, <출력 채널 수>]
```

```
    w = tf.constant([[1, 0, -1],
                     [2, 0, -2],
                     [1, 0, -1]], dtype=tf.float32, shape=[3, 3, 1, 1])
    # 합성곱층
    # strides는 [<배치>, <높이>, <너비>, <채널>] 방향의 보폭
    conv = tf.nn.conv2d(x_image, w, strides=[1, 1, 1, 1], padding='SAME')

    with tf.Session() as sess:
      sess.run(tf.global_variables_initializer())
      result = sess.run(conv, feed_dict={x: img_in})

  # 합성곱층의 출력 그리기
  plt.gray()
  plt.matshow(result.reshape(28, 28))
```

이어서 풀링층을 추가합시다. 코드는 다음과 같습니다. 합성곱층의 연산 conv 뒤에 풀링층 연산을 수행하는 pool을 추가합니다. tf.nn.max_pool은 최대 풀링 연산을 수행합니다. ksize와 strides는 각각 풀링 크기와 풀링 때의 스트라이드를 의미합니다.

형태는 입력과 같게 [<배치>, <높이>, <너비>, <채널 수>] 방향이라는 의미입니다. 현재 코드에서는 높이와 너비 방향 2×2로 풀링을 수행합니다.

```
  with tf.Graph().as_default():
    x = tf.placeholder(tf.float32, shape=[784])
    x_image = tf.reshape(x, shape=[-1, 28, 28, 1])   # <배치 수>, <높이>,
                                                          <너비>, <채널 수>

    # 필터로 사용할 가중치 정의하기
    # shape는 [<높이>, <너비>, <입력 채널 수>, <출력 채널 수>]
    w = tf.constant([[1, 0, -1],
                     [2, 0, -2],
                     [1, 0, -1]], dtype=tf.float32, shape=[3, 3, 1, 1])
    # 합성곱층
    # strides는 [<배치>, <높이>, <너비>, <채널>] 방향의 보폭
    conv = tf.nn.conv2d(x_image, w, strides=[1, 1, 1, 1], padding='SAME')
```

```
# 풀링층
pool = tf.nn.max_pool(conv, ksize=[1, 2, 2, 1], strides=[1, 2, 2, 1],
                      padding='SAME')
with tf.Session() as sess:
  sess.run(tf.global_variables_initializer())
  result = sess.run(pool, feed_dict={x: img_in})

# 합성곱층의 출력 그리기
plt.gray()
plt.matshow(result.reshape(14, 14))
```

출력 결과는 그림 8-19와 같습니다. 합성곱층에서 이미지 필터를 적용하고, 풀링층에서 2×2 풀링, 따라서 이미지 크기를 절반으로 줄이게 됩니다.

TensorFlow는 행렬 연산으로 여러 값에 처리를 한 번에 적용하므로, 처음 보면 조금 이해하기 어려울 수 있습니다. 특히 데이터의 형태Shape가 다르면, 완전히 다른 결과가 나오거나 오류가 발생해 버립니다. 따라서 이번 코드처럼 중간에 이미지로 결과를 확인하는 것이 좋습니다.

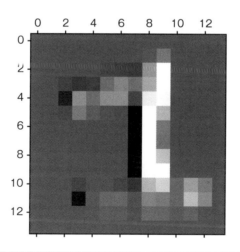

그림 8-19 풀링 후의 이미지

347

4 TensorFlow로 2층 CNN 구현하기

드롭아웃층, 필터 수

지금까지 신경망과 합성곱층에 대해서 설명했습니다. 따라서 CNN 구현과 관련된 내용을 모두 살펴본 것입니다. 이번 절에서는 CNN을 구현하면서 CNN의 '위대함'을 함께 느껴봅시다. 전결합층만으로 구현한 신경망과의 차이를 볼 수 있게, 8장 '1. 지금까지 살펴봤던 이미지 식별의 문제점'에서 만들었던 MNIST 추론을 CNN으로 구현해 보고, 정답률이 어느 정도 개선되는지 확인해 봅시다.

CNN의 전체적인 구성

이번 절에서는 합성곱층과 풀링층을 각각 2층, 그리고 전결합층과 드롭아웃층을 포함한 CNN을 구현하겠습니다(그림 8-20). 이러한 층 수와 필터 수는 앞선 개발자들이 연구해서 얻은 값입니다. 물론 이러한 값을 꼭 맞추지 않는다고 동작하지 않는 것은 아닙니다. 하지만 필터 수를 설정할 때에는 여러 가지 규칙이 있으므로, 틀리지 않게 확인하도록 합시다.

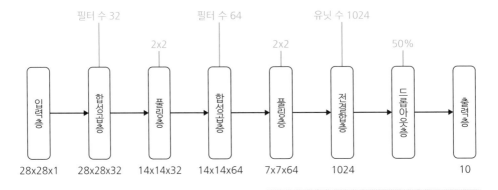

그림 8-20 2층 CNN의 구성과 각 층의 출력 형태

합성곱층 구현하기

합성곱층은 앞선 절에서 구현한 그대로지만 이번에는 학습을 진행할 것이므로, 가중치를 tf.constant가 아니라, tf.Variable로 구현합니다.

첫 번째 합성곱층은 다음과 같이 구현합니다.

```
# 5×5 필터, 1채널 입력, 필터 수 32
W1 = tf.Variable(tf.random_normal([5, 5, 1, 32]))
conv1 = tf.nn.conv2d(X_image, W1, strides=[1, 1, 1, 1], padding='SAME')
```

첫 번째 합성곱층은 5×5 필터, 1채널 입력, 필터 수 32로 설정했습니다. tf.random_normal은 정규 분포를 활용한 난수(임의의 수)로 초기화시키는 함수입니다.

이어서 두 번째 합성곱층입니다.

```
# 5×5 필터, 32채널 입력, 필터 수 64
W2 = tf.Variable(tf.random_normal([5, 5, 32, 64]))
conv2 = tf.nn.conv2d(conv1, W2, strides=[1, 1, 1, 1], padding='SAME')
```

첫 번째와 마찬가지로 5×5 필터지만, 입력이 32채널이라는 점에 주의하기 바랍니다. MNIST는 그레이 스케일 이미지이므로 1채널밖에 없지만, 첫 번째 합성곱층에서 32개의 필터를 통과시켰습니다. 따라서 32채널을 가진 이미지가 생성되므로, 두 번째 합성곱층에서는 32채널을 입력하게 만든 것입니다. '합성곱층의 층 수'와 '각각의 층에 있는 필터 수'는 입력되는 데이터에 따라 자유롭게 설정해도 상관없지만, 층과 층 사이의 입력과 출력은 필터 수에 맞게 설정해야 하므로 꼭 기억하기 바랍니다.

이처럼 가중치를 하나하나 설정해도 괜찮지만, tf.layers라는 함수를 사용하면 코드를 매우 간단하게 작성할 수 있습니다.

```
# 5×5 필터, 필터 수 32, 스트라이드는 1×1(기본값)
conv1 = tf.layers.conv2d(
        inputs=X_image,
        filters=32,
        kernel_size=[5, 5],
        padding="SAME",
        activation=tf.nn.relu)
```

첫 번째 합성곱층은 이렇게 하기만 하면 됩니다. 가중치(와 바이어스)는 tf.layers.conv2d 가 자동으로 생성해 줍니다. 또한 입력 채널 수도 자동으로 설정해 줍니다. 따라서 이번 절의 앞부분에서 언급했던 필터 수 설정 규칙 등을 딱히 신경 쓰지 않아도 됩니다. 그래도 이후의 층과 연결할 때는 출력 크기를 알고 있어야 하므로, 블랙박스(아무것도 몰라도 되는 것)처럼 사용하면 안 됩니다. 반드시 입출력 크기를 확인해 두도록 합시다. 또한 tf. layers.conv2d는 합성곱 이후에 활성화 함수를 적용하므로(앞의 예에서는 ReLU), 비선형성을 지닌 CNN을 만들 때 성능이 크게 향상됩니다.

풀링층 구현하기

풀링층도 tf.layers를 사용하면 간단하게 만들 수 있습니다. 풀링층은 학습 매개변수가 따로 없으므로 이런 방법으로 작성해도 딱히 상관없습니다(블랙박스가 될만한 부분도 없으니까요). tf.layers로 풀링층을 구현할 때는 다음과 같이 합니다.

```
pool1 = tf.layers.max_pooling2d(inputs=conv1, pool_size=[2, 2], strides=2)
```

2×2의 크기, 스트라이드 2의 풀링을 한다는 것을 쉽게 알 수 있을 것입니다.

전결합층과 드롭아웃층 구현하기

그럼 마지막으로 전결합층을 만들어 봅시다. 여기부터는 '이미지의 형태'가 아무 상관 없습니다. 따라서 tf.reshape를 사용해서 일렬로 만들어 사용합시다. 다만, 이때 크기는 주의해야 합니다. 이미지 크기는 두 번의 2×2 풀링으로 인해 28×28→14×14→7×7로 점점 작아집니다.

또한, 두 번째 합성곱층의 필터 수는 64이므로, 7×7의 이미지가 64필터만큼(채널)을 가지게 됩니다. 따라서 tf.reshape로 일렬로 정렬하면 3136화소가 됩니다.

역주 7×7×64=3136입니다.

```
pool2_flat = tf.reshape(pool2, [-1, 7 * 7 * 64])
dense = tf.layers.dense(inputs=pool2_flat, units=1024,
      activation=tf.nn.relu)
dropout = tf.layers.dropout(
      inputs=dense, rate=0.5, training=True)
```

전체 코드

2층 CNN의 전체 코드는 다음과 같습니다. 정답률이 0.9923까지 개선되었습니다! 전결합층만으로 구성한 신경망과 비교해서 5%포인트 정도 상승되었습니다.

CNN 학습에는 일반적으로 시간이 매우 오래 걸린다는 것을 기억하기 바랍니다. 예를 들어 GPU가 없는 환경에서 이 코드를 실행하면, 학습이 종료될 때까지 보통 1시간 이상 걸립니다. 이처럼 어느 정도의 시간이 걸리는 학습을 수행하는 경우에는 일단 에포크 수와 단계 수를 전체의 1/10 또는 1/100 정도로 설정하고, 학습에 어느 정도 시간이 걸릴지 미리 예상해 보는 것이 좋습니다.

또한, Cloud ML Engine 사용도 검토해 보는 것이 좋습니다. GPU를 사용하는 기본적인 모드인 BASIC_GPU를 사용하면, 현재 예제를 학습하는 데 1~2분 정도밖에 걸리지 않습니다. 이번 장의 마지막 부분에 있는 칼럼을 보면 Datalab(Jupyter)에서 Cloud ML Engine으로 학습 작업을 만드는 방법이 간단하게 나와 있으므로, 해당 내용도 참고하기 바랍니다.

```python
import tensorflow as tf
from tensorflow.examples.tutorials.mnist import input_data
mnist = input_data.read_data_sets("./mnist/")

batch_size = 50

with tf.Graph().as_default():
  X = tf.placeholder(tf.float32, [None, 784], name='X')
  y = tf.placeholder(tf.float32, [None,], name='y')

  X_image = tf.reshape(X, [-1, 28, 28, 1])

  # 1번째 합성곱층
  conv1 = tf.layers.conv2d(
    inputs=X_image,
    filters=32,
    kernel_size=[5, 5],
    padding="SAME",
    activation=tf.nn.relu)

  # 1번째 풀링층
  pool1 = tf.layers.max_pooling2d(inputs=conv1, pool_size=[2, 2],
    strides=2)

  # 2번째 합성곱층
  conv2 = tf.layers.conv2d(
    inputs=pool1,
    filters=64,
    kernel_size=[5, 5],
    padding="SAME",
    activation=tf.nn.relu)
```

```
# 2번째 풀링층
pool2 = tf.layers.max_pooling2d(inputs=conv2, pool_size=[2, 2],
  strides=2)

# 전결합층
pool2_flat = tf.reshape(pool2, [-1, 7 * 7 * 64])
dense = tf.layers.dense(inputs=pool2_flat, units=1024,
  activation=tf.nn.relu)

# 드롭아웃층
dropout = tf.layers.dropout(
  inputs=dense, rate=0.5, training=True)

# 출력층
logits = tf.layers.dense(inputs=dropout, units=10,
  name='output')
predict = tf.argmax(logits, 1)

# 손실
with tf.name_scope('calc_loss'):
  onehot_labels = tf.one_hot(indices=tf.cast(y, tf.int32),
    depth=10)
  cross_entropy = tf.nn.softmax_cross_entropy_with_logits(
    labels=onehot_labels, logits=logits, name='xentropy')
  loss = tf.reduce_mean(cross_entropy, name='xentropy_mean')

# 손실 최적화하기
train_op = tf.train.AdamOptimizer(0.0001).minimize(loss)

# 정답률 구하기
with tf.name_scope('calc_accuracy'):
  correct_prediction = tf.equal(
    tf.argmax(logits, 1), tf.argmax(onehot_labels, 1))
  accuracy = tf.reduce_mean(tf.cast(correct_prediction, tf.
    float32))

with tf.Session() as sess:
  sess.run(tf.global_variables_initializer())

  total_batch = int(mnist.train.num_examples//batch_size)
```

```
for epoch in range(20):
  for step in range(total_batch):
    batch_xs, batch_ys = mnist.train.next_batch(batch_size)
    _, loss_value = sess.run([train_op, loss],
                            feed_dict={X: batch_xs, y: batch_ys})
  print('Step: %d, Loss: %f' % (step, loss_value))

# 테스트하기
_a = sess.run(accuracy, feed_dict={X: mnist.test.images, y:
  mnist.test.labels})

print('Accuracy: %f' % _a)
```

Column | 더 깊은 네트워크

딥러닝과 관련된 뉴스 기사 또는 논문 등을 보면, 매우 깊은 네트워크를 볼 수 있습니다. 일반적인 물체(차, 강아지, 꽃 등)를 식별하기 위해 만들어진, 클래스 수(식별해야 하는 레이블의 수)가 매우 많은 네트워크입니다.

예를 들어 ILSVRC(ImageNet Large Scale Visual Recognition Challenge)라는 이미지 인식 대회에서는 1000-클래스[9] 식별을 해야 합니다. 따라서 이 경쟁에서 우수한 성과를 남긴 VGC와 Inception-v3라는 네트워크는 1000-클래스 식별이 가능하다는 의미입니다.

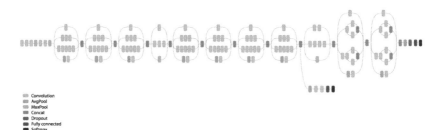

그림 Inception-v3의 네트워크 (Google Research Blog 인용: https://research.googleblog.com/)

---

9 1000-클래스 목록: http://image-net.org/challenges/LSVRC/2014/browse-synsets

일반적으로 이처럼 깊은 네트워크는 학습에 필요한 데이터 양도 많고(100만 개 이상), 학습 시간도 매우 오래 걸리므로, 개인이 만들기는 거의 불가능에 가깝습니다. 하지만 데이터가 적어도, 학습 시간을 오래 들이지 않아도, 이러한 인식 능력의 '혜택'을 받는 방법이 있습니다. 바로 전이 학습 Transfer Learning입니다. 전이 학습은 이미 학습이 완료된 네트워크를 사용하는 것입니다. 그냥 그대로 사용하면 학습할 때의 클래스밖에 식별할 수 없지만, 최종적인 층을 새로운 층(학습되지 않은 전결합층 등)으로 변경한 뒤, 자신이 식별하고 싶은 이미지(예를 들어 꽃의 종류 등)를 학습시키면, 아무것도 학습시키지 않은 상태에서 새로 학습시키는 것보다 정확도가 높아지고, 학습에 필요한 데이터 샘플도 조금만 있어도 됩니다.

이는 기존의 클래스가 가진 '기본적인 특징(윤곽과 질감)을 추출하는 능력'을 활용해서, 자신이 식별하고 싶은 클래스를 식별할 수 있게 만드는 것이라고 생각하면 됩니다. 물론 기존의 클래스가 가진 기본적인 특징이 자신이 식별하고 싶은 클래스와 전혀 다르다면, 전이 학습을 활용해도 큰 효과가 없습니다.

앞으로는 학습이 어느 정도 진행된 모델을 쉽게 얻을 수 있을 것입니다. 그러한 경우에는 전이 학습을 활용하면 좋습니다. 일부 프레임워크는 이미 기본적으로 학습이 어느 정도 진행된 모델을 제공하고 있습니다.

 Column | Cloud ML Engine

Cloud ML Engine이란 TensorFlow의 풀 매니지드(Full-Managed) 실행 환경입니다. 분산 처리를 활용하는 학습, 추론을 호스팅해 주는 굉장히 편리한 GCP 서비스입니다.

예를 들어 이번 절의 CNN 학습은 GPU를 사용하지 않는 환경에서는 시간이 매우 오래 걸렸지만, Cloud ML Engine으로 실행하면, 몇 분 만에 학습이 모두 끝나게 됩니다!

또한, 학습한 모델을 사용해서 어떤 서비스를 구축하고 싶다면, 추론하고 싶은 데이터를 모델로 전달하고 추론 결과를 받는 시스템을 구축해야 합니다. 일반적으로 GCE 등의 가상 머신 환경에 HTTP 서버와 TensorFlow 환경을 구축한 뒤, 요청을 처리하는 프로그램을 작성하는 등 여러 작업이 필요합니다. 하지만 Cloud ML Engine의 Online Prediction이라는 서비스를 사용하면, 학습된 모델을 GCS에 넣어 두었다가 Console에서 해당 모델을 설정하는 등의 작업을 REST API로 구축해서, 추론을 요청하고 결과를 받는 서비스를 사용할 수 있습니다.

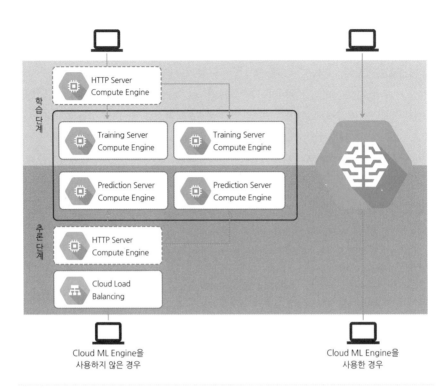

그림 Cloud ML Engine

Cloud ML Engine은 필자가 만든 Extension을 사용하면, Datalab(Jupyter)에서 간단하게 사용할 수 있습니다. 관심 있다면 이번 절의 CNN 코드를 Cloud ML Engine 위에서 실행하고, 학습 시간의 차이를 경험해 보세요(MLEngine.ipynb를 참고하세요).

A

부록

1 Python2의 기본적인 사용 방법

프로그래밍 언어 Python은 ver2와 ver3라는 두 가지 계열의 버전이 공존하고 있습니다. 하지만 두 가지 버전은 상호 호환성이 없어서 아예 다른 프로그래밍 언어로 분류하는 경우가 많습니다. 이 책의 코드는 모든 GCP 서비스에서 사용할 수 있게 Python2(ver2)를 사용했습니다. 이번 부록에서는 Python2의 간단한 사용 방법을 설명하겠습니다.

print

그럼 "Hello World!"를 출력해 봅시다. 문자열을 출력할 때는 print 구문을 사용합니다.

```
print('Hello World!')
```

문자열은 작은따옴표(')또는 큰따옴표(")를 사용해 만듭니다.

변수

Python의 변수는 동적으로 자료형을 결정합니다. Python은 '정수', '부동 소수점', '문자열' 등의 자료형을 가지고 있습니다.

```
a = 42        # 정수
b = 3.14      # 부동 소수점
c = 'Hello'   # 문자열

d = a + b     # 부동 소수점 45.14
```

변수 d는 정수와 부동 소수점을 더한 값입니다. 이러한 경우 연산 결과는 부동 소수점이 됩니다.

\# 이후의 부분은 주석으로 처리됩니다. 여러 줄 주석을 입력하고 싶은 경우 따옴표를 3번 연속으로 사용한 `'''` 또는 `"""`로 만듭니다.

리스트와 튜플

리스트(배열)는 대괄호 [ ]를 사용해 만들고, 내부에 요소를 쉼표(,)로 구분해서 입력합니다. 리스트에는 여러 종류의 자료형이 섞일 수 있습니다. 또한, 리스트의 리스트처럼 리스트를 중첩해서 사용할 수도 있습니다.

```
a = [10, 20, 30, 40]
print(a[1])    # 20을 출력합니다.

b = [100, 200, 'abc']
print(b[2])    # 'abc'를 출력합니다.

c = [[1, 2], [3, 4]]
print(c[0])      # [1, 2]를 출력합니다.
print(c[1][1])   # 4를 출력합니다.
```

튜플은 리스트와 매우 비슷하지만, 변경할 수 없는 Immutable 값이라서 한 번 생성한 이후에는 변경할 수 없습니다. 튜플은 소괄호 ()를 사용해 만듭니다.

```
a = (10, 20, 30)
print(a[2])    # 30을 출력합니다.
a[1] = 100     # 값을 변경하려고 하면 오류가 발생합니다.
```

딕셔너리

딕셔너리 Dictionary 는 키 Key 와 값 Value 쌍의 집합입니다. 리스트는 값의 순서가 보장되지만, 딕셔너리의 경우 이러한 순서가 보장되지 않습니다.

```
a = {'x': 42, 'y': 3.14}
print(a['x'])   # 42를 출력합니다.

a['z'] = 100    # key value 쌍 추가하기
```

흐름 제어

Python은 들여쓰기를 사용해 블록을 만듭니다. 들여쓰기에는 공백 또는 탭을 사용할수 있습니다. PEP라는 스타일 가이드에는 공백 4개 사용을 추천하고 있습니다.

if 구문은 다음과 같이 조건식 마지막에 콜론(:)을 붙이고, 처리할 내용을 들여쓰기해서 작성합니다.

```
a = 42

if a > 100:
    print('a > 100!!')
elif a > 40:
    print('100 >= a > 40!!')
else:
    print('40 >= a!!')
```

for 구문은 반복 가능한 객체의 요소에 반복 처리를 할 때 사용합니다. 반복 가능한 객체는 리스트나 튜플처럼 여러 개의 자료를 갖는 객체를 말합니다.

```
for i in [10, 20, 30]:
    print(i)
```

일시적으로 생성된 변수 i에 값 10, 20, 30이 차례대로 들어가 반복합니다.

함수

함수는 def로 정의합니다. 블록의 범위는 흐름 제어 구문처럼 들여쓰기로 나타냅니다.

```
def my_func(x, y):
    """함수의 설명을 입력합니다. x * y + 10을 반환합니다"""
    z = x * y
    print(z)
    return z + 10

print(my_func(2, 4))  # 2 * 4 + 10 = 18
```

my_func가 함수 이름, x와 y가 매개변수를 나타냅니다. 이때 매개변수의 자료형도 동적으로 결정됩니다.

라이브러리

라이브러리는 import로 읽어 들입니다. 라이브러리는 모듈^{Module}이라는 하나의 파일로 구성된 것도 있고, 모듈이 폴더 안에 모여 계층 구조를 형성한 패키지^{Package}라는 것도 있습니다. 패키지를 한꺼번에 읽어 들일 수도 있지만, 일부만 읽어 들일 수도 있습니다.

NumPy라는 패키지를 한꺼번에 import하고, np라는 별칭을 붙이는 코드는 다음과 같습니다. 패키지 또는 모듈 내부에 있는 기능에 접근할 때는 마침표(.)를 사용합니다.

```
import numpy as np

print(np.random.randint(10))   # 무작위 값 만들기
```

NumPy는 내부적으로 여러 개의 패키지로 구성되어 있습니다. 만약 NumPy 내부에서 random이라는 무작위 값을 생성해 주는 패키지만 읽어 들이고 싶다면, 다음과 같이 사용합니다.

```
from numpy import random

print(random.randint(10))   # 무작위 값 만들기
```

2 Jupyter 설치하기

> 이 책의 샘플 코드는 Datalab을 사용하여 실행한 노트북 형식입니다. 네트워크 속도가 느리거나 인터넷 연결을 할 수 없는 환경에서 살펴보고 싶다면, 로컬 환경에 Jupyter를 설치해서 살펴보기 바랍니다(일부 Datalab 전용 명령어는 사용할 수 없습니다). 이번 부록에서는 Mac(OS X)과 Windows에 Jupyter를 설치하는 방법을 살펴보겠습니다.

Docker 설치하기

Docker(도커)는 컨테이너 환경을 제공하는 오픈소스 소프트웨어입니다. 컨테이너란 OS 또는 실행 환경 등을 나타내는 것이라고 생각하면 됩니다.

일단 Docker 공식 페이지(https://www.docker.com/)에 접속합니다(그림 A-1). 공식 페이지 화면 위에 있는 [Product]를 클릭하면 'Community Edition'과 'Enterprise Edition', 두 가지의 에디션을 선택할 수 있습니다. 내려받길 원하는 에디션을 선택하여 클릭합니다. 이 책에서는 'Community Edition'을 내려받겠습니다. [Get Docker Community Edition]을 클릭합니다. 페이지 위쪽에 있는 [Download]를 클릭하고 자신의 환경('Mac' 또는 'Windows')을 선택하여 [Download from Docker Store]를 클릭합니다(그림 A-2).[1]

---

[1] 주기적으로 홈페이지 구조가 바뀌므로, 이 책과 다운로드 과정이 약간 다를 수 있습니다. 여기에 나타낸 과정을 참고하여 내려받아 설치하기 바랍니다.

그림 A-1 Docker 공식 다운로드 페이지 (Windows의 경우)

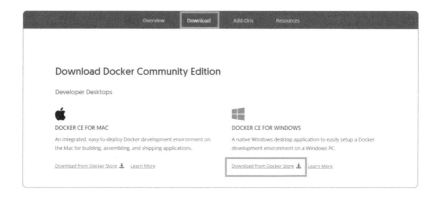

그림 A-2 Docker Community Edition 다운로드 환경 선택

Docker Store 페이지로 이동하면, 오른쪽에 있는 [Get Docker] 버튼을 클릭합니다(그림 A-3). 로그인 상태가 아니라면 [Please Login To Download] 버튼이 보이며, 로그인을 하면 [Get Docker] 버튼으로 변합니다. 버튼을 클릭하면 프로그램을 내려받습니다. 다운로드가 완료되면 파일을 열고, 설치 파일의 지시에 따라 설치를 진행합니다.

그림 A-3 Docker Store의 다운로드 페이지 (Windows의 경우)

Jupyter 이미지 다운로드와 실행하기

Docker Hub(https://hub.docker.com/)라는 웹 사이트에는 다양한 컨테이너 이미지가 등록되어 있습니다. Google도 Google Cloud SDK와 관련된 이미지를 제공하고 있습니다. 이 책에서는 필자가 해당 이미지에 Jupyter, TensorFlow, scikit-learn을 추가한 이미지를 사용하겠습니다.

이미지를 내려받고 실행하려면, Docker를 실행한 상태에서 다음과 같은 명령어를 명령줄(Mac의 경우 터미널, Windows의 경우 명령 프롬프트 등)에 입력합니다. PASSWORD=123456의 "123456"은 Jupyter 로그인 비밀번호입니다. 적절하게 변경해서 명령어를 입력하기 바랍니다.

Mac의 경우:

```
mkdir ~/gcpml
docker run -it -v ~/gcpml:/home/gcpuser/notebook --rm -e
PASSWORD=123456 -p 8888:8888 hayatoy/gcpml-notebook
```

Windows의 경우:

```
cd c:\
mkdir gcpml
docker run -it -v c:\gcpml:/home/gcpuser/notebook --rm -e
PASSWORD=123456 -p 8888:8888 hayatoy/gcpml-notebook
```

처음 실행할 때는 이미지 다운로드(600MB 정도)가 이루어지지만, 이후에는 추가로 다운로드를 진행하지 않고 곧바로 컨테이너가 실행됩니다. 명령줄에 다음과 같이 출력되면 실행이 완료된 것입니다.

```
The Jupyter Notebook is running at: http://[all ip addresses on your
system]:8888/
```

웹 브라우저에 http://localhost:8888/이라고 입력해서 페이지를 열어 봅시다. 비밀번호 입력 화면이 나오면, 이전에 설정했던 비밀번호를 입력해서 로그인합니다. 로그인하면 "notebook"이라는 이름의 폴더가 있으므로, 노트북을 새로 만들고 샘플 코드를 복제해서 폴더 내부에 넣어 두기 바랍니다.

새 파일 만들기

Jupyter의 UI는 Datalab의 UI와 약간 다르지만, 기능적으로는 거의 같습니다. 새 노트북을 만들 때는 오른쪽 위에 있는 [New] 버튼을 클릭하고, [Python2]를 선택합니다 (그림 A-4). 또한, 같은 메뉴 내에 있는 [Terminal]을 선택하면, 명령줄 입력을 할 수 있는 터미널이 실행됩니다.

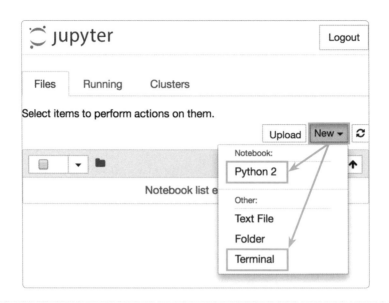

그림 A-4 새 파일 만들기

Google Cloud SDK 설정하기

샘플 코드의 경우 GCP의 리소스에 접근할 수 있게 인증해야 합니다. 그림 A-4의 새 파일 메뉴에서 [Terminal]을 선택해서 터미널을 실행합니다. 터미널이 실행되면 다음과 같은 명령어를 입력합니다.

```
$ gcloud auth login
```

명령어를 실행하면 "Go to the following link in your browser:"와 함께 매우 긴 URL이 나옵니다. 이 URL을 복사해서 브라우저에서 엽니다. 실행하면 Google 계정 로그인 화면이 나옵니다. GCP 프로젝트에서 사용하고 있는 계정으로 로그인합니다. 이어서 "Google Cloud SDK 앱이 계정에 액세스하도록 허용하시겠습니까?"라고 출력되면, [허용] 버튼을 클릭합니다. 버튼을 누르면 코드가 출력되는데, 이 코드를 복사해서 터미널 화면에 붙여 넣습니다.

이어서 디폴트 프로젝트를 설정하겠습니다. 다음과 같은 명령어를 입력합니다.

PROJECTID 부분은 설정할 프로젝트의 ID로 변경합니다.

```
$ gcloud config set project PROJECTID
```

이렇게 하면 Google Cloud SDK 명령어를 사용할 수 있게 됩니다. 이어서 API에 접근할 수 있게 기본 인증 정보를 설정하겠습니다. 다음 명령어를 입력합니다.

```
$ gcloud auth application-default login
```

이전과 마찬가지로 URL이 출력됩니다. 해당 URL을 브라우저에 복사해서 붙여 넣으면 코드가 나옵니다. 이 코드를 명령줄에 붙여 넣으면 완료됩니다.

Jupyter 종료하기

실행하고 있는 노트북이 있다면 저장하기 바랍니다. 종료할 때는 docker run을 실행한 명령줄에서 [Ctrl] + [C](Mac에서는 [control] + [C])를 입력합니다. 'Shutdown this notebook server (y/[n])?'이라고 나오면, 'y' 입력하고 [Enter] 키를 눌러 종료합니다.

찾아보기